U0012985

翻轉學

翻轉學

山姆·杜根 Sam Dogen／著 閻蕙群／譯

懂用錢，愈活愈富有

全球9,000萬人見證有效，
理財武士教你做出致富決策，FIRE不上班超過十年，
被動收入年領30萬美元

Buy This, Not That

How to Spend Your Way to Wealth and Freedom

謹以此書獻給我的雙親。

爸爸，感謝您鼓勵我提筆寫作；

媽媽，感謝您鼓勵我追尋夢想。

目錄

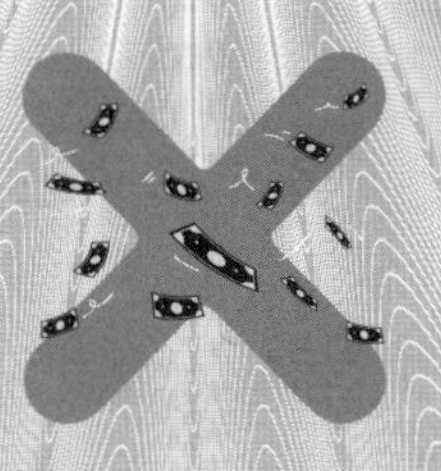

目錄

PART 2
別讓錢閒著

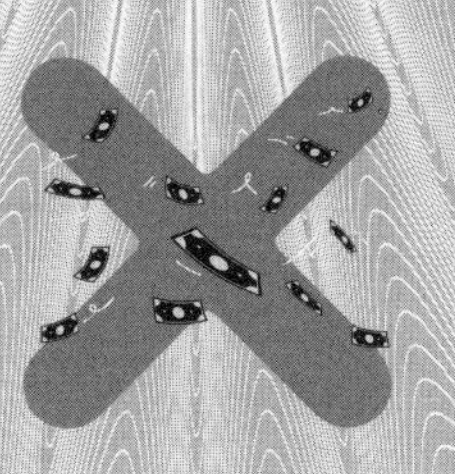

目錄

PART 3

認真工作積攢財富

PART 4

聚焦人生中最重要的事

目錄

好評推薦

「真正掌控人生選擇權，面對財務是必經之路。省錢並非長久之計，賺錢要找出恆毅力，培養金錢邏輯的過程，需要不同角度的觀念！專注 Financial Independence，而非 Retire Early。推薦這本好書，給努力追求財務自由的你！」

——王姵文（黑媽），《從扛債人生走向財務自由》作者

「很多人把錢當成享樂的工具，卻不知道錢也會幫你賺錢。當你越懂錢，才會越活越富有。」

——陳重銘，《變身少年巴菲特 培養財富創造力》作者

「相當認同作者的理念，而書中所談的方法具體可行。人人都可以透過落實這些方法達到『英年早退』！」

——愛瑞克，《內在原力》作者、TMBA 共同創辦人

「理財武士部落格與本書幫助我為退役後的生活做好準備！這本簡單的指南，能讓你過上財務自由的平衡生活。」

——肖恩・利文斯頓（Shaun Livingston），

前 NBA 職籃選手，效力的球隊曾三度獲得 NBA 總冠軍

「一本言之有物的理財指南，讓你現在就過上最棒的生

活，還能確保未來衣食無虞。」

——張秀春（Emily Chang），彭博科技主播兼執行製片人，
暢銷書《哥托邦：解密矽谷的男孩俱樂部》（*Brotopia*）作者

「一本獨一無二的好書！書中提出的大膽建議，來自一位精於計算且身體力行的理財高手，必讀！」

——久美子・羅芙（Kumiko Love），精打細算媽
（The Budget Mom）部落格的創始人，暢銷書
《我的理財之道》（*My Money My Way*）作者

「作者逐步逐章地展示，如何做出致富決策——讓你可以按照自己的意願生活，而非為了儲蓄而儲蓄。」

——大衛・麥克奈特（David McKnight），
暢銷書《零稅負的力量》（*The Power of Zero* ）和
《終身免稅的退休計畫》（*Tax-Free Income for Life*）作者

前言
你用錢的方式，決定財務自由的速度

自 1999 年起，我的鬧鐘便訂在凌晨 4:30 響起，這樣我才可以趕在 5:30 之前上班。想當年我曾因早上 8:00 腦袋還沒開機而放棄修讀微積分，如今卻為了五斗米不得不一大早 5:30 就頂著亮晃晃的日光燈坐在辦公桌前，感覺真像是被酷刑伺候著。

我不僅要在天還沒亮的時候就上班，而且經常在日落之後開始和亞洲的同事聯繫，所以在入職後的兩年裡，我的體重足足增加了快 9 公斤，還患上了足底筋膜炎、坐骨神經痛、過敏及慢性背痛，我因壓力過大每天不停撓頭製造頭皮屑暴風雪。

在紐約的高盛公司從事國際證券交易工作，本該是我夢寐以求的理想職業，但入職後沒多久我便意識到，要是我繼續幹這一行，恐怕活不了很久。

所以我想出了一個脫身計畫，就像電影《刺激 1995》（*The Shawshank Redemption*）裡的男主角安迪．杜佛蘭一樣，我知道我最終將不得不爬過一條滿是穢物的隧道方能重獲自由。可憐的安迪被困在苦牢裡 19 年，直到 58 歲才越獄成功，我則計畫在 40 歲前就脫困。

我打算大學畢業後拚它個 18 年，這是我能承受的最大工作壓力了。如果我在工作期間努力儲蓄和投資，18 年也足夠建立一個略具規模的投資組合，它產生的被動收入足以支付我離職後的生活費用。之後我可能還有 40 年的壽命，足夠用來療癒身心與充分享受人生。

最終，我在 2012 年 34 歲的時候離開銀行業，這個結果有一部分要歸功於跟公司協商獲得了一筆離職金，足以支應我 6 年的生活費用。換句話說，遣散費為我買到了最寶貴的商品：時間。

人生既漫長又短促、既快且慢，我們必須好好把握每一天，才不會年老回首往事時充滿遺憾。「財務自由宜早不宜遲」既是我個人奉行不渝的理念，也是我自 2009 年 7 月開始經營的理財武士（Financial Samurai）網站之主旨。

它同時也是本書的核心內容。

財務自由你做主

財務自由就是：**你可以在自己想要的時候，做想做的事**。

財務自由同時兼具「進可攻、退可守」的特質。

說它退可守，是因為當你遇上自己無力控制的厄運時（2008 年至 2009 年的金融危機；2020 年至 2021 年的新冠疫情；以及永無寧日的地緣政治風險），你和你的家人仍可安穩度日。只要你的財務狀況夠穩固，你的生活就可免受時勢的干擾。

人生並不好混，我們都曾遇過「壓力山大」的時候，因此我很希望透過本書為大家分憂解勞，為各位的身心靈平靜貢獻棉薄之力。

財務自由除了能讓我們按照自己的意願過日子，它的進可攻特質也很重要；它能使我們從「但求不輸」升級為「出戰必贏」的心態；當你精通基本的生存模式之後，就可以升級到獲勝模式。

當你能毫無顧忌地自由進攻時，你就可以進行新的投資，推出酷炫的專案，並精進各種瘋狂的創業想法，做些你在財務尚未自由之前無法嘗試的事。世上某些富商巨賈皆把他們的驚人財富歸功於有能力承擔巨大的風險。

成功通常是個數字遊戲，金錢本身只是達到目的的一種手段。但善用金錢卻可以為你打開多扇大門，讓你在有限的生命裡做自己想做的事情。所以大家一定要弄清楚，你最終想如何度過你的每一天，然後好好運用金錢來達成你的目標。

身為二寶爸的我所嚮往的財務自由是這樣的：能盡情陪伴家人、寫作、打球，並且不斷找到新方法跟大家連結並向大家學習。

繼續前進的動力

無論各位目前正處於哪個人生階段，都必須弄清楚如何妥善用錢——成長、消費、儲蓄、投資、捐贈，這也是我自 2009 年設立理財武士網站以來持續在撰寫的題材。

截至目前為止，已有超過 9,000 萬人造訪過理財武士網站，大部分訪客都在尋求改變。我很高興聽到世界各地的讀者說他們已經還清了債務、改掉了錯誤的消費習慣、買下了人生的第 1 間房、離開了有毒的環境、創造了收入頗豐的副業、攢下了大筆退休金等各種好事。

這些成功故事激勵我不斷寫下各種會影響現實生活的金錢問題，這些內容都是出自我個人的經驗。錢的事很重要，絕對不容兒戲。在接下來的篇幅中，我將揭開達成財務自由的神祕面紗，這樣各位就可以採取必要的措施，來達成你個人專屬的財務獨立目標。

消除做財務決策的恐懼感

我會撰寫本書是因為我從個人的經驗及眾多讀者那裡得知，做出正確的花錢行動有多困難。光是選擇範圍之廣便令人不知所措，害怕犯錯往往讓人陷入決策癱瘓的困境。所以本書將從基本面著手，幫助大家在這混沌亂世中輕鬆做出財務決定（或至少不會束手無策）。

很多人用錢之所以猶豫不決，是因為我們從小被灌輸的金錢觀念都是以省錢為主，專家建議我們要編預算、避免消費債務、儲存一筆應急金 —— 這些的確都是很實在的建議。但問題是僅靠把錢存入銀行，是很難達成財務獨立的，為了達成財務自由，我們必須弄清楚如何在現在和未來透過用錢來累積財富。「用錢」這一塊是大多數理財建議漏而未談的地方，但其中卻蘊藏著最多的致富機會；它也是大家最恐慌的地方，因為他們擔心自己「用錯錢」。

大家還需認清另一個重要的事實：天底下並沒有「完美

的」財務決策這回事，大家務必要避免此一常見的誤解。我們只需運用**邏輯思考、清楚的推理**，以及**對過去事務的理解**，做出最理想的財務決策即可。我在本書中討論的每個金錢決策，都是以前述三個因素做為基礎。

我對本書有諸多期許，首先希望幫助各位讀者擺脫害怕做出錯誤財務選擇的恐懼心態，請各位務必牢記這個觀念：**天底下沒有錯誤的金錢抉擇，也沒有完美的金錢抉擇，只有最佳或次佳的金錢抉擇。擔心用錯錢的恐懼，令太多人不敢以創造財富的方式花錢**。恐懼令我們只敢打安全牌（並緊抓住現金），當我們不想面對用錯錢的失敗和丟臉時，我們很容易變得什麼都不敢做。這樣的恐懼使我們不敢開口約會心儀的對象、不敢開口要求老闆為我們升職加薪，也不敢展開新的計畫。恐懼一再令我們錯失能夠改變人生的契機。

但即使我們把恐懼放在一邊，我們又會面臨另一個挑戰：做出最佳的選擇。對許多美國人來說，財務決策感覺就像是在現在和未來之間不停做取捨；我們怎樣才能平衡財務的陰陽關係？該花錢還是該存錢？儲蓄還是投資？投資在這裡還是那裡？租房還是買房？繼續工作還是辭職？生孩子還是去旅行？住大都會還是小城市？給孩子念私立還是公立學校？當上班族還是去創業？把錢存入 401(k) 退休金計畫還是先還債？有機式成長還是傳統型成長？諸如此類的例子多到不勝枚舉。

這就是為什麼我這本書的英文書名為「*Buy this, not that*」（買這個，不買那個），因為每天都有海量的決定向你湧來，更多的選擇往往帶來更多的壓力、焦慮和困惑。我將透過本書幫助各位去除成本激增、債務失控、工作不斷變化及消費能力下降等生活中的各種噪音。我將逐章逐節按部就班地告訴各位，如何做出明智的金錢決策，全力累積財富，以便各位現在就能過上最好的生活並許自己一個財務獨立的未來，而不只是為了儲蓄而儲蓄。

相信自己也能財務獨立

本書的英文書名其實還蘊藏著另一個巧妙的雙關語，想要告訴大家財務決策並不是非黑即白那麼二元，其間有著許多細微的差別、犧牲和跨類別的影響（cross-category effects），你的全部選擇絕對不只「這個或那個」二選一。

舉例來說，你可以很篤定地決定購買一輛本田車而非保時捷，但要是你害怕把錢投入股市，或是你很滿意地做著一份低薪的工作，或者你很樂於把錢豪撒在賭桌上，這些情況都無法幫助你累積任何財富。這就是為什麼我建議各位在採用「二擇一」方法，來權衡你生活中任何領域的金錢選擇時，能夠通盤考量你的整體財務狀況。

沒錯，你最終必須從這個或那個之中做出選擇，否則你將一事無成。採取適當的行動才是正道，但充分了解自身的財務狀況，能幫助你做出幾近最佳行動的正確選擇。

「Buy this, not that」書名的第二個涵意則較偏向文化層面，當今整個社會描繪的財富圖像是俗豔的、粗魯的，它敘述的是一個贏家通吃、不惜一切代價也要搶先一步的故事。

但與此同時，人類社會也長期存在著在某一行做到退休的就業心態，這樣的工作態度雖然有著高尚的職業道德，但是對於如何達成財務獨立，卻少了點創造性的思考。

所以本書書名的第二個涵意是：相信這個、別信那個；你要抱持新的就業心態，並相信你有能力控制自己的財務自由之路，不要相信你會走投無路。

我對本書設定的目標是，幫助各位在短期內創造出買一送百的價值。換句話說，如果你花 30 美元買下本書，我希望你能透過從中獲得的知識、採取適當的行動，以獲得至少 3,000 美元的回報。至於長遠的回報就更可觀了，我希望本書能為各位創造至少 1,000 倍的價值，不過這有賴於各位讀者採取高明的財務行動，並享受時間帶來的複利效應。

本書的每一章都將為各位提供你需要的工具，以幫助各位對生活中最常見和最重大的決定皆能做出最佳選擇。

我解開致富之謎的方法

話說 2009 年的世界正在分崩離析，我的淨資產在短短 6 個月內縮水了大約 35%。其實我早在 2006 年就有意推出理財武士部落格，卻遲遲未採取行動。但是拜金融危機之「賜」，我終於下定決心推出網站，因為要是我被解僱，我需要有個備份計畫。

況且我認為寫部落格是個好主意，可以幫助自己和其他人釐清混亂的情況。那時我已經在金融業工作了 10 年，我擁有經濟學學士學位，並在加州大學伯克萊分校取得 MBA 學位，我積極儲蓄、分散投資，而且……

即便如此，我的財務還是受到了衝擊。

我希望我的經驗和錯誤能對別人有所幫助，再者我也需要做些治療來因應所有的恐懼和不確定感。雖說混亂通常是改變的最大助力，況且塞翁失馬焉知非福，你今天受到的痛苦和折磨，其實對你而言說不定是件好事。但要是你能在痛苦發生之前就做出一些改變，情況不是會好很多嗎？

比方說吧，與其等到心臟病發作才後悔莫及，為什麼不從現在就開始注意飲食並且適當運動呢？與其因為溝通不良而離婚，為什麼不從今天就更認真地傾聽配偶的心聲？

我從一開始寫部落格，就用獨創的格式來跟讀者分享我的建議和結論，我也用這個方法來撰寫本書，它分為 4 個部分：

1. **從我的教育背景、工作經驗和寫作中汲取素材**。我在金融領域工作了 13 年，並發表了兩千多篇有關個人理財的文章。
2. **我投入大量時間做深入的研究與嚴謹的分析**。我會花數天時間不厭其煩地研究細節，並展現我的分析「功力」，我從未遇過我不喜歡的 Excel 表格，因為真實的數字講出真實的故事。
3. **所有的分析都搭配我個人的第一手經驗，因為我不願意靠道聽塗說的小道消息來討論理財**。這明明是我最自豪的一點，卻經常招來別人的異樣眼光。例如幾年前我為了撰寫 Uber 司機的故事，而決定「下海」當個 Uber 司機，而且我設定的目標是載送 500 趟，不像某些人只開了三、四趟車就開始動筆了。我的朋友們都說我瘋了，但是提供第一手資料的學習正是理財武士與眾不同之處，況且這也是我的獨門做法。

4. **盡可能廣納各種觀點，避免以偏概全**。由於天底下沒有完美的選擇，只有最優和次優的選擇，所以傾聽其他人的經驗很重要，特別是不同的經驗。很多時候我會偏聽一家之言，是因為當我花時間認真聆聽時，就會發現故事的另一面。

後續的內容全都是採用這樣的做法。

本書的 Part 1 將幫助各位確立你個人的財務自由目標。首先是檢查各位的實際財務狀況。我提供了一些達成理想的財務自由目標所需的計算方法，還有在累積財富的過程中需要回答的一些難題，以及你現在就可以做的明智改變，以盡快改善你的結果。

Part 2 將告訴各位應該把你的錢放在哪裡，才能讓你的財富潛力發揮到極致。我將幫助各位設計適合你個人的投資策略，以產生被動收入來盡早支應你的生活開支。除了投資股票，還包括我個人最喜歡且最適合一般人累積財富的方式：投資房地產。

Part 3 將幫助各位優化你的職業生涯，讓你明白為什麼每個人都有能力賺到更多錢。我將告訴那些還在找工作的人如何瞄準高薪行業，一旦被錄用就能迅速得到優渥的薪資報酬和職位晉升。我們還將探討發展副業，以便各位能有多種收入來源為你的財富做貢獻。

最後的 Part 4 要幫助各位確保你會做出正確的金錢選擇，以便幫助各位從今天（而非等到退休）就開始過上滿足和平靜的生活方式。是的，你必須要趁年輕努力工作並做出一些犧牲——但前提是不能損及健康。如果你每天只能睡 3 小時、三餐只靠垃圾食品和麥片裹腹，那你的下場很可能是「英年早逝」而非「英年早退」，根本沒命享受你犧牲的成果。我會幫助各位設下適當的界限，以免你們衝過頭。

最後總結一句話，本書所提供的理財方法，能讓你比想像中更快獲得心靈的平靜和財務自由。

做出 70/30 的好決定

我希望本書能提供各位一個新的思考框架，讓你對生活中的各種事情做出適當的決定。生活中的大小事很少是黑白分明的，反而是各式各樣的灰，我們必須做出明確的選擇：租房還是買房？投資成長型股票還是指數基金？要住在加州的舊金山還是北卡羅萊納州的羅利？要叫外賣還是自己動手做飯？

這些選擇全都涉及時間和資本的支出，且會帶來風險和回報。我將幫助各位瀏覽每個選擇，以期能聰明用錢來累積財富。我們將依照每個人的情況，做出對其最有利的理財選擇，並養成相信自我判斷的習慣，避免因懷疑自我而遲遲不敢邁出追求財務自由的第一步。

其實問題就在於大多數時候我們沒有足夠的資訊，因此不敢很有自信地做出選擇，而我提出的方法可以幫助各位克服資訊不足的問題。我會教各位透過機率來進行理性的思考，這樣一段時間之後你的分析能力會增強，你便可以做出更多成功的決定，甚至有可能連別人不敢碰的高風險情況，也能做出更多致勝的決定。

一般人誤信的最大決策謬誤之一是「以為只有在100％確定的情況下才可採取行動」；請各位參考以下3個例子：

1. 只有當你確定某人喜歡你——對方告訴了他的朋友，而後者又告訴了你——你才敢開口約會對方。沒想到多年後你才發現，其實當初對方也對你有好感，但你遲遲未採取行動。要是因為執著於有十足的把握才敢行動而錯過了美好的愛情，那真的太可惜了。
2. 大多數人都是等到房子掛牌出售後才出價，但其實社區中可能隨時都有人想要賣房子，只是因為怕麻煩而未找房仲刊登專刊。你可以發送友好意向書（friendly letters of interest）與對方溝通，說不定最終就能以優惠的價格買下這個街區最令人羨慕的房子之一。
3. 一般求職者只有在網上發布徵才資訊後——公司在招聘的機率是100％——才會去應徵。但其實有很多職位空缺並未被公布，如果你主動向你的主管或其他公司的人事主管詢問，說不定就能得到一份令人羨慕的工作。

所以我會建議大家把你的決策目標改成這樣：只要事成的機率超過50％，即代表此事的期望值是正的，那麼你就可以放手去做了。

有些決策的期望值一看就比其他決策要高一些，例如跳槽到一家前途看好的公司——有加薪和升職的機會，而非繼續留在前途未卜的公司——剛剛被一家以削減成本著稱的公司收購。有些決策的期望值會比較模糊些，因為充斥著大量的不完整資訊。

至於要不要做盡職調查（due diligence）使你的成功機率接近 100%（雖然你也明白這樣的決策並不多見），就由你自己定奪啦。

生活中很少有十拿九穩的事情，所以要用機率來思考。

就像賭場的莊家通常擁有一定的優勢：21 點是 0.5%、擲骰子是 0.8%、吃角子老虎機是 17%，基諾（keno）則是 25% 以上。所以長遠來看，莊家是穩贏的，你如果真的非賭不可，就該挑莊家贏面最低的遊戲。當然更好的情況是只在賠率對你有利時才下場賭一把。

你必須做的決定越重要，你的優勢或正期望值就該越高。

做決策的 70/30 哲學

各位現在應該已經明白依據正期望值做決策的重要性，接下來我要跟各位介紹我的 70/30 決策哲學。

70/30 決策哲學主張，只有在你做出最佳決策的機率至少是 70%時，你才該做出決策，而且你心裡要有個底：你仍有 30%的機率會做出次優的決定，所以你必須承受該後果並做好調適。

由於回報對風險的比率高於 2：1，所以長遠來看，這套決策機制會讓你財源滾滾。當然你也會有悔不當初且希望能夠從頭來過的時候，但你也會不斷地從錯誤中學習，以便在未來能做出正期望值更高的決定。

但要注意別過於自負，否則恐遭遇財務和個人毀滅的風險，華爾街有句至理名言：「牛會賺錢、熊會賺錢，但豬會被宰殺。」過於自信而未能正確認知風險將成為你的敗筆，最嚴重的錯誤就是把運氣誤以為是自己很厲害，適當的風險管理是最重要的。

高明的行銷術會使許多產品、體驗或投資看起來極具吸引力，但是你花錢購買或投資的東西，當然不可能個個都如預期的那般美好，所以你要不斷精進你的預測準確度，使結果不至於跟實際狀況相差太遠。如果你的預測出現偏差，你必須找出原因並加以調整。

如何提高你的預測力

提升預測力的最好方法，就是持續對不確定的結果進行預測。舉例來說，你可以在觀看任何類型的體育賽事前，預測誰會贏、贏多少，以及獲勝的原因。並且要如實把你的預測記錄下來，免得你事後耍賴不認帳。然後將真正的結果與你的預期進行比對，看看你哪裡犯了錯、為什麼犯錯。

你可以透過練習來提升你對不確定結果的預測準確度，以下就是你可以練習的對象：

- 哪隻狗會在狗展上獲勝？
- 你與某人的朋友關係會持續多久？
- 這房子最終會賣多少錢？什麼時候賣掉？

- 你的傷要多久才能痊癒？
- 若下一場暴雨沒有挾帶狂風，你家的屋頂還會漏水嗎？
- 你最終會在 1 月分的馬卡普烏角發現多少隻鯨魚？
- 如果你用藍莓起司蛋糕賄賂你兒子，他是否會乖乖睡覺，不會在半夜跑來打擾你？

用不了多久你就會自然而然地看見每件事的機率矩陣（probability matrix），當別人還在單憑直覺碰運氣時，你已經透過大量的練習、邏輯思考和自我意識做決定，這就是你的競爭優勢。

當你犯下離譜的錯誤時，你必須檢討原因並記取教訓，最終你的預測會日益精準，你的預測值和真實結果之間的差距也會日益縮小，讓你可以很有信心地判斷某件事的成功機率至少有 7 成。當你期盼的結果比你不想要的結果更可能成功，且成功機率高出一倍以上，你的做法就是正確的。

本書是在探討如何對生活中最重要的某些決定做出最佳選擇。我會向各位說明我為什麼認為你該這麼做而非那麼做，那是我綜合各種情況所做的判斷，但最終還是得由你自己來決定，什麼才是最適合你的最佳選擇。

但我們也必須接受這個事實：並不是每件事都會照著計畫走。我們唯一能做的就是不斷記取教訓，讓自己的決策技巧隨著時間的淬鍊而日益精進。

人人都能達到財務自由

可惜許多人從未嘗試過達成財務自由，因為他們誤以為這是富人的「專利」，他們還認定富人擁有或知道一般人沒有的東西，但這其實是個有害的誤解。

並不是只有三師（醫師、律師、會計師）或企業大老闆才會擁有傲人的收入；其實許多財務穩健的人，既沒有 MBA 學位，也未受過正式的商業培訓，更沒有股票市場的內線情報，他們並不比其他人更有優勢。當然不可諱言的，天底下確實有一些繼承了萬貫家財的幸運兒，但也有很多人具備能幫助自己建立財富的特質：創造財富的決心，以及持續做出好選擇的能力。我不否認成功人士確實擁有大多數人沒有的東西，但其實財務自由比你以為的更容易達成。

其實許多普通人比你我以為的要富裕多了，但他們很低調且從不炫富。我每週都會聽到某人的收入超乎你我預期的新故事，我自己也寫過很多這樣的故事，例如：

- 舊金山灣區有位專門維修捷運電梯的技術員，他的收入高達 235,814 美元，外加 48,429 美元的津貼
- 新罕布夏大學有位圖書管理員給學校留下 400 萬美元
- 有位在家工作的美食作家年收入超過 50 萬美元
- 有位專門開箱評論新玩具的 YouTuber 每年賺進數百萬美元

這些人的致富跟血統和運氣無關，而是來自敢於行動的勇

氣和毅力。這世上確實存在各種歧視和不平等現象，如果你曾經歷過這樣的傷害，請化悲憤為力量，把它當做你盡早達成財務自由的動力。

此時此刻我只知道各位是擁有雄心壯志、想改善自身財務健康的人，否則你不會閱讀本書。而且你很有邏輯，知道應該向已經達成財務自由目標（而非只會成天耍嘴砲）的人學習。

我還要告訴各位一個好消息：並不是只有出身豪門的人，才能達到財務自由或是過上自己想要的生活方式。

更棒的是，只要立刻開始追求財務自由，幾歲都不嫌晚，很多人一開始都不相信這點（尤其當你處在財務不佳的狀況），但你最終會發現，財務狀況越差、改善的機會就越多！

可是要發財光靠決心還不夠，否則每個充滿雄心壯志的人都會坐擁財富。你還需要勇氣、毅力和信心（相信自己能做出正確選擇並創造財富）；大多數人缺少的正是信心，所以本書不僅要教各位如何優化你的選擇，還要教各位優化你的心態。

天道酬勤

我和家人是從吉隆坡來到美國的，我在馬尼拉出生，當時我的父母為美國外交部工作。我們還住過尚比亞、菲律賓、維吉尼亞州、日本、台灣和馬來西亞。在我 14 歲時我們全家落腳維吉尼亞州北部，當時我們鎮上大約只有 6%的人長得像我這樣，突然從人口中的多數族群變成少數族群，對我來說是個相當大的衝擊。

我不得不從頭開始，一邊尋找新的朋友，同時還要應付霸凌和種族歧視。我還因為缺乏快速思考的能力而顯得格格不入，因為我的思想一直在英語和母語之間打轉，我的學業成績和 SAT 分數都乏善可陳。

我知道我的父母並不富有，他們開著老舊的車子，外出用餐時不敢點任何飲料。我們住在蛋白區的一棟普通連棟式洋房（townhouse）。我小時候從未玩過任天堂，我的 Air Jordans 是朋友送的二手鞋，足足比我的腳大了兩碼。但我們並非窮人，我們只是從未擁有不需要的東西。

高中畢業後，我決定去念威廉和瑪麗學院，這是一所位於維吉尼亞州威廉斯堡的公立大學，因為我付得起學費。憑我家的財力念不起更貴的學校了，而且我的智力和運動能力皆不夠出色，無法獲得任何獎學金。幸好我的大學成績還行，但這並不是我能進高盛的原因。事實上，威廉和瑪麗學院甚至不是高盛公司招聘人才的目標學校。我大學畢業後能在高盛找到工作的唯一原因是，我在某個寒冷的週六早上搭上了那班預定 6:00 出發的巴士。

這輛巴士從學校出發，目的地是車程 2 小時的華府就業博覽會。其實報名參加的學生還有 20 人，但我是唯一到場的人。在等了 1 個多小時後，巴士司機開車把我送到他們公司的總部，並把巴士換成一輛黑色的林肯車，親自送我到博覽會會場。這是我頭一次意識到什麼叫做「光是到場就先贏一半」。

歷經 7 個月、6 輪共計 55 次的面試之後，我終於得到了位在紐約廣場 1 號的工作，這是高盛在紐約市的股票總部，這一切全要歸功於那天我早早起床並堅持到場。

我這輩子從不敢奢望我能在 34 歲就離開職場，專心從事我的人生志業。但是多虧了理財武士及我的投資努力，我在 45 歲便獲得財務自由，可以有充裕的時間陪伴家人，並做我喜歡的事情。

有句俗話能幫助我在遇到困難時找到堅持下去的理由：「千萬別因為沒努力而失敗，因為努力根本不需要技巧。」我可以因為競爭太激烈或是某個不可預見的事件把我打倒而失敗，但要是我只是因為不努力而失敗，我知道我老了一定會後悔不已。

勇氣、毅力和信心是我能達成財務自由目標的最重要特性。千萬別以為你必須擁有特殊的技能、傲人的天賦或富有的父母才能出人頭地，做你自己就行了，現在就讓我們開始邁向財務自由的目標吧。

Part 1
抱持正確的致富心態

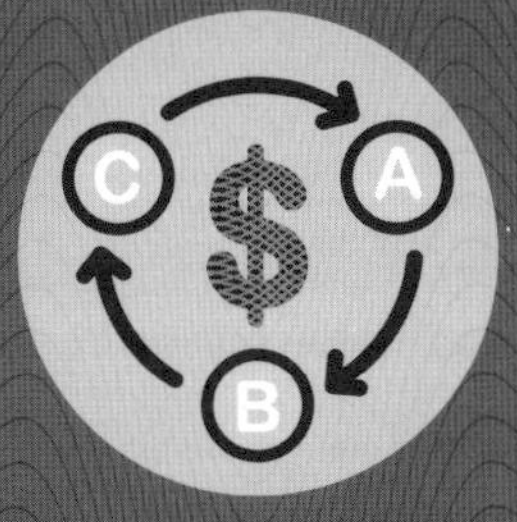

達成財務獨立其實是個數字遊戲，它集結了數學、理性決策及長年持續不輟的行動。

不過在我們一頭栽進數字堆中之前，應當先來設定適當的目標。請問：如果你的財務自由了，你不必再用時間換取金錢，你會做什麼？描繪一下這個畫面，我就能算出你需要準備多少錢來達成夢想。

財務自由後的生活主要是靠被動和半被動收入來支應，我們將檢視各種選項，以幫助各位找到適合你的收入來源。

我還將幫助各位制定一個策略，既能迅速減少你的債務，還可當成累積財富的工具。

準備好了嗎？我們立刻開始這堂你人生中最激勵人心的數學課吧。

第 1 章

找到你的幸福方程式

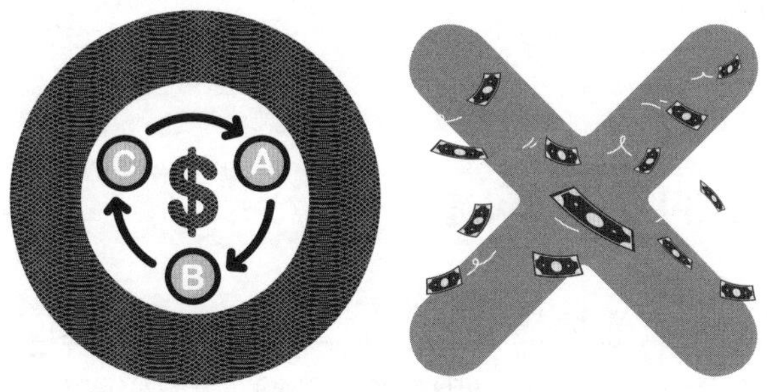

錢到底有什麼用？人人都想變得富有，究竟是為什麼？答案是為了獲得自由——讓我們能自由地按照自己的方式充滿活力地過生活。

但我們很容易就忘了其實金錢只是達到目的的一種手段，於是成天忙著賺錢還債、開立自動扣款投資帳戶、拚命存錢不敢花錢，所有這些行為全都是為了盡可能攢下夠多的老本（nest egg）。

但如果我們不明白自己這麼努力賺錢存錢究竟是為了什麼，那就失去存錢的意義了，我們必須對自己擁有的金錢抱持具體的目的。

自由對每個人意味著不同的東西，值得大家花點時間認真思考金錢對你個人的意義。你會讀本書是因為你想達成財務獨立，那你為什麼想要獲得財務自由呢？其實你追尋的並非金錢本身，而是金錢帶來的自由。這種自由對你來說是什麼模樣？它最終能讓你做什麼？

財務自由的七大好處

為了讓本書發揮最大的效益，各位必須明確回答前述問題，並對你的致富目標有個清晰的認識。我們很快會在後續的篇幅中深入探討此事，但現在我們要先來看看財務自由可以為我們帶來的好處：

好處 1：你的健康得到改善

壓力是會致命的，當年我還在工作時，曾罹患慢性背痛、肘部肌腱炎及顳顎關節症候群，但這些毛病在我達成財務自由後全都不藥而癒了。身體健康是無價的，消除生活中跟金錢和工作有關的壓力，對你的整體健康有巨大的好處。當你或你的家人需要醫療服務時，知道你有能力支付這些費用，就是你送給家人的一份大禮。

好處 2：你能無畏地工作

大多數的工作都有個恐懼迴圈（fear cycle），當你得到一份工作後，就會試著履行你對公司許下的重大承諾，但工作中總有很多身不由己的狀況：老闆不喜歡你、同事在背後捅刀、一輪募資未成功、景氣衰退、公司被合併。這年頭再也沒有鐵飯碗這回事了，如果薪水是你的唯一收入，那你工作時肯定會提心吊膽。

財務自由則能讓你安心地工作、參與專案或演出。它讓你有勇氣展現更大的創造力、承擔更大的風險，它還可以讓你大膽探索新的領域，不必一直擔心報酬多寡。仔細想想，如果不必考慮薪資問題，你會想做哪些工作，而且能從中獲得快樂和人生的意義。當你並非迫於生計必須為五斗米折腰，而是發自內心地想要工作，這樣的感覺真的很好。

好處 3：你敢為正確的事挺身而出

這一點對我非常重要。

世界上有很多人狂說屁話卻沒有受到質疑，是因為人們害怕被報復。你有多少次是因為承擔不起後果而在工作中忍氣吞聲？

我從小到大經歷過的歧視，是支持我努力達成財務自由的主要動機之一，也是我努力存錢、積極開拓被動收入來源的一個重要原因。我希望擁有絕對自主的選擇權，不受任何人的約束，這點在過去和現在對我都是很重要的激勵因素。

一旦你的經濟獨立，或已經走在通往財務自由的道路上，當你看到不公不義的情況時，就會充滿信心地說出你的想法。在任何人面前都不必退縮，是一種非常美妙的感覺。

好處 4：你不會覺得自己矮人一截

當你能完全掌控自己的時間，你就會意識到自己和社會上最成功的人——無論對方是執行長、名人、明星運動員，還是最有權力的政治家——是平起平坐的，你有權發表自己的意見，你與他們呼吸著相同的空氣，更重要的是，你擁有追求自己熱愛事物的信心，且不必對任何人表示歉意。

誰是你那一行裡的麥可．喬丹或小威廉斯（Serena Williams，女子網球名將）？在我之前從事的那一行裡，卡爾．卡瓦賈（Carl Kawaja）就是個「喊水會結凍」的角色，他是資本研究和管理公司（Capital Research and Management）的董事長，該公司是世界上規模最大的共同基金公司之一，管理的資產高達 2.5 兆美元。在認識卡爾之前，我根本不敢跟他說話，因為我只是個剛入行不久的菜鳥，而他已經是業界裡能呼風喚雨的超級大咖。許多在華爾街工作的人都希望能得到他的關注，卻苦無機會見到他。可是等我真正認識他之後，我發現他是個好人，和其他人一樣懷抱著希望、夢想和擔憂。在網球場上，我們經常互相鬥嘴互嗆，因為我們是一起打球的球友。

當你對自己的歸屬感到安心時，好事就會開始發生，而且你的信心會推著你大步前進；致富也是同樣的道理——你要相信自己有資格成為一個有錢人。

好處 5：你可以選擇跟志同道合的人共處

被迫跟自己不喜歡的人相處，真的就是話不投機半句多。想必各位都遇過以下這幾種討厭鬼：一定會遲到的人（因為他們只在乎自己的時間）；偷走你的想法且搶走你功勞的同事；無事不登三寶殿的人；對餐廳服務員頤指氣使的人。現在想像一下，當你財務自由後，你就不必再因為某人掌握著你的未來而假裝喜歡他，你可以只跟自己真心喜歡的人為伍。

好處 6：你讓父母很有面子

父母往往把一切都給了我們，卻很少要求回報，一心只盼著我們能過上自給自足的快樂生活；當我們經濟獨立後，他們就可以少操一份心。

當我們財務自由後，就有更多時間陪伴父母承歡膝下。能回報父母的養育之恩是我最開心的事，我想盡我所能讓他們過上美好的生活。

好處 7：你會有更多時間陪孩子成長

你越早達成經濟獨立，你就越早有更多時間陪伴孩子，要兼顧工作和養育孩子是很辛苦的，兩者都是全職工作！

我和妻子成為新手爸媽的時間比一般人晚些（我 39 歲、她 37 歲），這就是想要盡早達成財務自由的缺點之一。因為當年我倆都全力衝刺事業，直到三十多歲才認真考慮組建家庭的想法。

現在我們已經為人父母，更凸顯出獲得財務自由的價值，世上沒有比陪伴孩子成長更珍貴的事了。在他們長大搬出去住之前，你只有一次撫養他們的機會，所以一定要充分利用。（如果你沒有孩子，那就充分利用時間陪伴家人和朋友吧）。

現在我們已經介紹了財務獨立值得追求的一些普遍原因，接著要說明財務獨立可以幫助你過上嚮往生活的具體方式。

你認為怎樣才算財務獨立？

該是誠實面對自己的時候了，你想過什麼樣的財務獨立生活？我在 2009 年創立理財武士部落格，幫忙點燃了現代的 FIRE（財務獨立、提早退休）運動。十多年後的今天，有數百個部落格及數十家主要媒體在撰寫 FIRE 主題的文章。

關於 FIRE 的含義有很多不同的見解，但最常見的定義是：當你的淨資產達到全年支出的 25 倍，你就算財務自由可以退休了。換句話說，如果你一年的開支是 10 萬美元，當你的淨資產達到 250 萬美元（但最好別把你的自用住宅的價值算進去），你就算財務獨立了。

但因為現在的利率不高，風險資產的預期收益也下降，再加上醫療保健費用節節高升，人的預期壽命變長，我認為淨資產達到一年支出的 25 倍恐怕還不夠；我個人偏好的 FIRE 定義是，已經達成以下兩種情況中的一種：

1. **你的淨資產等於你的年均淨所得的 20 倍**。當你以年收入而非支出當做淨資產目標時，你就不能用削減開支來「作弊」，我還鼓勵各位在升職加薪時，提高你的儲蓄和投資額度。對於那些堅持要使用年支出的人來說，我會建議你把財務獨立目標設定在年支出的 25 倍以及年所得的 20 倍這個範圍之內。舉例來說，假設你一年的開銷是 5 萬美元，而你的年收入是 10 萬美元，那麼你的財務自由目標最好設定在 125 萬美元到 200 美元之間較為保險。
2. **你的投資應產生足夠的被動收入來支應你過上理想的生活**。所以如果你一年的開銷是 10 萬美元，而你現有的投資每年能產生超過 12 萬 5,000 美元的收入，那你就算是財務獨立了（因為這些收入還會被扣除一部分稅金）。當你只靠投資收入便足以支應生活開銷，完全不必動用到本金，那麼只要你量入為出謹慎用錢，就永遠不會缺錢，這樣便算是真的財務自由了。

自 2009 年以來，FIRE 運動已經演變出 3 種退休生活方式：**富到流油型**（Fat FIRE）、**量入為出型**（Lean FIRE）及**星巴克挺你型**（Barista FIRE，提倡「尚未賺到足夠退休的金額便提早退休」，所以離職後還需依靠兼職打工，來維持基本生活所需，以及取得醫療保險福利。星巴克提供兼職者醫療健保，因而成為名稱）。這些名詞其實是用來形容一個人在退休後如何生活的主觀說法——富到流油型的退休者可以過著隨心所欲的生活；量入為出型過著相對簡樸的生活；星巴克挺你型則需做兼職工作和／或配偶仍在工作。

之所以會出現這種演變，是因為每個人追求的 FIRE 截然不同所致。透過重新定義術語，讓自己對現況感到滿意乃是人類的天性。但重點其實在於搞清楚自己想要的是什麼樣的 FIRE 生活方式——不要自己騙自己。

我嚮往的 FIRE 是住在舊金山或夏威夷、房子夠大、每個人都有自己的房間、孩子能受到良好的教育、每年能旅行幾次，而且每個月有足夠的現金流來繼續投資。可惜這樣的生活方式需要大量資金的支持，這就是為什麼我到現在仍努力建立更多的被動收入。

其他人嚮往的 FIRE 生活，可能是住在一輛改裝的校車裡、在全美各地自駕遊、不生養小孩，對這些人來說，也許每年 3 萬美元就足以讓他們感到幸福了。個人理財的魅力就在於，生活方式沒有對錯之分，只是你必須採取相應的步驟來達成你想要的生活方式。

像我在 2012 年 34 歲與公司談妥條件後離職的頭 3 年，便過著星巴克挺你型的退休生活；當時我太太仍在工作，她比我小 3 歲，我們為她設定的目標是：如果這段時間我們的財務狀況一切順利，她也會在 34 歲時提前退休。

在這段星巴克挺你型 FIRE 期間，我加入她公司的醫療保健計畫，而我則需負擔所有的生活費用。我們把開支保持在相對略低的水平，那幾年間我寫了一本書教人如何談判遣散費，同時也在理財武士網站上寫作。（更多關於談判遣散費的內容，將留待第 11 章分享。）

2015 年我太太在我幫她談好遣散費後，也如願在 34 歲離職。拜我們的投資升值之賜，我們在幾年之內就過上了不算差的財務自由生活，而且網站的收入也持續增長。自我離職後算起，我們一共花了 9 年的時間才達到我們理想的被動投資收入數字，這是因為我們的開支隨著家庭人口的增長而水漲船高。而且我們到現在還在努力建立投資收入，畢竟世事難料。

這裡我要特別提醒各位，把「英年早退」說成從此不再工作，往往只是個噱頭（gimmick）。你在網上看到那些大力宣揚早早退休的人，其實許多仍像「退休」前那樣努力工作，主要是經營自己的網站。我的文章並非憑空出現的，寫這本書花了我兩年的時間，我從未有過不想工作的念頭，我只是想要能夠自由做自己想做的事罷了。

這 10 多年來我從沒再上過一天班，但我並不認為提前退休是 FIRE 的意義所在。2012 年我決定讓自己休息一年到國外「玩個痛快」，誰知才過了 6 個月，我就迫不及待地想好好利用我的時間做一些有意義的事情。其實只要我的手還能寫、嘴還能說、腦子還管用，我就要繼續樂在工作中！

所以各位在規畫你的財務獨立之旅時，我建議你們把重點放在前半部 FI（財務獨立）的部分。沒有人在提前退休之後什麼都不做，即便他們嘗試什麼都不做，也鮮少能持續很長時間。當我們用有意義的工作來充實生活時，生活就會更加多采多姿，財務獨立最棒的特點之一便是你可以做自己熱愛的事。

你的幸福方程式

幸福等於現實減去期望，當你過著比想像中更美好的生活時，你通常會更珍惜眼前擁有的一切。

我在馬來西亞念中學時曾到檳城旅行，結果被一群乞丐團團圍住，即便我沒有任何東西可以施捨給他們，他們還是一直拉著我的衣服不斷懇求我。那一幕令我震驚不已，我意識到並不是每個人都有一張溫暖的床鋪可以睡覺，所以那年的耶誕節，我不再奢望得到一具高級滑板，而是決定什麼都不期待。最後當我拿到爸媽送我的一件 T 恤時，我反倒比以往更開心。

俗話說金錢買不到幸福，這是真的。當你賺到足以生活無虞的資產 — 無論是堪薩斯市的一年 7 萬 5,00 美元、還是舊金山的 25 萬美元 — 擁有更多的錢鮮少能大幅提高你的幸福感。

近期發布的《世界幸福報告》（*World Happiness Report*）將芬蘭列為全球最幸福的國家；[1] 該報告用來衡量幸福程度的標準有 6 個：人均國內生產總值、困難時期的社會支持、（健康的）預期壽命、生活選擇的自由程度、熱心公益捐款助人，以及低腐敗程度和高信任度。

儘管美國擁有迄今為止全球最高的名義 GDP，且人均 GDP 排名全球第 9 高，但是它在調查中僅排名第 18 位。明明這麼富有，但幸福感排名卻如此平庸，這現象著實令人不解。

幸福是主觀的感受且極難量化，但從資料看來，金錢顯然只是幸福方程式中的一部分。

在我看來，金錢在幸福度的占比頂多占 4 成，只要你的財富足夠讓你去做想做的事，你就充分發揮了金錢的最大效益。

決定幸福與否的其餘 6 成，往往跟家庭、朋友、成就、信仰和人生使命有關。如果金錢是幸福的最主要指標，那麼億萬富豪不就永遠不會哭泣、永遠不會痛苦，而且永遠不會離婚。

若要我用一個詞定義幸福，那麼我會選擇進步。

我相信幸福感跟你在以下這些方面的不斷進步息息相關：你與伴侶的關係、你與子女的關係、你的體適能、你的財務狀況、你的職業、你的運動技能，以及你幫助了多少人。

想像你的財務狀況相當穩健，充分發揮它在美滿人生中所占的 4 成重要性，那麼你要如何補足剩餘的 6 成幸福？我建議各位在思考哪些東西能令你感到幸福快樂時，不妨把重點放在以下 3 個關鍵事項：

你想擁有哪方面的自由？

能夠獨立自主地做自己想做的事，對幸福是一大貢獻：你的自主權越高、你就會越快樂。迫於生計去從事你討厭的工作，絕非最佳選擇，世上能夠提供收入和興奮感的正職工作及自由業（freelance）不計其數，我們每個人都可以找到能令自己感到幸福快樂的工作。

你想和誰共度美好時光？

與互敬互愛的人作伴，能為你帶來巨大的幸福。子女會為父母帶來一個巨大的目標：盡可能給孩子過上最好的生活。這表示父母會為此認真工作賺錢，為子女提供庇護和良好的教育，並且顧好身體避免英年早逝。如果你不打算養兒育女，那麼你想和誰分享你的自由？朋友、父母、兄弟姐妹？全都由你作主！

你想在哪裡過著自由自在的生活？

想住在哪裡就由不得你了，得看你的口袋夠不夠深，我們將在 Part 2 深入探討這一點；雖然有些人不認同，但是選擇住在哪裡真的很重要。

各位在思考幸福的全貌時，不妨好好確認一下哪些事情會讓你不快樂，並設法將它們從你的生活中去除。

算清楚幸福快樂的代價

待各位想清楚你要追求哪種人生，便可算出你需要多少錢來達到這個目標。這部分絕不容小覷，各位將會在第 2 章中看到，我提出的「買這不買那」（Buy This, Not That, BTNT）方法要能奏效，就必須誠實回答你想要什麼，以及你願意做什麼來達成你的目標。要是你還沒法誠實面對自己，那就趕快習慣它吧。

正如前面討論過的，由於每個人的欲望、需求和生活安排都不一樣，所以每個人皆可按照自己的收入水準來獲取最大的幸福，所以請你認真算出你的最佳收入水準吧。

假設你想住在舊金山、夏威夷、巴黎、阿姆斯特丹或紐約（都是我最喜歡的城市），那麼你就去查詢每個城市的房租和房價的中位數，然後再加上你家的食、衣、交通費用。有孩子的人可能還要考慮私立學校的教育費——以防萬一你的孩子無法進入好的公立學校。

除了食衣住行這四大生活必需品，還得加計度假、娛樂以及慈善捐款等方面的需求。等你算出一個數字後，你可能會對生活費的快速增加而大吃一驚。圖表 1-1 是一個 4 口之家住在生活成本高昂的美國大城市的預算樣本。

我知道有些讀者會對當中某些費用感到無法理解，這是 OK 的。不過光是因為你沒有相同的開支（或目標、欲望或理想），並不代表一個預算比另一個預算更不切實際。

圖表 1-1　一個年收入 30 萬美元的 4 口之家在美國大都會的生活開支

總收入	年薪 30 萬	月薪 2.5 萬
401(k) 繳款（雙薪父母）	$41,000	$3,417
扣除 401(k) 繳款後的應稅收入	$259,000	$21,583
扣除 2.59 萬美元的標準扣除額和 401(k) 繳款後的應稅收入	$233,100	$19,425
稅單（24% 聯邦稅，8% 州稅，7.65% FICA，實扣總額為 23%）	$53,613	$4,468
淨收入 + $4,00 美元兒童稅收抵免 + 2.59 萬美元非現金標準扣除額	$209,387	$17,449
支出	**全年**	**每月**
2 歲孩童的托育費	$24,000	$2,000
4 歲孩童的托育費	$26,400	$2,200
一家 4 口的餐費（平均每天 70 美元，包括每週約會之夜）	$25,550	$2,129

（接下頁）

529 計畫（K-12 和大學儲蓄計畫）	$13,200	$1,100
房貸（本金 2,100，利息 1,900）	$48,000	$4,000
財產稅（房價 160 萬稅率 1.24%）	$19,840	$1,653
產險保費	$1,560	$130
房產維修	$2,400	$200
公用事業（電、水、垃圾）	$3,600	$300
壽險（兩份 20 年期保單保額各 100 萬）	$2,160	$180
傘護式責任險（保額 200 萬）	$600	$50
健保費（雇主補貼）	$8,400	$700
嬰兒用品（尿布、玩具、嬰兒床、嬰兒車、圍欄等）	$2,400	$200
每年 3 週假期（兩次外宿，一次宅假期）	$7,200	$600
娛樂費用（Netflix、表演、體育賽事、社交活動）	$4,800	$400
車貸（豐田車）	$3,900	$325
車險和保養	$1,800	$150
油錢	$3,600	$300
手機（家庭方案）	$1,440	$120
衣服（平價服飾非名牌）	$1,800	$150
個人保健品	$1,200	$100
慈善捐款	$3,600	$300
學貸（5 萬，丈夫在 30 歲還清）	$0	$0
支出總額	$208,050	$17,337
支付雜項開支後的現金流量	$1,337	$112

適用城市：舊金山、紐約、波士頓、洛杉磯、聖地牙哥、西雅圖、華府、邁阿密、丹佛、夏威夷、溫哥華、多倫多、香港、東京、倫敦、巴黎、雪梨。

資料來源：理財武士網站

要精確算出獲得最大幸福需要賺多少錢才夠，就必須像這樣把各項支出加總起來。設定財務目標最好積極些，這樣你即使無法達成理想的目標，但最終你可能會建立比設定保守目標更多的安全網。

在我看來，每年能穩定賺取 30 萬美元的雙薪 4 口之家，想要定居在舊金山，其實是個不錯的目標。如果你只有一個孩子且住在德州的奧斯丁，那麼或許 12 萬美元的年薪就足夠提供差不多的生活方式。又如果你是個住在北卡羅萊納州羅利的單身人士，年薪 5 萬美元說不定就綽綽有餘了。多少錢才夠用，要看每個人的偏好及各地的生活成本而定。

仔細想好你希望達到的稅後月收入是多少，然後把這個目標擺在面前，因為你要做大量的數字計算和規畫，而且為了達到這個目標必須做出一些犧牲。但切記，你的目標並非努力賺取這個理想的稅後收入，你的最終目標其實是靠被動收入及做你喜歡的事情，來賺取大部分的錢。

我個人認為，主動和被動收入的理想比例是 30/70，這與我提出的 70/30 決策原則恰好相反。換句話說，如果你理想的 12 萬美元年收入中，有 3 萬美元的收入是來自於做你喜歡的事情，那你肯定會很開心。主動收入占年所得的 3 成，則能讓我們保持相關性和生產力；被動收入占年所得的 7 成，我們就不會感受到錢不夠用的壓力。畢竟當我們在討論理想的收入或支出時，我們通常會輸入一個安全緩衝區。

財務獨立是什麼感覺？

自從我離開「正職工作」後，許多人詢問我財務獨立的感覺如何。老實說，這就跟你孩提時代遇到節日、生日或暑假的感覺一樣，你會興奮得晚上睡不著，早上又因為太興奮了而起了個大早！

從技術上講，我自2009年起就已經達到量入為出型的財務自由了，當時我大可以在夏威夷過著簡單的樂活日子，早上打理我祖父的芒果和木瓜樹、下午衝浪。但我並不滿足於此，我想跟妻子組建一個家庭。

到了2021年，我認為多了這3年的資本累積，已經足以讓我永遠告別銀行業，於是我跟公司談妥了離職條件，並且獲得了自由。現在不行動，就永遠不會行動。

但事實是，即便你已經累積了足夠的資本，或是建立了足夠的經常性收入來源（recurring income streams），卻免不了還是會遇上一些財務問題，例如2008至2009年的全球金融危機，令我在短短6個月內損失了大約35%的淨資產，而且日後難保不會再發生別的長期危機。

不過話又說回來，即使我們不能根除財務問題，只有等到100%確定時才採取行動，也不符合理財武士的作風。相反地，我們只要盡力將生活中的大小事之成功機率提高到70%以上就行了，而且不能自以為料事如神，某些時候事情還是有可能出錯。

關鍵是要搞清楚哪裡出錯了，並採取行動使事情變好。你的目標是在對於你和你的家人最重要的事情上能夠不斷獲得進步。擁抱財務獨立是一趟不斷精進的旅程，而且沒有終點線。

理財武士道

我在每一章的結尾都會列出一份與本章內容相呼應的行動清單，它們是幫助各位在財務獨立的道路上不斷前進的**妙法**。各位將會發現，把「買這不買那」策略分解成數個容易做到的小步驟是非常可行的，所以千萬不要忽略這些步驟！花點時間完成這些步驟，我保證你會走上財務自由的道路。首先：

- 試想當你財務自由了，你會做什麼？會與誰為伍？會住在哪裡？這些問題的答案就是為你指路的北極星。
- 想出一個務實的理想生活預算，這樣你就能清楚知道該建立多大規模的被動投資收入。
- 努力建立一個相當於你年收入 20 倍的淨資產，或是創造夠多的被動投資收入，來支應你想過的那種生活。如果你偏好用年支出當做倍數，不妨把你的財務獨立目標，設定在全年開銷的 25 倍與年收入的 20 倍之間。
- 你的財務獨立數字，最終應該給你勇氣去改變次優的情況。如果你無法採取行動，那麼你可能需要繼續累積你的財富。
- 算出你的被動投資收入和你的支出兩者差距多少，隨著你的被動投資收入數額逐漸趨近你的總支出，兩者的差距會越來越小，而且會出現更多令你樂在其中的工作機會，讓你能夠弭平兩者間的差距。

第 2 章

錢若算清，計畫自來

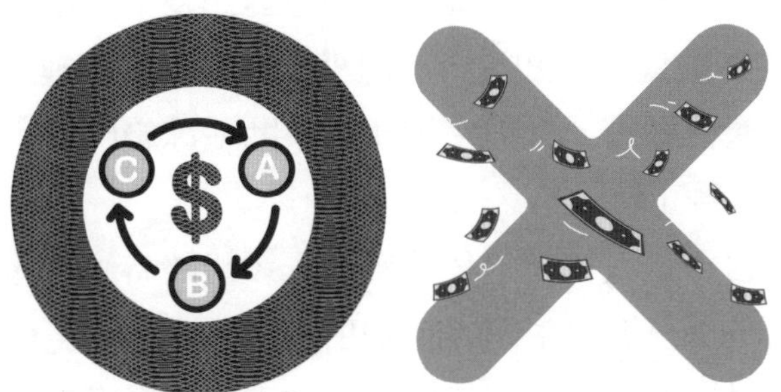

我們來做個簡單的算術。

如果你是那種會設定財務目標的人──我敢打賭你是──你應該不會討厭計算一堆數字，因為這樣才能找出你要如何達成這些目標。即便你再怎麼心不甘情不願，這件事都非做不可。請記住，當你弄清楚怎樣才能把錢花在刀口上，你就可以達成財務獨立。我相信當各位過上自己夢寐以求的財務自由生活時，肯定會覺得一切的辛苦都是值得的。現在就讓我們來認真審視相關的細節吧。

我在上一章中對於財務獨立所下的定義是：（1）當你的淨資產等於你平均全年總收入的 20 倍，或是（2）當你投資產生的被動收入，足以支付你過上嚮往生活所需的開銷。由於此兩者息息相關，所以各位最終應能同時達成這兩大目標。

我先說說淨資產。**每個人都應該依據年齡、工作經驗和收入設定其淨資產目標**。淨資產目標將幫助你持續實行你的財務計畫，並在進度落後的情況下激勵你迎頭趕上。很多人在工作 10 年後突然驚覺，不知道自己賺來的錢都花到哪裡。當你設定你的淨資產目標後，就把它列印出來貼在冰箱門上，經常提醒自己不要偏離正軌。

我的目標是在傳統退休年齡六十多歲的時候，淨資產能達到年收入的 20 倍。如果你能在更年輕的時候就達標，那麼你隨時都可以提前退休。把年收入當做乘數的好處有二，一是你會繼續挑戰更高的收入；再則避免你「作弊」──透過大幅減少開支來達成財務自由。

至於那些因為念研究所或其他原因而較晚才開始工作的人，則可以用工齡取代年齡當做指標。由於時光飛逝，所以理想的目標是在 30 歲之前累積到年收入 2 倍的淨資產，35 歲之前累積到年收入的 5 倍，40 歲之前累積到年收入的 10 倍，50 歲之前累積到年收入的 15 倍，60 歲之前累積到年收入的 20 倍（見圖表 2-1）。

圖表 2-1　按年齡或工作經驗劃分的淨資產（NW）目標

年齡	工齡	收入的倍數	年薪 5 萬美元的淨資產目標	年薪 10 萬美元的淨資產目標	年薪 15 萬美元的淨資產目標	年薪 20 萬美元的淨資產目標	年薪 30 萬美元的淨資產目標	年薪 50 萬美元的淨資產目標
22	0	0	0	0	0	0	0	0
25	3	0.5	$25,000	$50,000	$75,000	$100,000	$150,000	$250,000
28	6	1	$50,000	$100,000	$150,000	$200,000	$300,000	$500,000
30	8	2	$100,000	$200,000	$300,000	$400,000	$600,000	$1,000,000
32	10	3	$150,000	$300,000	$450,000	$600,000	$900,000	$1,500,000
35	13	5	$250,000	$500,000	$750,000	$1,000,000	$1,500,000	$2,500,000
40	18	10	$500,000	$1,000,000	$1,500,000	$2,000,000	$3,000,000	$5,000,000
45	23	13	$650,000	$1,300,000	$1,950,000	$2,600,000	$3,900,000	$6,500,000
50	28	15	$750,000	$1,500,000	$2,250,000	$3,000,000	$4,500,000	$7,500,000
55	33	18	$900,000	$1,800,000	$2,700,000	$3,600,000	$5,400,000	$9,000,000
60+	38	20	$1,000,000	$2,000,000	$3,000,000	$4,000,000	$6,000,000	$10,000,000

最終目標是達成年均年收入 20 倍的淨資產。

資料來源：理財武士網站

生活中的每件事都是一場賭博，你能多快達成財務獨立，取決於你付出多少努力、存下多少錢及承擔多大的風險。

所有令人讚嘆的美好事物，在你真正去做之前皆看似不可能。就像健身教練往往比自己更能「逼」出更厲害的你，我設計的存錢圖表也帶有相同的激勵目的，各位千萬不要被這些數字嚇倒。

我這麼做的目的是為了幫助各位，即使未能達成你預定的淨資產目標，仍能累積下比未設定目標時多更多的淨資產。你累積的財富越多，你就越有勇氣承擔更多的風險去嘗試新的事物，並按照自己的意願改變事情。持續不斷地打造你的財務動能（financial momentum），經過一段時間的努力，你將會對結果感到驚奇和驚喜。

我在找到第一份工作後，便打定主意每個月要盡可能存下最多錢去投資。所以我跟朋友合租房子、把提撥到 401(k) 的金額設定為最高額度、每年的年終獎金全數拿去投資，而且還把扣除 401(k) 提撥款後剩餘收入的 20%存起來。

我最初的財務目標——也是我推薦各位採用的目標——是將一半的稅後資金存起來，經過我不斷努力，最終我在收入高峰期的儲蓄率竟達到 80%。

如果你把每個月的開銷限定在 50%的稅後資金之內，那麼你每年就能存下 1 年的生活費用；如果你能把儲蓄率提高到 70%，那麼你 1 年就能存下足夠 2 年使用的生活費用，以此類推。把稅後收入的 20%儲蓄起來是最起碼的，因為按照這個儲蓄率，需要花 4 年時間才能存夠 1 年的生活費。

儲蓄與投資越多，你就能越早達到財務獨立，道理就是這麼簡單。

用收入當乘數比用支出當乘數好

我要再次強調，將你的淨資產目標與你的全年總收入連結起來是很重要的。

用收入（而非支出）當乘數是個重要的轉變：代表你從匱乏的心態轉向富足的心態。你可以用你的最高年收入或是歷年來的平均年收入當做乘數；但如果你把淨資產目標建立在支出上，就很容易搞些小手段自欺欺人，例如三餐只吃醬油拌飯，這種省錢法絕非長久之計。

不過話又說回來，剛踏入社會就逼自己努力存錢固然是件好事，但也別忘了你最終的目標是有更多的呼吸空間來舒適地生活。年輕時拚命省錢，退休後仍舊不敢花錢，這對大多數人來說並非理想的生活。相反地，你應聚焦如何提高你的收入，好讓自己有機會過上嚮往的生活。

但如果你堅持要用支出的數倍當做你的淨資產目標，那就隨你吧。坊間最常見的指標之一是存下你全年開銷的 25 倍，這個數字是按大家熟知的 4% 安全提款率計算出來的。但我並不建議各位每年提領 4% 的退休金存款來用，我很快就會說明箇中原因，但現在我想強調的是，累積相當於你年度支出 25 倍的淨資產是個不錯的目標；但是當你達到這個目標後就要重新評估，如果你對現況感到滿意並且仍然有很強的工作欲望，就接著挑戰把淨資產達到年收入 20 倍的目標。雖說是挑戰，但不必給自己很大的壓力，因為你知道最糟的情況也不過如此，畢竟你現在已經擁有的資產並不算太差。

還有一點千萬要記住，你越早退休預存的退休金就需要足以支應越多年的支出，因為你會有更長的剩餘人生是沒有全額收入來支付開銷的。你還需要支付醫療保健費（無論是否有雇主的補貼）、住房費用（晚點退休或許屆時你的房貸已經付清），以及養育孩子的相關費用（空巢老人則無此費用）。太早退休暫時還無法領取社會保險金，或是 IRA 或 401(k) 裡的退休金。目前最早可以領取社會保險金的年齡是 62 歲，最早可以從 401(k) 或 IRA 無罰金領錢的年紀是 59 歲半。不過也有例外情況，對於那些想在 59 歲半之前就從有稅賦優惠的退休帳戶中提款的人，請參見延伸閱讀中關於美國稅法第 72(t) 條的規定。

所以越早退休的人，就越有可能需要或想要透過做自己喜歡的事來創造補充收入。

淨資產與被動收入

你的淨資產和被動收入是相輔相成的，當你達到預設的淨資產目標時，你的被動收入潛能也會跟著水漲船高。只要你達到了淨資產目標，你就可以在需要或想要的時候，改變你的淨資產組成來創造收入。其實所謂的「有錢」（rich）就是感覺不必為錢發愁。

假設你的年收入是 10 萬美元，並在 40 歲時達成了我設定的淨資產目標，亦即存下年收入 10 倍的退休金。假設你的 100 萬美元淨資產中，50 萬美元是你的自用住宅的房價，其餘 50 萬美元則是投資於零收入的成長型股票，這時你的被動投資收入是 0 美元。

但如果你再也不想工作，打算提前退休去環遊世界，這時你就可以改變你的淨資產組成來幫你圓夢。首先你可以賣掉房子，並獲得最高 25 萬美元的個人免稅收入，實際的免稅金額要看你在裡面住了多久而定。扣掉 5％的房仲佣金及 1％的房屋過戶稅金和費用，你可以用剩下的 47 萬美元過活，或是把這 47 萬美元投資於會支付股息的大型股，若每年的收益率為 3％，即可獲得 14,100 美元，你也可以保留部分現金，其餘拿去投資股票。

如果你不想賣房子，也可以賣掉一些不付股息的成長型股票，並將所得資金重新投資於債券、付股息的股票、房地產投資信託基金（REIT），以及其他會產生收入的資產，當然要留意相關的稅收問題。（別擔心，我會在後面的章節中詳細介紹這些投資標的。）

只要遵循我建議的淨資產目標，你就永遠（永遠！）可以在想要的時候產生被動投資收入。知道自己在需要用錢時還有這個選擇，會令你很安心，你只需要決定如何改變你的淨資產組成，並留意稅金的影響即可。

如果你的被動收入已經足以持續支付你過上理想生活的費用，那麼你就算達到你的淨資產目標了（不必理會是多少倍）。例如你 50 歲時年薪 10 萬美元，而過去 3 年中你發現自己每年靠 3 萬美元便可快樂地過生活。雖然根據我的指南說你在這個年紀應該有年收入 15 倍亦即 150 萬美元的淨資產，而你此時的淨資產「只有」80 萬美元，但因為它一年能產生 36,000 美元的收入，已經足以支付你想要的生活費用。這時你就可以選擇改成做兼職，或是從事收入較少的新工作，擁有選擇的自由乃是無價之寶。

想要獲得更大的潛在投報率，往往需要承擔更高的風險，所以如果你討厭冒險，也不喜歡波動，那麼你的投報率可能會比較低，你恐怕需要累積更多的資本才行。至於性格偏好冒險的人或是時勢因素，同樣也需要累積較多的資本。（我們將在本章後面的內容更深入評估你的風險承受度。）

假設你正值40歲的壯年，而你的100萬美元投資組合的收益率只有3%到5%，每年能產生3萬到5萬美元的被動收入，這樣的操作可能太保守了。反之，如果你喜歡投資於年成長率超過15%但高度波動的科技股，要是你的投資不幸重挫了2成，你還有時間和精力來彌補此一損失。如果你已經70歲了，時間對你來說彌足珍貴，你可能不想把它用來彌補任何的潛在損失，哪怕只是一天的時間都不想。

所以在評估風險時，務必要同時考慮時間和金錢兩方面的可能損失。

你需要多少被動收入是由你自己決定的，一旦你決定了一個數字，你就得弄清楚你需要投入多少資本才能產生這個目標數字。只要把你認為你每年需要的資金除以2%、3%或4%，就可以算出你的最低淨資產目標金額。例如你希望每年有8萬美元的被動收入，那你必須投入200萬到400萬美元的資本。2%、3%或4%是你預估的年收益率或投報率，但如果你相信你的投資組合每年會上漲15%（實際上不大可能），用8萬美元除以15%，那麼你只需有個533,333美元的投資組合，就足以支付你一年的生活費用了。但其實在計算永續性的被動收入來源時，你能使用的除數最高不應超過8%，最合適的數字則是 2% 到 4% 之間，這樣算出來的數目才比較合乎現實。

在適當的風險下投資你的儲蓄，對於達成財務獨立至關重要。我將在第 5 章告訴各位如何根據自己的目標和情況來配置你的資產。

現在各位只需記住：你的投資行動必須密切配合你的目標，如果你的行動與你的目標背道而馳，那麼你的理想將淪為不切實際的幻想（delusion）。如果你不努力認真地賺錢、存錢、投資和規畫，豈能奢望達成財務自由的目標，就像我不可能每天暴飲暴食且不鍛鍊身體，卻期望獲得六塊腹肌一樣。幻想有可能是你在追求財務獨立和整體幸福時面臨的最大風險，因此運用金錢務必謹慎，與其因為過度積極導致血本無歸，倒不如保守一些放長線釣大魚，畢竟時光是無法倒流的，人生也沒有後悔藥。

退休哲學有兩種

待你確立了理想的淨資產目標後，接著就要算一下你的退休金安全提取率，以便你可以安心告別朝九晚五的職場。如果你的淨資產低於遺產稅的門檻——超過門檻的資產可能需繳 40% 的遺產稅——那麼理想的退休金提取率，便是不會動用到本金的提取率。你可能打算餘生都靠你的退休本金孳生的收入過活，這樣你就不必擔心錢不夠用。你還可以把部分財富送給那些有需要的人，讓他們得到跨代財富（generational wealth）。2022 年美國的遺產稅門檻是每人 1,206 萬美元，不過此一數字經常變動。搞清楚你偏好哪種退休哲學，將有助於確定你的淨資產目標，以及退休金的安全提款率。

1. **不留遺產的退休哲學**。如果你信奉生不帶來死不帶去的（YOLO，You only live once，人只活一次莫負此生）哲學，那麼你的退休理財目標就是在死前盡量花光此生積攢的所有財富。這種退休哲學的意義在於，讓你此生的努力成果發揮最大的效益；再者，何不趁你還活著的時候盡可能地花錢幫助別人？
2. **遺澤永存的退休哲學**。如果你決定要留下遺產，那你可以設立一個信託基金或是創建一個組織，為自己留下樂善好施的好名聲。澤被後世的方法包括在你的母校設立獎學金，或是設立一個基金會，並將孳息永久捐贈某個殘疾人士組織。不論是哪種形式，以幫助他人的方式來光宗耀祖是許多人渴望達成的目標。

大多數人的做法可能介於兩者之間。就像許多事情一樣，個人理財也有個光譜，較傾向 YOLO 退休理念者，你的退休金安全提款率就可高些（建議範圍為 4% 至 8%）；反之，越偏向遺愛後世理念的人——尤其是淨資產低於遺產稅的起徵門檻——你的退休金安全提款率就該低些（建議範圍為 0% 至 3%）。

退休頭幾年的安全提款率

我之前便曾說過，我不建議採用流行的 4% 提款率，了解其中的原因很重要。「4% 提款率」是由威廉・本根（William P. Bengen）於 1994 年首次發表在《財務規畫》雜誌（*Journal of Financial Planning*）上，[1] 但直到三一大學的 3 位教授於 1998 年發表「三一研究」才讓此概念流行起來。[2]

根據研究顯示，從 1925 年至 1998 年的市場年投報率，可讓某人每年從其投資組合中提出 4% 的錢來花用，幾乎沒有資金耗盡的風險。三一研究報告指出，歷史紀錄顯示如果每年僅提款 4%，任何股票和債券組合幾乎不可能在長達 30 年的時間裡耗盡，4% 原則遂成為退休專家最樂於倡導的安全提款率。

不過現今的情況與 1990 年代早已不可同日而語，最重要的一點是，10 年期公債的收益率已經從 1994 年 10 月的 7.8% 高點，下降至 2020 年 7 月的 0.53 % 低點。雖然無風險利率（risk-free rate）已經自 2020 年的歷史最低點有所上升，但今天的水準仍比當年低很多。

所以我們的做法也必須與時俱進，我提供一個安全提款率的計算公式給各位參考：**理財武士的安全提款率 =10 年期公債收益率 ×80%**。

換句話說，如果 10 年期公債的收益率為 2%，理財武士建議退休者將安全提款率限制在 1.6%，安全提款率可隨 10 年期公債收益率的攀升而提高，反之亦然。

我提出的安全提款率公式乍看之下似乎過於保守，許多人甚至會斥之為荒謬，但其實我是根據 4% 原則的創立時間來設計的。因為《三一研究》大力推廣4%原則的時候──1998年──當時的4%大約相當於10年期公債平均收益率5%的80%。換句話說，即便沒有博士學位的普通老百姓也懂得這個道理：當你可以賺取5%的無風險利率時，只提領4%的錢來花，是永遠花不完的。所以如果你能接受4%原則的邏輯，你就能接受理財武士安全提款率的邏輯，這是我順應不同經濟情況加以簡化的方法。

我創建理財武士安全提款率的真正原因是：在各位人生最脆弱的時期保護你。在你工作一輩子之後，你可能會發現離職之後的生活出現很大的落差，而且熊市偏偏在你疲憊不堪的時候降臨。（問問那些在2007年退休的人就知道了！）

所以我才會奉勸各位在剛退休的頭幾年、還在摸索你的新生活時，採取較為保守的提款率。當你越年輕逃離職場，你的自我懷疑可能會越高。

現在回想起來，當初我在34歲便放棄一份6位數年薪的工作其實是不明智的。我之所以沒有遵循我自己主張的20倍收入原則，是因為當時我還沒有創造它。我離職的時候，累積的淨資產相當於我前3年平均年收入的8倍左右。要是我以父親的身分指導自己，我可能會對自己說：再堅持一下，等到40歲的時候再跟公司談判遣散費吧。

因為我建議的安全提款率頗低，所以我鼓勵各位要趁著「提早退休」前盡量累積更多的淨資產，或是在離職後找到其他賺錢方法，讓你的生活既有重心又可貼補家用。失落的感覺很糟，等到你退休幾年後終於適應了人生的第二春，你就可以改採3%至5%的傳統安全提款率了。

關於提前退休的負面因素，談論的人不多，想要了解詳情的人可以參考本書後附的延伸閱讀的相關文章，這些文章每年都會根據讀者的回饋來更新。要是有人告訴你英年早退的生活只有好處沒有壞處，那人肯定是在唬弄你。

10 年期公債收益率的重要性

10 年期公債收益率是最值得關注的經濟指標，這個數字為投資者、經濟學家和追求財務自由的人，提供了關於通貨膨脹、聯邦基金利率的走向、就業情勢、投資者的風險承受度、經濟體質等各方面的預期狀況，可供參考的範圍相當廣泛。

10 年期公債收益率向來被稱為無風險的收益率，所以投報率低於此的投資標的根本不必考慮。換句話說，如果 10 年期公債的收益率是 2%，你就沒必要投資預期收益率低於 2%的股票，因為這時你需要有個風險溢價來彌補你的潛在損失。如果你想投資房地產，也絕不要投資預期收益率低於 2%的物件，因為你同樣需要有個風險溢價，來彌補管理租戶和處理維修問題方面的支出，否則極可能會倒賠。

關於 10 年期公債收益率的重要性，我可以寫一整本書，但一言以蔽之，我建議大家在投資任何資產之前，必須把它的預期收益率拿來跟購買和持有 10 年期公債可以獲得的無風險收益做比較。隨著 10 年期公債收益率的下降，機會成本也跟著下降，這就是為什麼會有這麼多的流動性（liquidity）流向了風險較大的資產。

由於 10 年期公債的收益率上升緩慢，獲利有限的經濟活動也將會放緩，因為借貸的成本變高了。10 年期公債收益率是房貸利率的一個重要決定因素，消費信貸利率也會受到它的影響，但程度較小。當 10 年期公債收益率上升到某個程度時會令投資者卻步，因為他們無意承擔過多的風險。

風險資產的預期回報在下降中

先鋒集團（Vanguard）在 2021 年發布了未來 10 年美股、美債的預期回報和通貨膨脹率的預估。[3] 根據先鋒資本市場模型（Vanguard Capital Markets Model）的計算，未來 10 年美股的年投報率只有 4.02%，美債的年投報率為 1.31%，而通貨膨脹率則為 1.58%；這些數字與 10 年前美股的 10.37%、美債的 5.3%及 2.87%的通貨膨脹率，皆呈下降趨勢（見圖表 2-2）。

此一情況意味著，如果你退休時的投資組合是 60%的股票和 40%的債券，且情況確如先鋒的預測，那麼你的投資組合的年投報率將只有 2.93%。

先鋒的預測數字看似過於保守，但萬一不幸被他們說中了呢？熊市隨時可能來襲，每年提領 4%以上恐怕太多了。

況且抱持這種看法的不僅是先鋒而已，同樣預測股票、債券和其他風險資產在未來的投報率會下降的，還有高盛、美國銀行、貝萊德及其他大型金融機構。所以如果你計畫比正常情

圖表 2-2　歷年收益並不保證未來收益

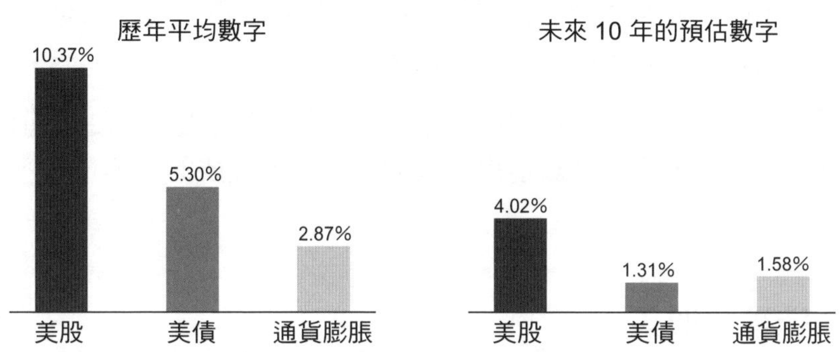

註：過去的表現並不保證未來的投報率，某個指數的表現並不完全代表任何特定的投資，因為你不能直接投資於一個指數。本圖的美股、美債及通貨膨脹率平均數字，涵蓋了自 1926 年 1 月 26 日至 2021 年 3 月 31 日的歷史資料。美股的平均投報率由以下指數計算而得：1926 年至 1957 年 3 月 3 日的標準普爾 90 指數、1957 年 3 月 4 日至 1974 年的標準普爾 500 指數、1975 年至 2005 年 4 月 22 日的威爾夏 5000 指數（Wilshire 5000 Index），之後則由 MSCI 指數代表。美債則包含以下各指數：1926 年至 1968 年的標準普爾高級公司指數、1969 年至 1972 年的花旗集團高級指數、1973 年至 1975 年的彭博巴克萊美國長期信貸 AA 指數，以及此後的彭博巴克萊美國綜合債券指數。通貨膨脹率則由美國消費者物價指數表示。先鋒資本市場模型的未來 10 年預測是截至 2020 年 12 月底為止，對應於美股和美債的 10 年年化投報率所做的一萬次模擬分布。投報率中位數是一個資產類別的年投報率分布的第 50 個百分位。對美股、美債和通貨膨脹率所做的 10 年預測中值代表了 10 年範圍內的預期年化率，不過這些結果在這段時間內仍有很大的不確定性。

資料來源：先鋒集團的先鋒資本市場模型預測及 Thomson Reuters Datastream。

況（六十多歲）提前退休，你可能要做以下幾件事：

在退休前累積更多資本

如果你要依全年開銷的倍數來設定淨資產目標，你必須用你的預期壽命減去你的退休年齡（例如你預期自己能活到 80 歲，而你打算在 50 歲就退休，那麼你就必須預先攢下未來 30 年的開支）當做乘數，或是積攢到年收入的 20 倍，並以 25 倍的全年開銷為目標，否則如果沒有任何補充收入的支持，恐怕會不夠用。不過這些數字都是鼓勵各位努力達成的財務目標，並非硬性規定。

創造補充收入

把你喜歡做的事透過創業、兼職或擔任顧問的方式來賺錢。如果你不打算累積年收入的 20 倍，或是全年支出的巨額倍數，你必須找到能夠創造補充收入的方法。

延後退休

退休日期每往後延一年可享有雙重好處：一來你可以存下更多錢，二來你必須提供生活保障的年數可減少一年。

吃更多垃圾食品和不運動來降低你的預期壽命

不建議這樣做。

逐步適應退休生活

你在計算該存多少退休金才夠的數字時，既要根據現實情況，又要帶點杞人憂天的觀點，同時還要發揮創意（blue-sky）。不過說真的，在你正式離開收入穩定的正職工作之前，你是不會真正明白退休是什麼感覺。你在職場工作的時間越長，退休後的心情就越難調適。

所以我建議各位至少在退休前的 6 個月，就開始採用我的理財武士安全提款率來過活，這樣你就會明白真正的自給自足是怎麼回事。而且即便你真的退休了，頭幾年最好也按照理財武士的安全提款率過活，直到你有辦法創造補充收入為止（如果有的話）。

等你覺得你的退休生活安全無虞——可能需要 1 至 3 年的時間調適——你便可以逐漸提高你的安全提款率。但若你相信熊市即將到來，或是擔心會有意外的支出，你覺得應該要更加保守地用錢，你當然可以降低你的安全提款率。

你可以保持靈活彈性，即便退休了也不必活得像個機器人似的，永遠一成不變地按照一個固定的比率提領生活費。我們必須懂得隨機應變，培養隨機應變能力的方法就是密切關注我們自身的需求、願望和收入來源。

每個人的需求、風險承受度和目標都不一樣。但是我提出的 70/30 退休方案，是希望大家在剛退休的頭幾年，能先從保守的安全提款率開始過活，之後再視情況做調整。

計算你的風險承受度

我已經說過，風險承受度在我們的財務獨立策略中舉足輕重，想必有人很想知道該如何衡量自己的風險承受度。但風險承受度似乎相當主觀，答案要視我們對時間的重視程度而定。

我們承擔風險進行投資，是為了能產生潛在的投報率，讓我們能「少奮鬥幾年」。投資的回報越多，我們需要工作來累積淨資產的年限就越短，反之亦然。

因此在計算你的風險承受度時，你可以透過衡量你願意和能夠花多少時間工作，來彌補投資產生的任何潛在損失。如果你是個身體健康的 25 歲青年，你的風險承受度理應高些，因為你應該會比一位年老體衰的 70 歲長者擁有更多的精力和意願去工作；因此，你會想從事較具投機性的投資，以獲得較高的潛在投報率。

我們且來看看投資會有什麼風險：自 1929 年以來，熊市的價格下跌中位數是 33.63%，而熊市價格下跌的平均數是 35.62%。[4]（熊市是指市場下跌超過 20%，且中位數和平均價格下跌一直在調整。）

此外，熊市的平均長度約為 289 天，或略短於 10 個月。史上最長的熊市——大蕭條——發生在 1937 年 3 月至 1942 年 4 月之間，總共持續了 61 個月；而 2020 年的熊市自 2 月 14 日開始，跌勢僅出現約一個半月，而且到 2020 年 8 月，標準普爾 500 指數便再創新高。

所以我們可以合理地認為，下一次的熊市可能在 10 個月內結束、最多造成股價下跌 35%左右。所以我們就以這個合乎現實的最糟狀況來計算，你需要工作多少個月才能彌補你的投資跌掉 35%。

下方即是計算**風險承受度**的公式：

（股票投資總額 ×35%）÷ 每月總收入

例如你投資了 50 萬美元的股票，你每月的收入是 1 萬美元。要算出你的風險承受度，計算方法就是 50 萬美元 ×35%=175,000 美元 ÷1 萬美元 =17.5。

175,000 美元是你在帳面上可能損失的金額；17.5 則是你需要額外工作的月數，才能把你損失的金額賺回來。但其實你的稅後月薪只有 8,000 美元左右，所以你真正要工作的時間接近 22 個月，而且你還得把稅後收入 100%全部貢獻出來。

所以實際的情況會更糟，因為你還需要支付基本的生活費，因此你需要工作的時間甚至比 22 個月更長。好在股價平均會在熊市持續 10 個月後反彈，就看你能不能撐過去。

你得問問自己，你是否真的願意再多工作 17.5 個月以上來彌補你的股票投資損失。如果答案是否定的，那麼你承擔的風險可能太高了；如果你的答案是肯定的，那麼你承擔的風險可能太低了。

因為每個人適用的稅率不同，所以我採用每月總收入（而非淨收入）來簡化這個公式，請各位根據你個人的所得稅情況自由調整你的風險承受倍數。

俗話說時間就是金錢，你越珍惜自己的時間、越不喜歡自己的工作，以及越不願意工作，那麼你的風險承受度肯定越低，因為你不會願意犧牲那麼多時間來彌補你的潛在損失。

我們就來檢視一位擁有 100 萬美元投資組合的 70 歲退休者的情況。他每年就靠著 2 萬美元的社會保險金，以及 2 萬美元的股息收入來過活。

由於他的投資組合全是股票，因此它若喪失了 35%的價值，那麼光靠一年 2 萬美元的社會保險金，將很難彌補 35 萬美元的損失。再者他的股息收入也可能減少，因為企業在熊市期間往往會為了生存而保留現金。這位退休者唯一能做的就是削減開支並祈禱股市早日反彈，或者他可能需要找一份兼職工作來賺取一些補充收入。

由於退休者缺乏時間和能力來彌補這種潛在的損失，所以他可能會將大部分資金放在債券或其他低風險的投資上。這麼一來他的投資重挫的機率就能降到最低。

你的風險承受度倍數

我個人是不願意花超過 12 個月的時間去彌補任何投資損失的，因為我不想在孩子還小的時候重回職場，所以我自認為是個風險承受度介於中度到保守的投資者。

圖表 2-3 是我用來讓各位弄清楚你的風險承受倍數（risk tolerance multiple）是多少的指南，以及根據你的風險承受度，算出你的股票最高投資金額是多少。你的風險承受倍數等於你願意額外多工作幾個月來彌補你在熊市中的潛在損失，我的風險承受倍數是 12（個月），你的是多少？

前述圖表是假設保守的投資者不願意花超過 6 個月的時間來彌補其投資損失（風險承受倍數小於等於 6）；中等風險承受度的人則願意花 12 至 18 個月的時間來彌補其投資損失；高風險承受度的人願意花 2 年以上的時間來彌補其投資損失。

例如某人的風險承受度為中度，每月賺 1 萬美元，他的股票最高投資金額便介於 342,857 美元至 514,286 美元。至於風險承受度極高的另一人，在相同的月收入下，其股票最高投資金額可達到 1,028, 571 美元。但各位千萬要切記，在熊市期間

圖表 2-3　股票投資的風險承受度指南

風險承受度	風險承受度倍數（月）	月收入	投資損失潛能	股票最高投資金額
極高	36	$10,000	$360,000	$1,028,571
高度	24	$10,000	$240,000	$685,714
中度	18	$10,000	$180,000	$514,286
中度	12	$10,000	$120,000	$342,857
保守	6	$10,000	$60,000	$171,429
極度保守	3	$10,000	$30,000	$85,714

假設條件：

1. 自 1929 年以來，熊市的平均跌幅為 35%。
2. 隨著年齡的增長，我們的工作能力和欲望都會下降。
3. 風險承受度會隨著我們變老、變有錢及精力變差而下降。
4. 一項資產的價值是按當前和未來的預期收益算出來的。
5. 股票最高投資金額 =（風險承受度倍數 × 月收入）÷ 熊市平均跌幅。
6. 本指南可適用於任何具有風險的投資，不僅限於股票。

資料來源：理財武士網站

你有可能失去工作或被減薪。

各位或許不認同我對各個等級的風險承受度之定義，這是 OK 的。也許你很樂於多工作 3 年來彌補你的潛在損失，如果是這樣，你可自行調高你的風險承受度。

你的股票最高投資金額

只要用我的風險承受度公式，就能算出各位的股票最高投資金額：

股票最高投資金額 =（你的月薪 × 你的風險承受度倍數）÷ 潛在的下降百分比

假設你每月賺 1 萬美元，而且你不願意花超過 24 個月的時間來彌補潛在的投資損失，你預估你的投資潛在跌幅是 30%，而非我舉例的 35%。

計算結果將會是（1 萬美元 ×24）÷30% =80 萬美元

換句話說，對於你認為可能下降 30%的投資，你最多只能投資 80 萬美元。

如果你剛升職，並預估未來 5 年內你的收入可能增加 20%，你可以用目前的月薪和更高的風險承受倍數，來計算你能承受多大的股票投資金額。

現在我們假設你目前的月薪是 1 萬美元，風險承受度是 24 個月，但你預估 5 年內你的月薪將達到 2 萬美元，而且你認為股票最多只會下跌 20%。那麼你可以把計算方式改為（15,000 美元 ×24）÷20% =180 萬美元，你的股票最高投資金額將變成 180 萬美元。

如果你打算隱居在某個生活成本低廉的「窮鄉僻壤」，你就可以提高你的風險承受倍數。

請跟朋友或親人討論計算公式中的每個變數，這有助於釐清相關狀況並做出更切合實際的估值。一般來說，人們往往會高估自己的風險承受度，一直要等到財務損失慘重的時候，才會認清自己的「斤兩」。

把投資與小確幸拴在一起

想要攢下足夠支付所有生活費的被動收入，感覺至少要 10 年（說不定要 30 年），這不免讓人覺得達成真正的財務獨立，根本是個不可能的任務，但各位千萬不要這樣就被嚇倒。

大家不妨挑個能讓你開心的「小確幸」，並找到能產生足夠收入的投資標的，來長久支付這筆開銷。例如讓你每週六早上都能享用一份可頌三明治套餐，或是每週五晚上跟伴侶來個壽司約會；有些人則想把錢用來升級露營裝備，或是買雙名牌鞋，或是改造家裡的浴室。只要你能證明這筆開銷是合理的，就可算出你需要投資多少錢，來支付這個小小的快樂。

比方說吧，你每週六在街角的咖啡館吃一客可頌麵包套餐要花 8 美元，乘上 52 週，一年總計 416 美元。現在我們來選擇一個合乎現實的投報率，例如 3%，就可算出你需要投資多少錢，才能在 3%的投報率下產生足夠的被動收入，來支付你的可頌麵包小確幸。

計算公式如下：

小確幸的成本 ÷ 利率 = 應投資金額

想要永遠都能享用你最愛的可頌麵包，你需要投資：

416 美元 ÷0.03=13,866 美元

換句話說，如果投報率是 3%，你需要投資 13,866 美元，

才能讓你每週都享用一頓可頌麵包套餐。但要是你能持續產生8%的投報率，那你就只需投資 5,200 美元。

先從滿足這些小確幸開始做起，當你達成一個目標，就繼續努力並逐步擴大到其他開支：油錢、日用品、保險、房貸、孩子的教育費、旅行。好好算一下，在安全可靠的投報率下，你需要投資多少錢來支應你的各項開支，此舉能大大激發你的儲蓄動力。

反過來操作也有幫助：把你已經擁有或打算要進行的投資，跟你的人生目標連結起來。我們在講到錢的時候，要清楚說明它的功用，例如你可以這麼說：「我買了 20 股的特斯拉股票……」關鍵是要繼續說出句子的後半部：「這樣我就可以__________。」或是：「我把我的 401(k) 的扣繳年限提高到 15 年，這樣我就可以__________。」再或者：「我要做這份兼職，這樣我就可以__________。」

此一做法能幫大家記住，金錢本身並非你的主要動機，而是達到目的的一種手段。我們必須把我們的財務選擇跟我們的人生目標聯繫起來，而且這些目標必須是具體的。

光說：「這樣我的銀行裡就會有 10 萬美元。」或是「這樣我就能成為百萬富翁。」其實是不夠的，你必須繼續說下去，你為什麼想要銀行裡有這筆錢？為什麼你想成為百萬富翁？一旦你存到這些錢，你打算怎麼處理？錢只是一種工具，而工具是需要被使用的。

所以我想請各位練習說：「我的 X 投資支付了 Y。」請參考以下這些例子：

- 我在谷歌的投資支付了我女兒的教育費用。
- 我對標準普爾 500 指數的投資支付了我的廚房改造費用。
- 我用蘋果的投資支付了房子的頭期款。
- 我在私募基金的投資支付了我父母的旅遊費用。
- 我在先鋒高股利收益 ETF 的投資每月都有分紅，我用它來支付健身房的月費。

各位還可以把你投入的時間和精力與實際成果聯繫起來。

- 我經營部落格 10 年的投資，讓我有能力在家工作並照顧孩子。
- 我每週為 Uber 開車幾天的投資，讓我有錢買台新的 MacBook Pro。
- 我的自由業工作，為我支付了一年的房產稅。
- 我用教網球的收入，支付家庭娛樂的支出（看電影和看表演）。

如果你做了這項練習，卻發現你的時間和投資並未用來支付任何東西，那你顯然忘了你當初的目的。這個練習的目標是一定要把你的投資和努力，跟真實的事物聯繫起來。只要你確知自己的辛勤工作已經（或將要）為你買到什麼東西，你就會做得更開心且更來勁。

準備好買這不買那

不論是設定目標還是計算數字，我們能做的就這麼多，最終我們必須累積資本並購買一些資產，以便它們能開始為我們帶來收入。接下來的章節將幫助各位制定高明的策略，以做出人生中最重要的一些支出選擇。

有句俗話說：「要是當年我就像現在懂得這麼多，我就不會幹那些傻事了。」多向人生前輩學習，保持開放的心態，並留意途中可能出現的許多變數。思想要靈活有彈性，並對各種新的可能性持開放態度，你就可以永遠不必再說出這番懊惱的話了。

理財武士道

- 把你所有的收入和投資，都與特定的目的連結起來，先從滿足小確幸做起，逐漸擴大到大額的支出，就能形成一股銳不可當的氣勢。為賺錢而賺錢只會讓人感到空虛。
- 請把我的淨資產目標指南，當成你的私人理財教練，這樣即使你沒能如實達到你的淨資產目標，至少不會差太多。一旦你攢到年收入的 20 倍，或是投資產生的被動收入足夠持續支付你的生活費用，你就可以自由做你想做的事了。
- 用時間來量化你的風險承受度，你願意多工作幾個月來彌補潛在的投資損失？為了找到合乎現實的答案，你必須與你最親密的朋友或親人討論各種情況。

- 退休金的安全提款率要有彈性，退休後的生活有可能與你的預期大不相同。在你正式離開收入穩定的正職工作之前，你不會確切知道自己的感受。所以在退休初期，花錢最好保守一些，使用較低的安全提款率，並積極尋找能賺取補充收入的機會。

第 3 章

有錢就能錢滾錢

到目前為止，我們已經設定了很多項目標：過上財務自由的生活、積極儲蓄，以及用正確的心態追求財富。

所以現在我們該開始工作了，實現遠大夢想的唯一方法，就是妥善運用你今天擁有的錢。本書的其餘部分將會更詳細地介紹我在本章中推薦的各種用錢行動，但首先我們將聚焦於開始累積財富所必須採取的重要步驟。

除了那些透過繼承遺產、多角投資或是公司的股票上市獲得一筆意外之財的少數幸運兒，一般人的主要收入來源多半是其正職工作。但無論你的錢財來自哪裡，你的目標都是盡量將它變成被動和半被動的投資收入，這樣你最終就會擁有一支龐大的金錢大軍為你服務。

下面就是這個按部就班的「錢滾錢」策略。

首先，你必須在你的傳統退休投資帳戶之外，再制定一個儲蓄計畫。許多人在打造其淨資產時往往忽略了這個部分，他們以為投資於一個具有稅賦優惠的退休金帳戶（401(k)、IRA、RRSP、SIPP）就夠了，其實不然。因為這些投資工具產生的被動收入，多半不能在你年滿 59 歲半之前動用，否則必須支付 10％的罰款，這對我們的「英年早退」目標是幫不上忙的。很多人希望在年滿 59 歲半之前，就能靠投資產生的被動收入過活，唯一的方法就是建立一個應稅投資組合（taxable investment portfolio）。

其次，你需要優化你的賺錢能力。因為不管你存的是什麼，你可能都需要再多存些，這意味著你需要賺更多錢，因為光靠節省開支能夠存下來的錢是有極限的。

然後，堅守你的計畫，讓你的目標來引導你，把你的儲蓄自動化，並視需要進行調整。只要你的意志夠堅定，你一定能成功。

最後，弄清楚什麼樣的收入金流最適合你，這點非常重要。並非所有的被動和半被動收入金流都是一樣的，哪種收入金流最適合你，取決於很多因素，包括你的年齡、你的風險承受度，以及你想投入多少時間來管理一項投資。其他因素還包括個人的偏好、對投資的理解及創造力。

我們就先談如何確保你會存下夠多的現金來進行投資吧。

第 1 步：制定一個儲蓄計畫

產生被動收入要從儲蓄開始，如果儲蓄的金額不夠多，任何計畫都無法運行。但要記住，我說的儲蓄並不是把錢藏在銀行帳戶裡，因為通貨膨脹會侵蝕其購買力。銀行裡只需保留 6 個月的應急金即可，然後集中火力在具有稅賦優惠的退休金帳戶，以及建立你的應稅投資組合。

能夠讓你安心英年早退的堅強後盾，其實是你的應稅投資組合，因為你可以在年滿 59 歲半之前就動用它們產生的被動收入，而無需支付罰款。雖然股息和租金收入都要繳稅，但它們的稅率通常比所得稅低得多。

我建議每個人都應努力實現下面這個最佳儲蓄方案。

1. **首先，稅前自提退休金存好存滿**。2022 年受僱者的 401(k) 繳款限額為 20,500 美元，50 歲以上的人還可額外多繳 6,500 美元的追加款（catchup contributions）。401(k) 帳戶的繳款限額通常每 2 至 3 年就會提高 500 美元。傳統 IRA 的最高繳款額則為 6,000 美元，50 歲以上的人每年可以多付 1,000 美元的追加款，使最高繳款額達到 7,000 美元。

2. **至少將 2 成的稅後收入存入你的應稅投資組合中**。這對某些人來說可能不容易做到，但沒有什麼好事是容易的！關鍵是要努力為之。我將在本章告訴各位可以把這兩成以上的稅後收入投資在哪裡，並在後續的章節做更進一步的詳細介紹。

圖表 3-1 是我的財務自由儲蓄率表，它顯示了在不同的儲蓄率下，你需要多少年才能存下一年的生活費，它還顯示了 10 年、20 年及 30 年後，你能存下多少年的生活費。為了方便說明，該圖表是以 10 萬美元的稅後收入來舉例。表中的儲蓄率及其結果適用於任何可用來支應生活費的收入（livable income）。

陰影區域顯示的則是你何時能達到財務自由，我並未假設任何的正回報。它們代表在特定的儲蓄率下，你需要工作這麼多年才能開始退休。舉例來說吧，假設你在 22 歲從大學畢業，工作 20 年、每年儲蓄 50%，那麼你在 42 歲將可存下 20 年的生活費，這筆錢將在你 62 歲時花光。但因為你可能會有投資收入、費用調整，而且在必要時可賺取補充收入，你不大可能完全花光你的退休金。況且等你活到 60 多歲的時候，應該有資格領取社會保險金了。

圖表 3-1　財務自由儲蓄率表

以 10 萬美元的稅後收入為例

儲蓄率	存下金額	全年支出	存下一年的開銷要花多少年	10 後存下的錢夠用幾年	20 後存下的錢夠用幾年	30 後存下的錢夠用幾年
5%	$5,000	$95,000	19.00	0.53	1.05	1.58
10%	$10,000	$90,000	9.00	1.11	2.22	3.33
15%	$15,000	$85,000	5.67	1.76	3.53	5.29
20%	$20,000	$80,000	4.00	2.50	5.00	7.50
25%	$25,000	$75,000	3.00	3.33	6.67	10.00
30%	$30,000	$70,000	2.33	4.29	8.57	12.86
35%	$35,000	$65,000	1.86	5.38	10.77	16.15
40%	$40,000	$60,000	1.50	6.67	13.33	20.00
45%	$45,000	$55,000	1.22	8.18	16.36	24.55
50%	$50,000	$50,000	1.00	10.00	20.00	30.00
55%	$55,000	$45,000	0.82	12.22	24.44	36.67
60%	$60,000	$40,000	0.67	15.00	30.00	45.00
65%	$65,000	$35,000	0.54	18.57	37.14	55.71
70%	$70,000	$30,000	0.43	23.33	46.67	70.00
75%	$75,000	$25,000	0.33	30.00	60.00	90.00
80%	$80,000	$20,000	0.25	40.00	80.00	120.00
85%	$85,000	$15,000	0.18	56.67	113.33	170.00
90%	$90,000	$10,000	0.11	90.00	180.00	270.00

註：

再舉一個例子，假設你在 23 歲時大學畢業，且能在 10 年內達到平均 75%的儲蓄率，那麼 10 年後你滿 33 歲時，你就能攢下 30 年的生活費，這筆錢夠你用到 63 歲。因此我將表格內的 30 這個數字加了陰影，表示財務獨立可能開始的時間。簡言之，你的儲蓄率越高，你就能越早達到財務獨立。

要是你的稅賦優惠退休帳戶沒有存好存滿，那麼請做到以下的次佳情況：

1. **若你的雇主有提供相對提撥，那麼你至少要把該優惠額度用好用滿，自行提撥相同金額到你的稅前退休帳戶。**這件事沒有商量的餘地，沒有任何藉口可以白白浪費這筆錢。如果你的雇主提供 6%的相對提撥，那麼你無論如何都要存入這 6%的錢。這麼做不僅能降低你的應稅所得，而且你現在繳的錢將來會有 100%的回收。
2. **努力將至少 20%的稅後所得存入應稅投資組合，即便做不到也要盡量接近 20%**。

要是你連次佳的情況也做不到，那你恐怕要好好找尋問題究竟出在哪裡。很多時候人們認為自己沒能力存錢，於是便把錢花在不具生產力的東西上。你可能會說：「是沒錯啦，但是⋯⋯」來反駁我，但如果各位想盡早實現財務獨立，就必須明白要達到這個目標並不容易。

圖表 3-2 顯示的是如果你從 2022 年開始把你每年的 401(k) 額度用好用滿，能產生多大的力量。

如果你把 401(k) 繳好繳滿，你在 60 歲之前，你的 401(k)

圖表 3-2　如果把每年的 401(k) 額度用好用滿，能產生多大的力量

年齡	工齡	自行提撥金額	複合回報 8%的金額
22	0	$0	$0
23	1	$20,500*	$22,000
24	2	$41,000	$46,000
25	3	$61,500	$72,000
26	4	$82,000	$100,000
27	5	$102,500	$130,000
28	6	$123,000	$162,000
29	7	$143,500	$197,000
30	8	$164,000	$235,000
31	9	$184,500	$276,000
32	10	$205,000	$320,000
33	11	$225,500	$368,000
34	12	$246,000	$420,000
35	13	$266,500	$476,000
40	18	$369,000	$829,000
45	23	$471,500	$1,348,000
50	28	$574,000	$2,110,000
55	33	$676,500	$3,231,000
60	38	$779,000	$4,878,000

資料來源：理財武士網站

* 2022 年的 401(k) 自行提撥的最高額度是 20,500 美元。

戶頭裡的金額破百萬的機率超過 70%，而且你的應稅投資帳戶裡的金額超過 100 萬美元的機率也有 70%以上。即使你在 60 歲之前沒能成為百萬富翁，你仍然會比那些沒把退休帳戶額度用好用滿、以全力打造其被動投資收入的普通人，處於更好的地位。

第 2 步：優化你的賺錢能力

如果你沒有錢來儲蓄和投資，你就無法利用本書中提出的理財建議，那麼你現在的首要任務，就是提高你的收入和／或杜絕非必要的花費，以逐步實現你的財務獨立目標。（即使你現在的收入扣除支出後仍有節餘，但要是你能賺更多的錢且存下更多錢，那麼你就能更快達成財務獨立的目標。）本書 Part 3 將提供相關的建議，教各位如何優化你的正職工作收入，並通過兼營副業來創造額外的收入。

像 Uber 或 Instacart 這樣的平台，確實能提供快速賺取現金的機會，但要是能找到你擅長且真正喜歡做的事情，並嘗試用它來賺取收入，豈不更加兩全其美。每個人都有擅長的事情，無論是音樂、體育、通信、寫作、藝術、舞蹈，還是其他才能都行。

網球運動員可以教網球；攝影師可以兼職擔任婚禮攝影，或是為在地家庭提供半小時的迷你拍照行程（mini photo shoots）；教師可以出售課程給在家自學者；平面設計師可以在 Etsy 網路市集出售可下載的印刷品和日曆。

你的興趣和技能越多，你就越有可能創造一些可以產生被動收入的東西。這一點相當重要，尤其是在你從正職退休後，想要賺取補充收入時會很管用。

第 3 步：按部就班地執行你的計畫不要懈怠

據報導，奧運冠軍馬克．斯皮茨（Mark Spitz）曾經說過：「如果你沒有做好準備，就準備迎接失敗吧。」當你確定你的最佳儲蓄方案後，你需要制定一個策略來達成這個目標，而且要忍耐痛苦堅持下去，否則你永遠不會取得進展。我知道這些遠大的目標可能會讓人感到不知所措，不曉得該從哪裡開始，各位只要記住：所有偉大的事物都是從無到有的。

所以你每個月要騰出一天，來處理你的財務獨立的大目標。在你的日曆上圈出這一天，並取消所有其他會分心的事情。利用這天來檢討你的達標進度，如果你沒能達到某個目標——例如每個月存下一筆錢——那就動動腦子想想解決的辦法，同時每週花幾分鐘時間檢查一下小目標的執行狀況。你越能定期認真檢討你的策略並做好相關工作，你的財務成績就會越好。

花點時間切實寫下你的目標是很重要的，包括第 2 章提到的滿足小確幸目標，以及實現財務自由的終極目標。你可以把它們寫在私人日記裡，但若能跟幾個好友分享，會有助於維持你的責任感。我個人則是一直用理財武士網站來維持我實現目標的責任感，我絕對不想讓我的讀者和我自己失望。

如果你正試著用你的嗜好或興趣建立新的收入來源，別心急慢慢來，關鍵是要持之以恆。我也是足足想了 3 年才下定決心創建理財武士網站，最後我從 Craigslist 上花 500 美元僱了一個人來幫我架設網站。俗話說萬事起頭難，任何事情最困難的部分是知道如何開始，所以僱用一個專業人士來幫忙起頭，就是把錢花在刀口上。網站啟動和運行後，繼續做下去就變得容易多了。今天要架設網站就更容易了，不用 1 小時就可搞定，費用甚至不到 100 美元。

只要一有資金流入——不論是來自你的正職還是副業——就自動轉帳到你的投資帳戶裡，而且絕對不能動用這筆錢。

除了專門處理營運資金的主要銀行戶頭，例如開支票、付帳單，我還開設了多個投資帳戶，只要一有錢進到我的主要銀行戶頭裡，就會立即被轉帳到其他幾個證券戶頭及另外兩家銀行，我再也不會受到廠商的誘惑，隨便把錢花在沒用的東西上，10 年後我就可以收穫可觀的複利回報。

找出最適合你的收入來源

要把你的收入投資在哪裡，似乎有著無窮的選擇。我將在本書的 Part 2 及 Part 3，詳細介紹各種最佳投資選擇。我們將廣泛地審視各種投資策略，並介紹一些最常見的投資選擇，將它們從最差到最好進行排名。

這些排名是以我個人在過去 22 年間、試圖透過多種類型的投資工具努力創造被動收入的實際經驗為基礎。我是按每個項目的風險度、回報、可行性、流動性、活躍度和稅賦優惠對其進行排名，每個項目的評分標準在 1 到 10 之間，分數越高者表現越好。

- **風險度**項目被評為 10 分者，代表這項投資沒有風險，得分為 1 者代表風險極大。
- **回報**項目被評為 10 分，代表相對於其他所有投資而言，它獲得最高回報的潛力最大，回報項目得分為 1 則意味著，跟無風險利率（10 年期債券收益率）相比，這項投資的回報很差。
- **可行性**項目被評為 10 分，代表每個人都能勝任這項投資，可行性得分為 1 則意味著，投資這種資產需要具備高度的能力。
- **流動性**項目被評為 10 分，代表你可以立即動用這筆資金而不會受罰，得分為 1 則代表你很難從該投資迅速提取資金，或是出售該投資會有罰金。
- **活躍度**項目被評為 10 分，代表你什麼都不必做就會有收入，得分為 1 則表示你必須整天管理你的投資，簡直像份正職工作一樣。
- **稅賦優惠**項目被評為 10 分，代表該投資的稅賦極低，或者你可以做一些事情來降低稅賦；得分為 1 則代表該投資的稅賦是最高的，而且你對此無能為力。

我們的評分準則為每年可產生 1 萬美元的被動收入。

廢話不多說，我將在圖表 3-3 分享我的最佳被動收入投資總排名表。從數學和我個人的經驗證實，房地產、股息投資、數位房地產投資及創造自己的產品，是創造被動收入的最佳來源，接下來的章節將會逐一深入探討這些投資項目。

但是在各位開始制定你的投資策略之前，最好先來了解每一種高人氣的投資工具，以及為什麼某些投資工具比其他工具更有效。我已經盡量客觀地對變數進行評分。

圖表 3-3　被動收入金流排行榜

被動收入來源	風險度	回報	可行性	流動性	活躍度	稅賦優惠	總分
P2P 借貸及硬通貨借貸	4	2	8	4	7	5	30
私募股權投資或私募債務投資	6	8	3	3	10	6	36
CD ／貨幣市場	10	1	10	6	10	5	42
固定收入／債券	6	2	10	7	10	8	43
創造你自己的產品	8	8	8	6	7	7	44
實體房地產	8	8	7	6	6	10	45
REC, REITs, RE ETFs	7	7	10	6	10	7	47
股息投資	6	5	10	9	10	8	48

註：Score methodology: 1– 10, with 10 indicating the least risk, highest return, greatest feasibility, most liquidity, most tax efficiency, and least activity required.

資料來源：理財武士網站

第 8 名：P2P 借貸及硬通貨借貸

最不好的被動收入投資是 P2P（個人對個人）借貸，以及把錢直接借給朋友、家人或陌生人（硬通貨借貸）。P2P 借貸始於 2000 年代中期舊金山的 Lending Club 及 Prosper Loan，它的概念是幫助那些被銀行拒貸的借款人，可以用低於大型金融機構提供的利率來獲得貸款。

P2P 借貸業界的龍頭聲稱，透過 100 個以上的票據多樣化組合，投資者的年回報可達 5% 至 7%。過去的回報更高，但資金供應的增加已使其回報下降。

P2P 借貸和硬通貨借貸一樣，最大的問題是借款人拖欠貸款。而且隨著時間的推移，P2P 行業的競爭加劇且政府的監管加強，其收益已經縮水。該行業也改變了其商業模式。所以我不會推薦 P2P 借貸或硬通貨貸款。

風險度：4、回報：2、可行性：8、流動性：4、活躍度：7、稅賦優惠：5，**總分：30**

第 7 名：私募股權投資或私募債務投資

私募股權投資如果押對寶，可以令你的資本大幅增值。如果你幸運找到下一個谷歌，其回報將電爆其他所有的被動收入投資。不過找到下一個谷歌顯然是一項艱巨的任務，因為大多數私募公司都會失敗，而且最好的投資機會幾乎總是給最「有關係」的投資者。

私募股權基金包括私募股權、創投及私人房地產。私募債務（private debt，在非公開市場發行交易的中小企業債）投資則包括創投債務及私人房地產。這些私募基金通常有 3 至 10

年的鎖定期，所以流動性這個項目的得分很低，如果你想嘗試投資私募基金，必須確保你在未來很長一段時間內不需要用到這筆錢。不過在基金的運營期間，你應該會持續看到配息，為你提供被動收入和回報。

通常情況下，流動性最低、風險最大的私募股權投資類型是你直接投資於一家私募公司：你的資金可能會被永遠鎖住，拿不到任何股息或配息，而且該公司極可能成為一顆啞彈。如果你打算投資於個別私募公司，你可能應該建立一個至少包含5至10家公司的投資組合，不然就抱著「肉包子打狗有去無回」的豁達心態吧。

通常只有投資大戶（accredited investors，個人年收入超過25萬美元或擁有100萬美元淨資產的人，不包括他們的自用住宅價格）才能參與私募投資，這就是為什麼它的可行性得分只有2分。

但它的活躍度得分是10分，因為即使你想做什麼也做不了；這種投資是長期的，它的風險和回報得分，在很大程度上取決於你的投資敏銳度和門路（access）。

要在私募股權投資每年獲得1萬美元的收益是很難量化的，除非你投資的是房地產或固定收益基金，這類基金一般標榜年回報可達8%至15%，這需要投入83,000美元至125,000美元的資金。

風險度：6、回報：8、可行性：3、流動性：3、活躍度：10、稅賦優惠：6，**總分：36**

第 6 名：定存（CD）／貨幣市場

定存（Certificate of Deposit）或貨幣市場帳戶（money market account）過去曾經能產生 4%以上的可觀收益；但如今要找到一個 5 至 7 年、能提供 2%以上收益的定存，並不是很多。貨幣市場甚至更糟，因為它們的利率與聯邦基金利率高度相關，由於通貨膨脹率上升，CD 和貨幣市場的實質利率往往是負的。

投資 CD 並沒有年收入或淨資產的最低要求，任何人都可以到當地銀行開立他們所需期限的 CD。此外，CD 和貨幣市場帳戶是由聯邦存款保險公司承保的，每個個人帳戶的保額為 25 萬美元，每個聯合帳戶的保額則高達 50 萬美元。

由於現在的利率極低，而且在我們退休之前可能會繼續維持在低水準，所以想要透過定存產生夠用的被動收入需要大量的本金。在利率 0.5%的情況下，每年要產生 1 萬美元的被動收入，需要存 200 萬美元。但至少你知道你的錢是安全的，這在熊市時是個優點。

此外這筆資金很容易動用（不過定存單未到期解約需支付罰金），而且你不需做任何事即可獲得被動收入，此收入是按正常收入來課稅。

風險度：10、回報：1、可行性：10、流動性：6、活躍度：10、稅賦優惠：5，**總分：42**

第 5 名：固定收入／債券

隨著過去 40 年來利率的下降，債券價格持續上升。2020 年 8 月新冠疫情的高峰期，10 年期公債收益率跌到了 0.51%的歷史低點。從那時起，隨著投資人的風險胃納恢復，10 年期債券收益率和大多數政府公債及公司債的收益率都在上升。

我個人認為，拜科技、全球化、各國央行的一致行動，以及更有先見之明的決策「之賜」，長期利率將在未來很長一段時間內保持低水位，看看日本的負利率（通貨膨脹率高於名義利率）就知道了。

因此債券很可能將繼續成為年長者及投資大戶用來分散其公共投資組合的主要方式。如果你持有政府債券直到期滿，你會得到所有的票息付款（coupon payments）和本金，大多數高評等的公司債也是如此。債券也跟股票一樣，有很多不同的類型可以選擇。

任何人都可以購買債券 ETF，例如 IEF（7 至 10 年期公債），MUB（市政債券基金），或是 PTTRX（PIMCO 總回報債券基金）之類的固定收入基金。這類基金會產生收益，但沒有到期日，所以你多半是為了本金增值而投資。你也可以購買個別的公司債或市政債券。市政債券對面臨高邊際稅率的高收入者來說特別有吸引力，你也可以通過券商的線上平台直接購買國庫債券。

債券的主要問題在於其利率和歷史表現與股票相比皆略遜一籌，在現今的低利率時代，它們的利率究竟能低到什麼程度？在收益率和潛在資本增值雙低的情況下，債券的處境真的很艱難，更多投資者把房地產視為既可保本又可提供固定收益的「加分版債券」（bonds plus）。不過由於債券兼具波動性較低、支付票息，以及在不確定時期有不錯的防禦性（defensiveness）等特性，所以債券在投資工具中永遠會有一席之地。

風險度：6、回報：2、可行性：10、流動性：7、活躍度：10、稅賦優惠：8，**總分：43**

第 4 名：創造你自己的產品

如果你是個很有創意的人，你說不定可以創造一種產品，在未來幾年內為你產生穩定的被動收入。其實你通常只需要很少的創業資金就能發揮創意。有些情況極其特殊，像麥可．傑克森生前製作的所有歌曲的版權費，竟然在他死後產生了比他活著時更多的收入：據《富比士》報導，自從傑克森去世後，他的遺產已經賺了十多億美元。[1]

當然啦，你我都不太可能複製這麼驚人的版稅，但各位可以創作你的電子書、線上課程、得獎的照片、手工藝品或是歌曲，為自己產生被動收入。現在就是創作者經濟當道的時代！

如果你很愛做白日夢，創造你自己的產品就是創造被動收入最好的方式之一。靠自己賺錢的回報相當驚人，當你的產品製造出來後，其毛利率是非常高的，你唯一要做的是定期更新產品。我在第 12 章提供了更多關於開創副業的建議。

風險度：8、回報：8、可行性：8、流動性：6、活躍度：7、稅賦優惠：7，**總分：44**

第 3 名：實體房地產

房地產是我最喜歡的普通人累積財富的資產類別，因為它很好懂、能提供庇護、是一種有形資產、不會像股票那樣一夜之間暴跌，而且能產生收入。投資房地產不需要很高的創造力，但你確實需要了解如何買對好宅、如何吸引和留住好的房客，以及如何通過改造和擴張來創造價值。這裡我先提供我個人對房地產的一些粗略的淺見，然後在 Part 2 更深入探討細節。

擁有實體房地產的主要缺點是，由於房客和維護問題，它在活躍度這項變數的排名不佳。此外在天龍國地區的房地產很難產生高額租金收入，像舊金山和紐約這種生活成本高昂的城市，投資房地產的現金回報率（cash-on-cash yields，現金回報率計算的是投資於房產的現金所獲得的現金收入。簡單地說，現金回報率衡量的是：投資者在房產上獲得的年度回報，與同年支付的房貸金額之間的關係）或資本化率（cap rates，未計入融資成本）有可能降至 2%。此一跡象顯示投資者買房的目的偏向資本增值，而非創造收入。

反之，在生活成本低廉的城市，例如美國西部和南部的城市，現金對現金收益率或資本化率很容易就達到 7% 至 10% 的範圍，不過它的資本增值可能會比較慢。

最棒的是買到收益高且快速升值的房地產，我認為這種房地產能在美國的中心地帶（heartland，概指美國中西部各州，或是不鄰近大西洋或太平洋的州）找到，那裡已經成為在家工作趨勢的受益者。

擁有實體房地產的稅賦優惠是極具吸引力的，你的主要自用住宅的房貸利息及房地產稅（property tax，或稱物業稅），是可以在繳所得稅時扣除的。如果你是房東，你營運房產的所有費用幾乎可以全數扣除，非現金的折舊亦可扣除。過去 5 年中至少有 2 年住在自己的房子裡的屋主，還享有資本利得的免稅額度：個人為 25 萬美元、已婚夫妻則為 50 萬美元。請注意，免稅額度會隨著你出租房產的時間長短而減少。

還有，適用同類財產交換法（1031 exchange，指美國稅法第 1031 節的規定）的出租房產之任何資本利得，可以延遲繳稅。可想而知，你可以永遠利用同類財產交換法，延遲繳交任何資本利得稅。

在通貨膨脹的環境下，舉債購買像房地產這樣的硬資產是合理的。通貨膨脹會壓低債務的實際成本，且為價格升值助一臂之力。如果你還年輕、精力充沛，擁有出租物業是累積財富的最佳方式之一，因為你有可能坐收租金和房價雙漲的好處。

風險度：8、回報：8、可行性：7、流動性：6、活躍度：6、稅賦優惠：10，**總分：45**

第 2 名：線上房地產——房地產眾籌，REITs，房地產 ETFs

擁有實體房地產是我最喜歡的建立被動收入的方式之一。但我對處理房屋維修和房客問題的耐心會隨著我年齡的增長而減弱，所以我已轉往線上房地產——公開交易的房地產投資信託基金（REITs）、房地產 ETFs 及房地產眾籌交易。此一投資概念兼具擁有實體房地產卻不需做任何工作的雙重好處。

不過公開交易的 REITs 和房地產 ETFs 的波動幅度，有時甚至高於標準普爾 500 指數，例如 2020 年 3 月的景氣低迷時期，我們就看到許多公開交易的房地產 REITs 和房地產 ETF 出現拋售潮。所以如果你想找到能夠對沖股市波動的方法，公開交易的 REITs 和房地產 ETF 恐怕不管用。（但擁有實體房地產，對沖通常會奏效：當股票因為債券價格上漲而下跌時，房貸利率往往會隨著股票下跌而下降，因此流動性傾向於流入房地產。）

2012年美國國會通過了《新創公司快速啟動法案》（Jumpstart Our Business Startups Act, JOBS Act）[2]，點燃了向群眾募資的房地產創新。JOBS法案的目的是讓新創企業和小企業更容易獲得資金，主要是因為在金融危機期間和之後，小企業的活動減少了。

房地產眾籌讓散戶投資者透過投資一檔基金或單個專案，便可投資於全美各地的私人房地產投資案。發起人（sponsor）買下投資機會後，便在CrowdStreet之類的房地產投資平台上展示；該平台主攻二線城市（eighteen-hour cities）交易，二線城市的房地產多半價格較低、租金收益率較高，拜強勁的人口組成（demographic）與勞動力的發展趨勢之賜，二線城市的房地產價格未來有可能升值更快速。就拿南卡羅萊納州的查爾斯頓與紐約市這個一線大城市（twenty-four-hour city）相比。當某個房地產放上投資平台後，散戶投資人便可以透過審查程序對該投資機會進行盡職調查，一旦投資成功，平台即可獲得一筆推薦費或管理費。

另外還有一些房地產眾籌平台則是決定尋找自己的交易，將其包裝成基金，並向散戶投資人提供投資機會。像Fundrise這樣的平台已經成為能跟業界龍頭貝萊德一較高下的房地產機構投資者了。對於那些不喜歡處理房客和物業維護問題的人，不妨考慮投資線上房地產。

能以100％被動的方式投資房地產實在太棒了，而且幾乎任何人都可以投資於房地產眾籌、REITs和房地產ETFs。其歷史回報也是所有主要資產類別中最強勁的，但其稅賦優惠則略遜於擁有實體房地產。

風險度：7、回報：7、可行性：10、流動性：6、活躍度：10、稅賦優惠：7，**總分：47**

第 1 名：股息投資

最好的被動收入投資是投資於會支付股息的股票，你可以購買個股或高股息 ETF，例如先鋒高股息 ETF。投資於會配息的優質公司是 100%被動的，這就是為什麼它的活躍度得分會是 10 分。

會配息的公司往往是較為成熟的企業，具有強大的現金流和穩健的資產負債表。美股中的「配息貴族」（dividend aristocrats）包括麥當勞、可口可樂、高樂氏（Clorox，日用品公司）、嬌生、寶僑、地產收入公司（Realty Income）、宣偉（Sherwin-Williams，塗料公司）和沃爾瑪，這些公司長年來一直配發較高的股息。但這些高股息公司往往已經過了高成長的階段，如果不是這樣，管理層寧願將公司的現金流再投資於能產生潛在高回報的項目，但也因此高配息股票與配息 ETF 波動通常較小。配息股大半是由公用事業、電信、消費和金融業組成，反之，科技、網路和生技股多半是不配息的，因為它們是成長型股票，會把大部分的保留盈餘再投資回公司，以追求進一步成長。

整體而言，我給股息投資的回報打 5 分，因為股息利率（dividend interest rates）相對較低。再者，與擁有實體房地產、房地產投資信託基金、公共房地產 ETF 和房地產眾籌投資相比，投資配息股較難產生同樣多的收入。

對於二十多歲和三十多歲的投資者來說，投資於成長型股票可能是更理想的決定。但是對於想要收入、喜歡穩定與減少股價下行風險（downside risk）的老年投資人來說，配息股可能更合適。

還有一點，配息股雖然很好，但你需要注意股息殖利率，因為它通常是跟著10年期國庫債的收益率同向發展；換句話說，當債券收益率下降時，企業將不需要支付那麼高的股息來維持吸引力。各位務必牢記，在金融領域一切都是相對的。

股息指數投資是有吸引力的，因為它是被動的且流動性很好的投資標的，而且長遠來看，你很難透過自行選股來超越指數的表現。

風險度：6、回報：5、可行性：10、流動性：9、活躍度：10、稅賦優惠：8，**總分：48**

自己的「錢途」要靠自己努力

我在這裡介紹的8種被動收入投資，都很適合為各位創造收入來資助你展開嚮往的生活方式。哪些投資標的適合你，取決於你的風險承受度、能力、能量水準、創造力、興趣和個人偏好等因素。

市面上當然還有其他很多種被動收入投資，我在這裡已經涵蓋了其中的大多數。再者，各位可以在每個類別中擁有多個被動收入來源，例如在「創造自己的產品」這個項目中，你可以擁有線上課程收入、電子書收入、音樂版稅及搜尋引擎流量帶來的聯盟收入（affiliate income）。

無論你最喜歡哪種做法，最重要的還是趁早開始積極儲蓄與投資。

由於未來有可能維持在低利率，建立被動收入將需要大量的努力和耐心，所以別再拖延了。趁早儲蓄一點都不苦，因為缺錢而必須依照別人提供的條件生活才是最苦的犧牲，自己的「錢途」要靠自己努力。

理財武士道

- 制定一個儲蓄計畫。理想的情況是你把具有稅賦優惠的退休金帳戶全都繳好繳滿，然後把至少 2 成的剩餘現金，投資於應稅投資組合以獲得被動收入。如果你不能把你的 401(k) 帳戶存好存滿，至少要把雇主提供的相對提撥用好用滿，以獲得 100%的回報。
- 每個月至少要檢視本月的進展和目標一次，必要時還要做些調整。你越認真關注你的財務狀況，你就越能優化它們。
- 最好的被動收入投資是實體房地產、線上房地產、配息股票及創造你自己的產品。你不妨把你的被動收入投資，當做是跟你的主要收入來源並肩作戰的戰友。
- 你可能需要 10 至 30 年才能產生足夠的被動收入，來支付你的基本生活費用，所以現在就是開始用錢滾錢的最佳時機。

第 4 章

理財先理債

跟大家說個不中聽的事實：大多數人之所以會負債，是因為過上了自己還不配過的生活方式。

但我說你「不配」，並不是指你是個壞人或是個缺德的傢伙，而是你的錢還沒有多到足以過上那樣（奢華）的生活。從前大多數的買賣都是用現金全額支付，但隨著信貸市場的蓬勃發展，放貸者找到了越來越多的方法從消費者身上獲利，「先買後付」的購物選項現今已隨處可見。

欠債是誘人的：它讓我們得以跳過工作，直接獲得我們想要的東西。這就像讓一個既不學習、不做功課也不按時交報告的劣等生，只要按下一個神奇的按鈕，立刻就能享受成為優等生的好處。但重點是：如果你不好好學習也不做功課，那你恐怕不配享有優等生的生活方式。

現今全美靠舉債越級消費的人口數以百萬計，如果你也是其中一員，最終你很可能永遠無法實現財務獨立。即使是在最合理的情況下，且利率「低到不行」，債務仍舊是與創造被動收入背道而馳的。欠債者幫助別人實現其財務目標，卻令自己掉進黑暗的洞裡越陷越深。

我能理解有時候欠債是不可避免的，比如突如其來的醫療費用，或者單親家庭的負擔太重。實現財務自由的好處之一，就是能減少意外開支造成的傷害。但是在你達成此一目標之前，你必須努力賺錢和存錢，並且過著量入為出的生活，絕對不能寅吃卯糧。當我們遇到大災難時，該破的財還是得花，但是一輛開了 5 年、約跑了 14 公里的小轎車，絕對算不上是什麼大災難，更犯不著立刻換一輛全新的休旅車，那輛漂亮的新車可以等你存夠錢的時候再買。

現在你的首要任務之一，應該是根據各個債務的利率，趕緊擬定償債計畫，還清你欠下的任何債務。債務變少＝自由變多。信用卡債的利率之高，即便是股神巴菲特引以為傲的投報率都難以望其項背，巴菲特的身家可是超過千億美元哪！

我每還清一筆債務，都會感到更快樂、更自由，我相信各位也會有相同的感受。所以現在就開始奪回你的自由吧，你的思路要轉換成放款人（而非貸款人）的思考模式：你要賺利息而非付利息給別人。不管貸款的利率有多低，也不管你把錢放在其他地方能賺得多少回報，你都不會因為還清債務而感到後悔，因為無債一身輕的你，將可充滿信心地按照自己的意願生活。想想沒有房貸、學貸、車貸或卡債，這世界就是你的！

雖然消費債務（consumer debt）有毒，但並不是所有的債務都是壞的，運用得當的債務可以成為累積財富的有用工具，關鍵在於要以風險適當的方式向你的財務目標邁進而非遠離。簡單地說：舉債購買歷年來不斷升值的資產。我將告訴各位如何做到這一點。

最糟糕的債務最優先清償

如果你必須舉債，那就選擇與資產掛鉤的債務，而且這些資產升值的速度要快過你的債務成本。搞清楚其他流行的債務形式如何阻礙你的發展是很重要的，當你制定你的減債策略時，首先要擺脫「頭號罪犯」。

最糟債務類型第 1 名：卡債

你應最優先處理的是卡債，因為儘管利率不斷下降，但信用卡的平均年利率約為 15%，如果你的信用很差，有的年利率甚至高達 29.99%。

如果你有餘額未繳清，信用卡公司就會「宰」你，理財武士絕不揹卡債。各位可以為了獲得獎勵積分、保險、一筆 30 天的免費貸款，以及禮賓服務而使用信用卡，但僅此而已。

別再浪費時間玩 0%利率餘額轉移的遊戲了，專心認真地賺更多錢才是正道，也別再用信用卡來支持你不負責任的消費習慣了。

最糟債務類型第 2 名：車貸

花太多錢買車是一般人最容易犯下的財務大錯之一，有些人會辯稱他的車貸利率很低，但是當車輛逐月貶值時，即使是 1%的利率都嫌太高了。

我有個幫助大家弄清楚自己能負擔得起哪種車的「十分之一購車原則」：**你的購車費用不可以超過年收入的十分之一**。重點不在車子是新的還是舊的，總之車價不能超過你年收入的 10%。

如果你真的很想買一輛價格為 4 萬美元的汽車，那麼你的家庭年收入至少要達到 40 萬美元。你可能會對「十分之一購車原則」不以為然，但如果你真的想存錢付大學學費、奉養你的父母、買房，並且在年老時不必為錢煩惱，「十分之一購車原則」能幫助你保持理智。（我們將在第 15 章深入探討我的「十分之一購車原則」。）

最糟債務類型第 3 名：學貸

學貸算是僅次於房貸的最不令人反感的債務。雖然我非常支持教育——教育能幫助人們擺脫貧困——但我不得不說，你在大學裡學到的東西，沒有什麼是你不能在網路上免費學到的，而且大學並不保證你在畢業後有一份高薪工作。所以除非你家境富裕，否則請選擇一所能提供足夠免費補助金的大學，這樣你就能在畢業後 4 年內還清所有費用。

沒錯，教育確實能幫助你獲得自由，但如果學貸的金額壓垮了你的收入和生活，那就不行了。（我們將在第 13 章進一步討論教育問題。）

最糟債務類型第 4 名：房貸

關於買房有很多需要深入探討的因素，我將在第 7 章詳細介紹，包括我的 30/30/3 買房原則。現在我只想說，房貸是最不過分的，因為房子向來是會升值的資產。即便房地產的價格下降，你所擁有的房地產仍有其價值：自住的話能為你遮風避雨，分租的話則能獲取租金收入，幫助你度過經濟衰退期。

擁有自己的房子還有一些吸引人的稅賦優惠，例如 2017 年通過的《減稅和就業法案》（Tax Cuts and Jobs Act）允許你勾銷最高達 75 萬美元的房貸利息債務。當你賣房時，如果過去 5 年中有 2 年你住在自己的房產中，政府提供給個人的賣房獲利免稅額度為 25 萬美元，已婚夫婦則為 50 萬美元（但金額會根據你出租房屋時間的長短按比例減少）。最後，政府還允許你在出售房產時，依據 1031 同類財產交換法，用售屋所得購買另一處房產來延遲納稅。

你在償還債務的同時，仍然可以採取實現財務自由的必要步驟——只不過你的債務越多，你創造被動收入的選擇就越有限，所以請把消除所有消費債務當做你的首要任務之一，這些債務不清除，你只是在讓信用卡公司、銀行和高利貸業者發財。

相反地，你要用債務來產生對自己有利的結果，例如適當合理地舉債購買房地產，我相信只要你能堅持 5 至 10 年，你變得更有錢的機率將超過 7 成，但是使用循環利息的消費債務，只會越來越窮。

先還債，還是投資？

我們就是自己的財務長，所以必須弄清楚如何最有效地運用我們的資金。其實我們大多數人或多或少都有某種程度的債務，所以一定要弄清楚自己有多少錢可以投資、有多少錢可以用來還債。這是你個人的決定，它取決於很多因素：你的風險承受度、收入來源的數量、流動性需求、家庭開支、工作的安全性、你的投資敏銳度、退休年齡，以及你對未來的整體前景有多看好。

你可以這樣想：投資是試圖透過複合回報使你的財富盡可能地高於零，但欠債只會令你的財富歸零。

很多人為了要先還債還是先投資而苦惱不已，所以我想出了理財武士的債務與投資比率（Financial Samurai Debt and Inrestment Ratio），簡稱 FS DAIR，來幫助大家合理分配資金給每個領域。以下就是 FS DAIR 的計算公式：

債務利率 ×10= 扣除生活費用後可以拿去還債的金額之百分比

換句話說，如果你有個利率 3%的房貸，那麼你可以把你每個月扣除生活費用後剩餘現金的 30%拿去還債，這樣你除了支付每月的最低攤還款，還可以額外清償一小部分房貸本金。然後你可以根據你的投資偏好，把剩餘的 70%現金用於投資。

在積極償還債務之前，你要先建立 6 個月的應急基金，等你備妥這筆錢之後，你就可以把任何收入投入你的 FS DAIR 策略中。

你在計算數字時會發現，如果你的利率高於 10%，FS DAIR 建議你把 100%的現金流（扣除生活開支）拿去還債。我之所以會使用 10%，是因為 10%大約是標準普爾 500 指數自 1926 年以來的平均年投報率。再者，利率自 1980 年代以來一直在下降，使得任何高於 10%的債務利率變得相對更貴了。

在這種低利環境下，敢收取 10%以上利息的就只有高利貸、發薪日貸款及卡債了。降低消費債務利率有個常見的做法，就是把你的債務整合到一個利率較低的個人貸款，不過個人貸款的利率通常會比房貸、學貸及車貸的利率高很多。

無論你的高利率債務來自哪裡，都要積極償還它，償債形同保證你能獲得相當於債務利率的回報。

圖表 4-1 的 FS DAIR 指南，可幫你算出現金流中的哪些部分應該用於儲蓄和／或投資。

當你為了該還債還是投資而糾結時，請遵循 FS DAIR 指南，它能幫助你在一段時間內最有效地運用你的自由現金流。

如果你有多筆債務纏身，應集中火力最先償還利率最高的債務，至於其他債務則先支付最低還款額，這些最低還款額應該像其他帳單一樣計入你的生活開支。當你還清了利率最高的債務後，再繼續還清利率次高的債務，直到你無債一身輕。

圖表 4-1　理財武士債務和投資比率（FS DAIR）

債務利率	償債比重分配	投資比重分配
0.5%	5%	95%
1.0%	10%	90%
1.5%	15%	85%
2.0%	20%	80%
2.5%	25%	75%
3.0%	30%	70%
3.5%	35%	65%
4.0%	40%	60%
4.5%	45%	55%
5.0%	50%	50%
5.5%	55%	45%
6.0%	60%	40%
6.5%	65%	35%
7.0%	70%	30%
7.5%	75%	25%
8.0%	80%	20%

（接下頁）

8.5%	85%	15%
9.0%	90%	10%
9.5%	95%	5%
10%	**100%**	**0%**
15%	**100%**	**0%**
20%	**100%**	**0%**
25%	**100%**	**0%**
30%	**100%**	**0%**

資料來源：理財武士網站

你還可以遵循「雪球還債法」（debt-snowball method）來償還債務，此法主張你不必管利率是多少，先還清金額最小的債務，以創造一些小小的勝利。這些小勝利能替你加油打氣，提高你繼續償還債務的信心。

不過若從數學的角度來看，優先償還利率最高的債務，將在一段時間內為你省下最多資金。

FS DAIR 實例

且讓我們參考以下這些例子。

例 1：

假設你有以下的債務組合：

1. 利息 15%的卡債 5,000 美元
2. 利息 9%的個人貸款 1 萬 5,000 美元
3. 利息 4%的學貸 1 萬 5,000 美元，攤還期 20 年

按照 FS DAIR 的償債原則，在扣除生活費後，你應把剩餘現金全數分配給償還利率 15%的卡債。待還清卡債後，你應把扣除生活費後的現金的 9 成用來償還個人貸款、1 成拿去投資。等個人貸款還清後，你應把 4 成的資金用於償還學貸、6 成用於投資。

例 2：

你在引用 FS DAIR 原則並考慮所有的理財機會時，保持靈活彈性是很重要的。舉例來說，如果你的雇主有提供 401(k) 相對提撥，那你一定優先利用這筆天上掉下來的相對提撥大禮。

這裡有個滿常見的狀況：一個剛畢業的大學生想投資她的 401(k) 並償還學貸，她的情況如下：

1. 利息 3%、金額 2 萬 5,000 美元的學貸
2. 公司提供的 401(k) 相對提撥，最高額度 3,000 美元

她應該把扣除生活費用後的現金流的 3 成用來償還學貸，這筆錢比她每月應攤還的金額還多了一些。由於她的雇主提供了 3,000 美元的 401(k) 相對提撥，所以她每年至少也應該提撥 3,000 美元到她的 401(k)，以獲得每年 100%的自動回報。如果分配給投資的那 7 成現金流還有剩，她應繼續用於投資。

根據你的可支配收入金額，理想的做法是把 401(k) 的額度繳好繳滿，才能享受到法定的稅賦優惠並建立你的退休金。積極運用剩下的錢建立一個應稅的投資組合，以便在你年滿 59 歲半之前就產生可動用的被動收入。

例 3：

這是另一種常見的情況，有人為了先償還房貸本金還是應投資而糾結，請參考以下的情況：

1. 你有一筆固定利率 3%、還款期 30 年的房貸，別無其他債務
2. 股市正處於歷史高位，且估值也處於歷史高位

扣除必要的生活開支後，把 3 成的現金流用來額外償還房貸本金，現今在網上償還房貸非常容易。

有些人會認為，優先償還利率這麼低的房貸，不能算是最佳的資金運用，不過這就是 FS DAIR 系統發揮功效的地方了，它建議你把其餘的 7 成現金用於投資。

記住，投資有賺有賠並不保證一定能獲利，由於股市估值處於歷史高位，你很可能在投資後沒多久就虧錢了，相較之下，償還債務卻保證有回報。

所以當你對投資機會感到極不確定時，你就該用 FS DAIR 概念繼續你的還債之旅。按照本例的情況來看，你可以用剩餘的 7 成現金來還清更多債務，要是你的應急基金已不足以支應 6 個月的生活費用，就用這筆錢來重建你的應急基金。

當你感到疑惑時，優先償還債務就對了，人們之所以會債務纏身，其中一個重要原因就是缺乏持續還債的紀律。同理，一般人的退休金存不到 10 萬美元，也是因為未能持之以恆地投資。

所以請各位堅守 FS DAIR 原則，有條不紊地還債和投資。

這個架構的設計目的在於避免你對你的債務產生以下這些狀況：情緒化、害怕錯失投資機會（investing FOMO）、貪婪和恐懼。

別的償債選項

我明白 FS DAIR 未必適合每個人，也許你不認同這個公式，抑或許你在無債一身輕之前完全不想投資，這都無所謂。你最了解自己，你只須做適合自己的事情就可以，所以如果 FS DAIR 不適合你，不妨嘗試以下這兩種策略：

首先償還最惱人的債務

這裡不涉及數學，只談感覺。趕緊清掉那些最令你生氣、最惱人、最令人擔心的債務。對我來說，最惱人的債務是卡債，所以我每個月都會用自動付款系統來償還它，其次惱人的債務則是我念碩士的學貸。

由小到大還清所有債務

此法亦被稱為「雪球還債法」，償還大額債務常會令人萌生彷彿在鏟除一座山的感覺，很難看出其中的變化；但是償還小額債務的進展就顯而易見，而且較容易做到。士氣是個強大的工具，能為你的個人財務狀況注入活力。還清一個債務的勝利感會激勵你積極行動，繼續還清下一個債務。

可悲的是，一般人必須工作一百多天才有能力交稅並為自己掙到一些錢。[1] 光看到這個統計數字就令我再也不想工作了，並讓我積極尋求方法來合法保護我的收入。如果你沒有債務，就更容易獲得自由，你不必再「為五斗米折腰」，而是為你真心喜歡的事情工作。

前述償債策略皆非相互排斥的，關鍵是選擇最適合你自己的策略，並持之以恆。

能開心退休的資產負債率

希望各位不會再舉債做非必要的消費，並且只會為了投資房地產或其他有望升值的資產而舉債。在這種心態下，且讓我們來看看正確的資產負債率（asset-to-liability ratio），以便將你的致富機率提升到 7 成以上，而且晚上能高枕無憂睡得好。

如果你有一棟價值 220 萬美元的房子（資產），但債務（負債）也高達 200 萬美元，那麼你的槓桿操作很高，因為你的房屋淨值（home equity）只有 20 萬美元。你的貸款價值比（loan-to-value ratio）高達 91％，你的資產負債率則是 1.1：1。假設你的房價下跌 10％，變成 198 萬美元，這時你 20 萬美元的房屋淨值已經跌光了，而且還「資不抵債」（underwater）2 萬美元。反之，如果你的房子升值 10％，原本的 20 萬美元房屋淨值就會成長 110％，達到 42 萬美元。

但如果你有價值 1,000 萬美元的房地產（資產），卻「只有」200 萬美元的債務（負債），那你應該能熬過熊市：因為你的資產負債率為 5：1，除非你的房地產投資組合暴跌 8 成以上，你才會「資不抵債」。雖然理論上這可能會發生，但根據過往的熊市週期顯示，實際上是不可能的。如果你的資產增加10%達到 1,100 萬美元，你的 800 萬美元淨值會增加 12.5%，達到 900 萬美元。

換句話說：

- 在牛市中，擁有較低的資產負債率有助於產生最高的現金回報率。
- 在熊市中，擁有較高的資產負債率，有助於保護你的財富不被擊垮。

根據投資顧問公司 First Trust Advisors 的分析，[2] 在 1947 年 4 月至 2021 年 9 月之間出現過 14 個熊市，長度從 1 個月到 1.7 年不等，嚴重程度則從標普 500 指數下跌 51.9%到下跌 20.6%不等。不過絕大多數時間裡，我們處於牛市——處於或接近標準普爾 500 指數及房地產市場的歷史高點。

所以如果舉債的利率夠低，而且你的資產負債率是可控的（manageable），那麼舉債購買股票、房地產、藝術品、古董車、稀有錢幣這類風險資產是合理的。

但如果你想購買的風險資產，其歷史投報率一直低於舉債的成本，那你就不該舉債來投資這個風險資產。

圖表 4-2　過去 20 年（2001 年至 2020 年）各種資產的年化收益率

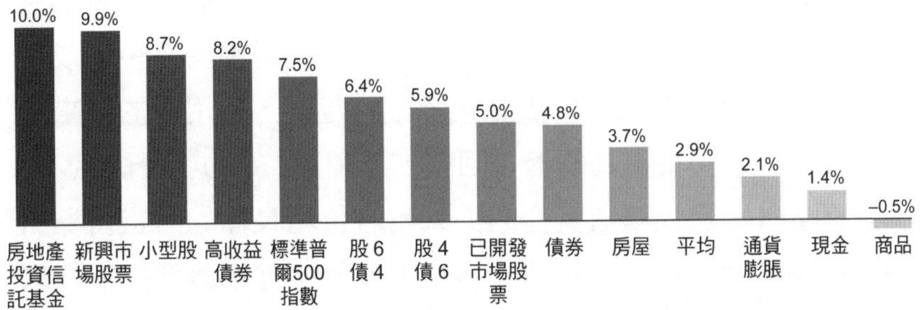

資料來源：巴克萊、彭博、FactSet、標準普爾、摩根大通資產管理；Dalbar Inc.、MSCI、NAREIT、羅素。
各類資產使用的指數：
房地產投資信託基金：富時抵押權型不動產投資信託指數（NAREIT Equity REIT Index）
小型股：Russell 2000
新興市場股票：MSCI EM
已開發市場股票：MSCI EAFE
商品：彭博商品指數
高收益債券：彭博巴克萊全球高收益債券指數
債券：彭博巴克萊美國綜合指數
房屋：現有單戶住宅的房價中位數
現金：彭博巴克萊 1–3 月國庫券
通貨膨脹：消費者物價指數
60/40：平衡的投資組合，其中 60% 投資於標準普爾 500 指數，40%投資於優質美國固定資產收入，以彭博巴克萊美國綜合指數為代表，此投資組合每年調整。資產配置投資人的平均回報是按 Dalbar Inc. 的分析，該分析使用每月共同基金的銷售、贖回和交換總額的淨額做為衡量投資人行為的指標
美國市場指南——截至 2021 年 9 月 30 日的數據。

你還必須預估你打算舉債購買的風險資產之未來回報，換句話說，如果你的舉債利率是 5%，但你預期該資產的回報率低於 5%，你就不該舉債購買該資產。

顯然並非所有的資產類別都會有類似的回報，圖表 4-2 顯示的是 2001 年至 2020 年這 20 年間各類資產的年化投報率，[3] 但過去的回報並不代表未來的回報。

各位在決定正確的資產負債率之前，要做的另一個假設是，年輕人通常比老年人有更多的時間和精力來彌補潛在的損

失。換句話說，隨著我們年齡的增長，我們的債務負擔應該減少，而我們的資產負債率則應自然增加，因為我們不再有那麼多時間來彌補任何的潛在損失。一旦你達到財務獨立後，或者到了你不再有精力或欲望去賺更多錢的年紀，運用你的錢來進行槓桿操作以獲得更高的潛在回報，是個 30/70 的次優決定。

圖表 4-3 是我以負責任的方式幫各位增長你的財富目標所設定的資產負債率。在你六十多歲的時候，你應該努力使你的資產負債率達到 10：1 或更高。如果你願意的話，最好在你退休或甚至退休前，就把所有的債務還清。無債唯一的「缺點」是你必須坦然接受在牛市時無法獲得更大潛在回報的實事。

圖表 4-3　能使財富增加的資產負債率目標

年齡	資產負債率目標	淨資產目標
20s	2：1	$250,000 by 30
30s	3：1	$650,000 by 40
40s	5：1	$1,250,000 by 50
50s	8：1	$2,200,000 by 60
60s+	10：1	$3,000,000 by 70

資料來源：理財武士網站

注意：最後一欄的淨資產目標裡的數字，是假設某人或某個家庭在其工作生涯中，每年可賺取 12.5 萬美元至 30 萬美元的收入，資產負債率目標則與收入無關。

以我個人來說，我喜歡利用借貸成本低廉的債務來購買會升值的資產，用別人的錢來賺錢，感覺就像得到了免費的禮物，然後用 FS DAIR 方法償還債務，感覺像得到同額的回報。不過我也曾在 2008 年至 2009 年的全球金融危機期間受過傷，所以才會主張舉債要適度。

對於那些從 2009 年才開始投資的人來說，很難體會長時間失去大量資金的痛苦。像 2020 年 3 月雖然對投資者來說是個可怕的時期，但其實股票在幾個月內就漲回來了，房地產的價格甚至只凍漲一個月就積極走高。就連我們公司也受到全球金融危機的波及，陷在泥淖中 2 年，很多人都被資遣了。

由於股票是另一種最受歡迎的風險資產，現在我們就來討論舉債買股是否值得一試。

舉債投資：買房可、買股不宜

有很多人透過舉債讓自己賺得盆滿缽滿，例如 1980 年代的槓桿收購（LBOs），當時投資公司 KKR 大肆舉債收購了 RJR Nabisco 公司，然後在該公司重新上市後發了大財。還有 Airbnb 在 2020 年 4 月獲得私募股權公司 Silver Lake 和 Six Street 貸款 20 億美元，做為新冠疫情期間的財務緩衝。當時 Airbnb 的估值僅為 180 億美元，但 1 年後它的市值就暴衝超過 1,000 億美元。[4]

借錢買股票被稱為融資交易（margin investing），但我不建議各位這樣做。各位應該都知道我偏愛投資房地產，但我還是會跟大家說明如何用融資買股票，謹提供給有意嘗試的人參考。

如果你的房子有淨值（equity），那麼銀行就願意借錢給你，如果你的投資組合中的某些股票、債券和共同基金有價值，那麼你的券商就願意借錢給你，這些借來的錢就稱為融資。融資可以用來購買更多股票，也可用於滿足跟投資無關的短期借貸需求。

一般而言，在簽署融資協議後，券商客戶最多能借到其可融資股票價值的 5 成。如果有人說他是用 5 成融資買股，其實意味著他已經用了 2 倍的現金購買力（cash buying power，由融資抵押產生的購買力，用於購買非融資股票）買股。

5 成融資（50% margin）這個術語可能令人困惑，所以我舉個簡單的例子來說明。

比方說你在券商的可融資帳戶裡有 10 萬美元的現金，而你跟券商簽訂的融資協議說你最多可以借到股價的 5 成。你很愛蘋果的股票，所以你想買入超過 10 萬美元的倉位（position）。

根據融資協議，你最多可以購買 20 萬美元的蘋果股票——你自備 50%，券商借給你另外的 50%，這就是所謂的 5 成融資。能夠用 5 成融資進行投資，實際上意味著你的融資帳戶具有 2 倍的現金購買力，你有個 2：1 的融資。

你能借到的金額（融資）每天都在變化，因為當做抵押品的股票價值每天都在波動。所以在買股之前不能假設你有 X 量的購買力，而應先檢查確認，如果你把你的融資額度用完了，當你的投資組合的價值下降，你的融資購買力也將跟著減少，反之亦然。這時你有可能會被券商強迫在最不合時宜的時候清空你的持股。

融資買股跟貸款買房的平行關係

5 成融資就像買房時的貸款價值比（loan-to-value ratio）為 50%。

有趣的是，人們完全可以接受用 80%的貸款價值比（頭期款 2 成、貸款 8 成）來購買房屋，卻認為用融資買股的風險更大？了解此一差異對於理解風險，以及如何構建你的淨資產配置非常重要。（第五章會有更多的介紹。）

用風險適當的房貸買房，比用融資買股的風險小，而且諷刺的是，雖然風險較低，但你最終從房地產賺到的錢、可能比從股票賺到的錢多很多，真的嗎？且聽我說明吧：

政府認為如此

根據聯準會的 T 條例（Regulation T）規定，[5] 你向券商借錢融資買股最多只能借到股價的 50%，這被稱為「初始保證金」（initial margin），有些券商會要求你存入購買價格 50% 以上的保證金。

在你用融資購買股票後，金融業監管局（Financial Industry Regulatory Authority，FINRA）要求你的融資帳戶中隨時都要保持至少 25%的股票總市值。這 25%被稱為「融資保證金維持比率規定」（maintenance requirement），許多券商要求的維持比率更高，在 30%至 50%之間。你的融資帳戶中的資產淨值（equity）是你持有的證券價值減去你欠券商的錢。

但另一方面，政府卻積極鼓勵首購族只需支付 0%至 3.5%的頭期款，其餘部分則辦理下各種貸款：

- 退伍軍人貸款，由退伍軍人事務部提供，符合條件的貸款人甚至可以選擇 0 頭期款。
- 農業部提供的 USDA 貸款，符合條件的貸款人亦可選擇 0 頭期款。
- 由聯邦住房管理局提供的 FHA 貸款，頭期款可低至 3.5%。

金融機構認同

金融機構的目標也跟你我一樣，想在風險適當的情況下盡量賺錢。

如果券商認為股票的風險較小，他們會努力遊說政府提高融資上限，讓客戶可以借到更多錢。畢竟券商賺取的融資利息，遠高於它對客戶持有的現金支付的利率。不過券商也知道，若遇上經濟急速衰退，一些客戶有可能因為融資買股而破產，並且無力償還他們的融資債務。

大多數房貸機構都很樂意提供房價 8 成的貸款，如果你的信用很好，一些放款人甚至會讓你貸到房價的 9 成（1 成的頭期款，9 成的貸款成數）。

如果放款人認為房地產的風險高於股票，他們會調降客戶的貸款成數。由於放貸的金融機構很多都兼營證券與房貸業務，所以會兼顧兩方面的情況。

房價的中位數要大得多

2022 年美國的房屋購買價格中位數約為 40 萬美元，這顯然比股票購買價格的中位數大得多。2019 年公布的《消費者財務調查報告》（Survey of Consumer Finances）顯示，2019 年退休帳戶餘額的中位數（不是平均數喔）為 65,000 美元，其中包括了個股和基金。[6]

雖然房價的中位數約為退休帳戶餘額中位數的 6 倍，但房地產投資者可以借到房價的 9 成，股票融資投資人卻只能借到 5 成。

此一事實證明了金融機構認為房地產的風險比股票小，購買價格越高金融機構的損失就越大，所以降低客戶的借貸金額是合理的，但是購買房地產的情況卻恰恰相反。

房貸的平均利率比融資的平均利率低

房貸利率與最新的 10 年期債券收益率息息相關，你的房貸利率最終是由你的信用度決定的，而你的融資利率則取決於你的證券戶頭裡的資產價值，你在他們那裡的資金越多，融資利息通常就越低。

整體而言，一般購屋者的房貸利率通常會比一般股票融資投資人低。平均房貸利率有可能比平均融資利率低 3%，依個人的信用度與帳戶餘額而定。由於利率一直在變化，請各位在借錢之前先做個簡單的線上檢查。

如果股票的歷史投報率是 10%，那麼 6%以上的融資利率就算高了，要是先鋒集團、美國銀行，以及其他一些投資機構預估的股票和債券的低投報率皆不幸而言中，那麼 6%以上的融資利率就會變成超高。

要是你付了高額的利息用融資購買股票，然後因為你的股票價值下跌而被券商要求補繳保證金，那就太划不來了。要是

圖表 4-4　富達的融資利率

借方餘額	融資利率
100 萬美元以上	4.250%（比基準利率低 3.075%）
$500,000–$999,999	4.500%（比基準利率低 2.825%）
$250,000–$499,999	6.825%（比基準利率低 0.500%）
$100,000–$249,999	7.075%（比基準利率低 0.250%）
$50,000–$99,999	7.125%（比基準利率低 0.200%）
$25,000–$49,999	8.075%（比基準利率高 0.750%）
$0–$24,999	8.575%（比基準利率高 1.250%）

借方餘額超過 100 萬美元的利率為 4.25%。自 2022 年 3 月 18 日起生效的富達融資基準利率為 7.325%。

資料來源：富達

你因為無力補繳保證金而被迫賣出股票，一來一回間你等於損失了兩倍。

房地產的波動程度會比股票小得多，某些股票的價格有可能因為最新季報電話會議的壞消息而在一天之內狂跌 3 成，相較之下房地產的估價波動幅度通常要小得多。

房地產的價值基本上取決於它能收到多少租金，拜「租約多半以一年為期，且房客不堪搬家痛苦」之賜，租金在下跌的市場中反倒有點不動如山，所以房地產的價值不會下降那麼多。而熊市則會因房貸利率下降，反倒帶來更多的房地產買家。

只要你按時繳房貸，銀行並不想擁有你的房子；但券商卻會設置一個保證金維持比率，一旦越過就需補繳更多資金，因為券商知道股票投資人多半會在不適當的時機賣出股票，但房地產較不會出現這樣的情況。

如果你堅持要用融資購買股票，我建議你的借款不要超過你這個年齡段的適當資產負債率。換句話說，在你二十多歲的時候，你的融資可以達到 5 成（2：1），亦即如果你的投資組合是 10 萬美元，那你最多可以融資購買 20 萬美元的股票，這其實也是大多數券商會給你的最高融資額度。但是到你四十多歲的時候，券商給你的融資就會降至 20%，六十多歲的時候更會降至 0% 到 10%。你的融資額度會隨著年齡的增長而減少，幸好當你的財富增長時，你也不需要向券商借錢了。

學會舉債創造財富

不是所有的債務都是壞事，各位要學會如何利用債務來幫助你累積更多的財富，過上比你只用現金購買資產時更有保障的生活。

只要你確保每個月都能全額繳清帳款，那麼使用信用卡的好處包括：方便購物支付、獲得獎勵積分和預防詐騙。只要你確保自己有能力按時繳房貸、保險和房產稅，那麼用貸款買房，在自己的家中撫養小孩真的很棒，如果房屋能升值的話就更棒了。

就像一把刀可以用來為你的家人和朋友準備最棒的佳肴，但如果使用不當，一把刀也會割傷你。舉債也是同樣的道理，只要你舉債是用於投資向來會升值的資產，那麼長遠來看，你很可能會獲勝。

理財武士道

- 利用 FS DAIR 策略兼顧還債與投資，只要你用合理的方式做這兩件事，就不大容易產生損失。
- 除了高利貸和發薪日貸款，信用卡的循環信用是最糟糕的債務類型，它不僅收取超高利息，而且卡債多半是用來購買一項會貶值的資產，各位一定要按時清償所有的消費債務。
- 舉債只能用於購買會升值的資產，絕不能用來買保證會貶值的資產，舉債的最佳用途是購買房地產，其次才是股票，但前者的表現遙遙領先後者。
- 努力使你的資產與負債比在你退休的時候達到 10：1 或更高。不過當你達標後，就沒有理由承擔過多的風險了。

Part 2
別讓錢閒著

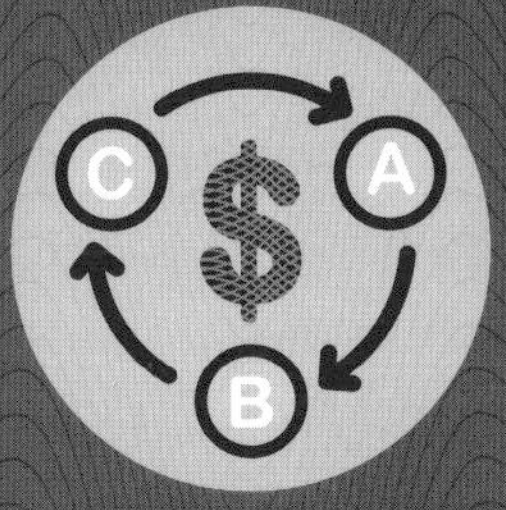

成功的投資就是在適當的風險下、用你辛苦賺來的資本替你賺錢。各位可以透過投資股票、房地產、債券、另類投資產品，以及從事你喜歡的工作，來建立你的大部分財富。

我將明確告訴各位用錢賺錢的正確時機和標的，以便盡量拉長它努力為你掙錢的年限。我還將揭示某些生活決定——例如居住地的選擇——對於你的致富潛力之影響程度，其實超乎大家的認知。

把這些部分都安排妥當後，你就能在創造財富的道路上走得比你想像的更遠。

第 5 章

學會理想的財務配置

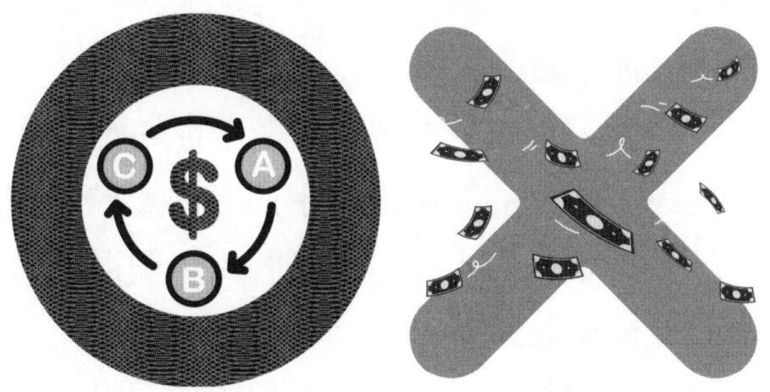

各位應該還記得，我之前曾說過每個人都應該努力實現以下的最佳儲蓄方案：

1. 稅前退休金提撥到最高額度。
2. 把至少 20%的稅後收入存入應稅投資組合中。

待你備妥償債策略後，下一步就要擬定一份儲蓄計畫，決定你要在何時把你的錢投資於何處，好讓你的財富潛能發揮到最大。

我們就來實施你的計畫吧。

你多快能實現財務獨立目標，最大的變數就是你能在應稅投資組合中存入多少錢。由於你在年滿 59 歲半之前，若想動用你的稅前退休帳戶就會被罰款，所以在那之前，你只能靠你的應稅投資所產生的被動收入來過活。

我說過至少要把稅後收入的 2 成存起來，但如果你想早點獲得財務自由，你必須存更多。

圖表 5-1 提供了一個基本個案，顯示你的應稅投資需要存多少錢，才能過上舒適的財務自由生活。當然啦，有很多變數會影響你需要多少被動收入，但這張圖表是個很好的起點，可以看到你需要多積極地儲蓄。

它顯示了你的應稅投資金額，是你的稅前退休金提撥款的倍數，當稅後資金與稅前資金的比例越大，就越容易實現財務獨立。

我鼓勵每個人最終能在他們的應稅投資帳戶中，累積到其稅賦優惠帳戶 3 倍的資金。各位的 401(k) 或 IRA 的扣繳金額是有上限的，但你在這些帳戶之外的投資金額則無上限。換句話說，如果你的 401(k) 帳戶裡有 20 萬美元，那麼各位應努力使你的應稅投資帳戶、房屋淨值和其他投資中擁有 60 萬美元。

請注意，稅賦優惠帳戶包括註冊退休儲蓄計畫（RRSP）（如果你在加拿大工作）、自我投資的個人養老金（SIPP），以及公司贊助的固定福利養老金（如果你在英國工作），或養老金系統（如果你在澳洲工作），或強制性公積金（如果你在香港工作）等。無論你是在哪裡閱讀本書，你的理財目標都是把擁有稅賦優惠的退休帳戶提撥到最高額度，並且盡可能擴大應稅帳戶的規模。

只要你順利攢下第一桶金，再累積後續的幾百萬就會容易得多；但與此同時，你也會更容易失去一大筆絕對數額的資金，這就是為什麼適當的資產配置與多樣化是必須的。存下 100 萬美元的目標令人望而生畏，但好消息是，當你的可投資資產達到 25 萬美元左右時，你就會開始注意到潛在的巨大回報：它的回報甚至有可能開始超過你提撥到稅賦優惠退休帳戶的額度。

大多數人是透過投資股市來開始他們的財富累積之旅，進入股市的門檻很低——你只需要開立一個銀行帳戶與少量的錢——而且潛在的收益很高。

不過我要告訴各位一個不幸的事實：只有大約 53％至 56％的美國人把錢投資在股市，而且有些人是刻意選擇不投資股市。[1]

圖表 5-1　按年齡劃分的應稅投資目標（基本案例）

年齡	工齡	倍數	有稅賦優惠的退休金帳戶	應稅帳戶	應稅帳戶的淨收入（投報率 4%）	淨資產總額
22	0	0	$0	$0	$0	$0
23	1	0.5	$10,000	$5,000	$200	$15,000
24	2	0.6	$30,000	$18,000	$720	$48,000
25	3	0.7	$50,000	$35,000	$1,400	$85,000
27	5	0.8	$100,000	$80,000	$3,200	$180,000
30	8	1.0	$150,000	$150,000	$6,000	$300,000
35	13	1.5	$300,000	$450,000	$18,000	$750,000
40	**18**	**2.0**	**$500,000**	**$1,000,000**	**$40,000**	**$1,500,000**
45	**23**	**2.5**	**$750,000**	**$1,875,000**	**$75,000**	**$2,625,000**
50	**28**	**3.0**	**$1,000,000**	**$3,000,000**	**$120,000**	**$4,000,000**
55	33	3.0	$1,500,000	$4,500,000	$180,000	$6,000,000
60	38	3.0	$2,500,000	$7,500,000	$300,000	$10,000,000

應稅投資包括證券帳戶、出租物業、定存、生意、私募股權、藝術品等。

有稅賦優惠的退休金帳戶包括 401(k)、403(b)、457(b)、IRA、Roth IRA、SEP IRA、HSA 等。

資料來源：理財武士網站

他們或許繼承了一輩子不愁吃穿的遺產，或是悠遊於公司股權或房地產獲利的錢海裡。但其實許多人不投資股市的原因有二：他們認為自己的錢不夠多，或是不知道從哪裡開始，甚至兩種情況兼具。

這情況還頗令人沮喪的，因為這些人正在錯過長期累積財富的最佳途徑之一。我在二十多歲時沒有投資羅斯個人退休帳戶（Roth IRA），因為當時我認為每年投資幾千美元是浪費時間，但我現在非常後悔。要是我在 23 歲到 33 歲之間每年只投資 2,000 美元，即便之後不再存錢進去，我今天也會坐擁超過 7 萬 1,000 美元的老本，而且它還會繼續免稅增長。這筆錢到我 60 歲時，將超過 24 萬 3,000 美元，而且這還是以 8％的年投報率所做的保守估計。

雖然我錯失了羅斯個人退休帳戶的投資機會，但它給我上了重要的一課：在適當的風險下盡早開始投資，對我們未來財富的影響，比我們認知到的要大得多。各位千萬不要低估複利的力量。

在之後的歲月裡，我還見證了把股市投資納入你的淨資產分配，是多麼重要的理財策略。股票或其他任何投資，應該只是你的財富建設計畫中的一部分，而這個計畫需要配合我們的風險承受度、生活階段和目標。如果一個高風險的投資組合讓你晚上睡不好，並讓你一整天都壓力超大，那就沒有意義了，你的錢應該讓你安心而非擔心。

你不必成為專家也能進行明智的投資，你也不需要很多錢才能投資，你只需要一個適合你個人的有紀律的策略，然後就讓時間發揮它的魔力。

投資股票的好處

雖然我很喜歡房地產，但我必須指出，一般美國人要麼在房地產上投資太多，要麼淨資產的配置不夠多樣。配置不夠多樣是因為美國人的大部分淨資產，都被綁在他們的主要住宅上。

請各位回想一下 2008 年到 2009 年間的全球金融危機期間發生的事情，2010 年美國人的淨資產中位數，[2] 從 2005 年的 10.7 萬美元的高位重挫 35%至僅約 6.9 萬美元；在同一期間，房屋資產的中位數則從約 8 萬 7,000 美元下降到 5 萬 2,000 美元。換句話說，美國人的淨資產中位數幾乎完全由房屋資產組成（75%至 81%），難怪很多美國人在 2008 年至 2010 年期間活得很痛苦。

這就是為什麼我會建議大家，把你家的主要住宅價值，限制在不超過淨資產的 3 成；這個目標剛開始可能會很難做到，但最終目標是限制在 3 成以下。

因為這麼一來，你才會有足夠的淨資產來產生投資收益。在主要住宅之外建立更多的財富是必須的，因為這些投資可以為你提供必要的被動收入，讓你的生活更加自由。把主要住宅在淨資產中的占比限制在 3 成以內，可確保你的整體財富享有良好的配比。

對於大多數人來說，最佳的投資配置是把大部分投資分配給股票、債券和房地產，至於加密貨幣、藝術品、農田和葡萄酒這些另類投資，我建議最多只占淨資產的 1 成。你在每個資產類別中分配多少資金，取決於你個人的目標、興趣和情況，並沒有一個放諸四海皆準的做法。

待會我將分享 3 種獲取最佳投資成果的資產配置模式。但是首先我們要搞懂，為什麼投資股市是財富建設策略中的重要部分。

簡言之：股市歷年來的表現很強。如果你長期投資股票——我指的是幾十年——你的歷年收益可能會在 10%的範圍內。再者，股票是一種完全被動的投資，但是你的逐年績效（year-to-year performance）不大可能像歷史平均水準那樣，股市的短期表現是極度波動的。

以標準普爾 500 指數為例，[3] 它在 1931 年曾有過 -43%的可怕回報，卻也有過在 1933 年狂飆 54%的亮眼表現。最近幾年的投報率也同樣瘋狂：2008 年是 -37%、2013 年是 +32%、2018 年是 -4%、2019 年是 +31%、2020 年是 +18%、2021 年是 +27%。[4] 但如果你在標普 500 指數 ETF、或是 VTI、SPY 或 VTSAX 等指數基金上堅持夠長的時間，即使是最災難性的熊市損失，最終也會被牛市的收益所抵消。

你早年的積極儲蓄對於幫助你實現財務自由目標至關重要，這筆錢不僅是為了建立你的淨資產和被動收入，而且還可用於主要住宅的頭期款。我們的目標是在不用光全部積蓄的情況下，盡快擁有你的主要住宅，從而獲得中性房地產（neutral real estate，別擔心，我會在第 7 章說明短線、中性和長線房地產）。

投資房地產之後，你可以拓展到其他投資領域。

按年齡劃分的淨資產配置

現在我們來談談該把錢放在哪裡。

你該怎麼做在很大程度上取決於你的人生階段和現況。假設今年 30 歲、一家 4 口住在紐約市的 A 男，他夢想 50 歲時退休；而同樣 30 歲、住在蒙大拿州比林斯市、還沒有小孩的 B 男，則夢想在 40 歲就退休，兩人實現財務自由的方法肯定很不一樣。但無論你的夢想是什麼，只要你能根據年齡擬定務實的目標，就能幫助你保持在正軌上。

你的基準策略（baseline strategy）是長期擁有股票、債券和房地產。這樣你的投資績效很可能會超過一大票不這麼做的美國人，股票和房地產是通貨膨脹的巨大受益者。

- **股票**包含個股、指數基金、共同基金、ETF 及股權結構型債券（equity structured notes）。
- **債券**包括政府債券、公司債、市政債券、高收益債券、儲蓄債券及抗通膨債券（Treasury Inflation-Protected Security）。債券較偏向於防禦性目的。
- **房地產**包括一間主要住宅、出租物業、商業物業、房地產 ETF、私人和公共 eREITs，以及私人房地產銀團交易（private real estate syndication deals）。

你應該把一小部分的資產投入無風險的儲蓄工具，例如定存、貨幣市場帳戶及現金。在你邁向財務自由的旅程中，你難免會遇到挫折，這時就要靠你的無風險儲蓄或「應急基金」幫助你度過難關，即便遇上生活的動盪晚上也能入睡。

你還可以通過另類投資（alternative investment）來進一步分散你的淨資產，另類投資產品是指股票、債券和房地產以外之所有東西的總稱，例如藝術品、音樂版稅、葡萄酒、農田、商品、加密貨幣、收藏品、私募股權、天使投資（angel investing）及創投債務（venture debt，創投債務是提供給尚在早期階段的新創公司之貸款，在兩輪股權融資之間為企業提供流動資金）。

很多人也開始對從事副業躍躍欲試，這時他們終於可以拋棄原本的正職工作，或是立刻辭職創業。我把這稱為 X 因素，而且我非常鼓勵大家具備 X 因素。詳情請參考第 12 章。

現在我們先來關注你要如何把你的淨資產適當分配在前述資產類別中。我根據我自身的經驗，整理出 3 種模式供各位參考（這些模式還受到理財武士網站數千萬讀者們的意見回饋之啟發）：

- **傳統型**：基本的風險承擔
- **新人生型**：為了賺取更多財富而採取更為積極進取的風險承擔
- **理財武士型**：最積極進取的風險承擔

我相信想要實現財務自由的人，只要遵循前述 3 種架構中的一種，絕大多數都能如願以償。

傳統型的淨資產配置

傳統模式包括投資於股票、債券、房地產及無風險資產。這是最基本的淨資產配置模式，也是幾十年來最經得起考驗的模式之一（見圖表 5-2）。

圖表 5-2　傳統型的淨資產分配模式

	風險等級	中等	中低	無	中等	中等	
	控制量	低	高	低	低	高	
年齡	工齡	股票與債券	房地產	無風險	另類投資	X 因素	總計
23	1	100%	0%	0%	0%	0%	100%
27	5	50%	50%	0%	0%	0%	100%
30	8	40%	55%	5%	0%	0%	100%
33	11	45%	50%	5%	0%	0%	100%
35	13	50%	45%	5%	0%	0%	100%
40	18	55%	40%	5%	0%	0%	100%
45	23	50%	45%	5%	0%	0%	100%
50	28	60%	35%	5%	0%	0%	100%
55	33	65%	30%	5%	0%	0%	100%
60	38	65%	30%	5%	0%	0%	100%
65	43	70%	25%	5%	0%	0%	100%
70+	48+	75%	20%	5%	0%	0%	100%

資料來源：理財武士網站

傳統模式適合那些喜歡簡單的人，他們也不介意工作到六十多歲的傳統退休年齡。

傳統型淨資產分配模式的亮點

- 它讓你在 20 歲時把投資組合全部投入股票和債券中，

因為這是你最能承擔投資風險與積極儲蓄的時期，任何損失都可以用工作收入輕鬆彌補，你的投資組合絕大部分將是股票。

- 到 30 歲時，它建議你買下一套主要住宅，並將淨資產的 5%配置於無風險資產。這時你的主要目標之一應該是，當你弄清楚自己想住在哪裡、想做什麼，就立即取得中性房地產。
- 到 40 歲時，它建議你在股票和債券的比重要大於房地產。隨著你的淨資產增長，你的主要住所在整體淨資產中的比重會越來越小。與此同時，你可能會有興趣投資租賃物業、REITs 或私人 eREITs，以取得長期房地產，而不僅僅是中性房地產。
- 到了 60 歲，它建議股票的比重大約是房地產的兩倍，而無風險資產的比重大約是 5%。當你進入傳統的退休生活時，你的目標是讓更多的投資是真正被動的，因為你的時間比以往任何時候都更值錢。當然啦，除了已付清的主要住宅價值不要超過淨資產的 3 成，你還可以擁有線上房地產，而非實體的出租物業，以獲得更多的被動性。
- 所有的百分比都是以正的淨資產為基礎，如果你剛從學校畢業且有學貸，或是你的房屋淨值為負數（negative equity，市值低於房貸未償還額度的房子）而導致你的淨資產為負數，請將這些圖表用於資產負債表等式的資產方（asset side）。你在累積創造財富的資產時，要系統化地尋求減少非房貸債務。

- 另類投資和 X 因素保持在 0%，要大家把收入的 2 成以上存起來、退休帳戶繳好繳滿，還要買一戶房子，已經很困難了，若還被要求投資另類資產，對遵循傳統模式的人來說可能吃不消。其實講到投資，保持簡單通常是最好的方法。

新人生型的淨資產配置

新人生型的淨資產配置模式，會在 40 歲左右（中年）「改頭換面」。這時距離你高中或大學畢業、並以傳統方式生活約莫過了 20 年，你可能想在人生的下半場體驗一下「新人生」。我相信許多人都曾想過，要是自己做點別的事情，人生是否會有不同。

我自 2009 年創建理財武士網站以來，便發現有很多人會在人到中年時，開始想做一些新的事情。由於你已經花了近 20 年的光陰學習、累積財富和磨練新技能，你可能心癢難耐，很想嘗試新的職業、投資不同的資產，或開創你自己的生意。對我來說，大學畢業後的 14 年間一直做著同樣的事情，感覺再也沒有吸引力了，所以我決定離職。

有人稱這是中年危機，但我喜歡把它想成是一個令人興奮的發現期，同時也是我們決定承擔更多風險的時期，因為我們已經有了更多的經濟保障和更多的投資經驗。當我在 2012 年放手一搏時，我再次感受到未知的快感（thrill of the unknown）。

新人生型的淨資產配置，基本上包括投資更多的另類資產，例如創投、私募股權和加密貨幣，它還鼓勵你在中年時跨足新的創業機會，這就是個 X 因素（見圖表 5-3）。

圖表 5-3　新人生型的淨資產分配模式

	風險等級	高等	中等	無	中等	中等	
	控制量	低	高	低	低	高	
年齡	工齡	股票與債券	房地產	無風險	另類投資	X 因素	總計
23	1	100%	0%	0%	0%	0%	100%
27	5	100%	0%	0%	0%	0%	100%
30	8	40%	55%	5%	0%	0%	100%
33	11	45%	50%	5%	0%	0%	100%
35	13	50%	45%	5%	0%	0%	100%
40	18	45%	40%	5%	5%	5%	100%
45	23	45%	35%	5%	5%	10%	100%
50	28	40%	35%	5%	10%	10%	100%
55	33	40%	30%	5%	10%	15%	100%
60	38	40%	25%	5%	10%	20%	100%
65	43	45%	20%	5%	10%	20%	100%
70+	48+	45%	20%	5%	10%	20%	100%

資料來源：理財武士網站

新人生型淨資產分配模式的亮點

- 30 歲的你用貸款買下了生平第一間房子，並將淨資產的 5%配置到無風險資產，現在的你揹上了一筆房貸。

你已經把你的 401(k) 或其他具有稅賦優惠的退休金帳戶繳好繳滿，並且還把淨資產的 2 成投資於應稅的證券帳戶。

- 40 歲的你淨資產已經有了很大的增長，你的房地產價值占淨資產的 4 成，與一般美國人的 9 成以上相比算是比較可控的（manageable），你終於把一些風險資產分散到另類投資中。
- 40 歲的你除了穩定的正職工作，還兼做起副業。你一直想從事顧問副業、開設一個部落格、開一家電商，或者教網課。無論你的 X 因素是什麼，你終於在一份穩定薪水的支持下追求它了，你已經開始了你的新人生！
- 40 歲的你開始好奇人生是否還有別的可能性，你已經幹了近 20 年的老本行，開始感到倦怠了。要不在轉行之前，先跟公司談好一筆遣散費？要不休個長假，然後調部門？要不加入對手陣營，在別的城市或別的國家升職加薪？
- 到你 60 歲的時候，你的 X 因素已經增長到淨資產的 2 成左右，20 年的時間足以把你的「副業」發展成有意義的事業，而股票和房地產則仍然占淨資產的大宗（65％）。但你最主要的快樂源泉卻來自 X 因素，你的 X 因素和你的正職工作相結合，讓你比那些只有一份正職工作的人要富裕得多。
- 在你的黃金歲月裡，多樣化的淨資產為你提供了穩定的保障，你打算活到 110 歲。

理財武士型的淨資產分配

理財武士型的淨資產分配模式，敦促你押寶你自己。你認為傳統的財富累積方式已經過時了，你不希望為別人工作到四十多歲；相反地，你想建立自己的事業，在年輕時就擁有更多自由。

儘管你希望擁有更多自主權，但你仍然在二十多歲和三十多歲時勤奮地奠定你的財務基礎。二十多歲是你學習的時候，這樣你就可以在三十多歲以後開始掙錢，在這段期間，你積極建立你的被動投資收入金流。一旦你的副業產生的收入，足夠支付你的基本生活費用，你就可以像我在 2012 年 34 歲時那樣放手一搏，全心投入自己的事業。

理想的情況是，你與你的雇主談妥一筆離職金，以建立一個可靠的財務緩衝區。反正你已經打定主意要離職，何不試著跟雇主談妥一筆遣散費。

你的終極目標是在你 60 歲的時候，就建立一項占淨資產一半以上的資產。請各位看圖表 5-4。

理財武士型淨資產分配模式的亮點

- 與之前的投資模式相比，此一模式假設你更能掌控自己的財務未來。當你投資股票、債券、房地產和另類投資時，你是依靠別人和有利的總體經濟條件來賺錢；但是當你投資自己時，你相信自己創造財富的能力更強大。
- 你在快 30 歲前買房，取得一個中性房地產，因為你知道長期租屋對於對抗通貨膨脹是很不利的，況且在你尋求承擔更多的投資風險，並努力提高你的 X 因素時，

圖表 5-4　理財武士型的淨資產分配模式

	風險等級	高等	中等	無	中等	中等	
	控制量	低	高	低	低	高	
年齡	工齡	股票與債券	房地產	無風險	另類投資	X 因素	總計
23	1	100%	0%	0%	0%	0%	100%
27	5	40%	55%	5%	0%	0%	100%
30	8	40%	50%	5%	0%	5%	100%
33	11	40%	45%	5%	0%	10%	100%
35	13	40%	30%	5%	10%	15%	100%
40	18	35%	30%	5%	10%	20%	100%
45	23	35%	25%	5%	10%	25%	100%
50	28	30%	20%	5%	10%	35%	100%
55	33	25%	20%	5%	10%	40%	100%
60	38	20%	15%	5%	10%	50%	100%
65	43	20%	15%	5%	10%	50%	100%
70+	48+	20%	15%	5%	10%	50%	100%

資料來源：理財武士網站

擁有自己的房子為你提供了更多穩定性。

- 三十多歲的你積極建立你的副業，做了 10 年的傳統工作後，你知道自己並不想永遠做同樣的工作，所以你開始規畫離職後的生活。你最初的目標是要從你的副業中，賺取足夠的錢來支付你的基本生活費用，一旦實現了此一目標，你就可以放手一搏了。

- 你在脫離上班族之前，一定要試著跟雇主談妥一筆遣散費，有了這筆錢，你就有了財務上的喘息空間，可以按照自己想要的方式建立你的生意，而不用一直承受賺錢的壓力。在你離開正職工作之前，你還應把你的房貸重新貸款（refinance），並測試靠現有的投資來生活。經過 10 至 15 年的儲蓄和投資，這應該不成問題，但預先模擬過著沒有穩定薪資收入的生活，還是滿重要的。
- 你在打造自己事業的同時，也積極打造各種被動收入金流，你的目標是建立一個規模夠大的被動投資組合，來支付你的基本生活費用。一旦你的投資收入能夠支應你的衣食住行及各種雜支，你就可以真正開始承擔更高的風險。
- 與此同時，你也努力從自己的事業中產生最大的利潤。你的事業越是有利可圖，你就越能將利潤再投資，使你的事業進一步發展。你還可以把你的事業獲利拿去投資，以創造更多的被動收入。
- 要是你的事業大放異彩，X 因素這一欄很容易使其他所有欄目相形見絀。你的事業不僅能產生主動收入，有朝一日還可以用收入或利潤的數倍高價出售呢。

重點：適當的淨資產分配是多樣化的

在前述 3 種淨資產分配模式中，不論你採用的是哪一種，都有可能讓你在60歲時，打造出比一般人更多的財富，重點是哪一種模式最符合你的個性。

在整個職業生涯中，一直從事正職工作絕對沒有錯，特別是如果你喜歡你的工作。正職工作提供了穩定的薪水、相關的福利，以及同事間的情誼，這些都很棒，要是最後還能領到一筆優渥的退休金，那就更好了。在現今的低利率環境中，擁有一筆退休金真的就像找到了一桶金。如果你選擇傳統路線，雖然最終可能不會擁有最高的財富，但你可能擁有最小的波動性和最大的安全性。

但如果你熱愛冒險又看好自己的能力，你就該押寶在自己身上。世界上許多最富有的人都是創業者，他們心中有個X因素，推動他們承擔更多風險。如果你相信自己能打造一個更好的捕鼠器，你就應該去嘗試，即便你失敗了，至少你不會為了自己勇於嘗試而後悔。只要你想的話，幾乎一定可以回頭找到一份正職工作。

你的投資會為你工作、替你賺錢，讓你餘生不必再一直工作；你的投資也是為了提供更多的財務安全，讓你可以在職業生涯中承擔更多的風險。

老實說，美國一些最有錢的人出生於非常富有的家庭，這並非巧合。如果你老爸是個知名律師、你媽是某銀行董事會的重要成員，而你祖父是銀行的總裁，你當然可以輟學並承擔更多的風險。即便你失敗了，只要在你家的別墅「調整心情」後再出發就行啦！

但無論你的家世背景如何，都需抱持謙虛的心態，認清投資有賺有賠的事實。創業也是如此，你的財務旅程將充滿曲折，所以最好維持一個能夠抵禦經濟衰退的多樣化淨資產組合，此一多樣化的淨資產也將從多年的牛市中受益。

說到累積財富，我奉勸大家還要為糟糕的情況做好規畫，例如預期你的風險資產偶爾可能會重挫 3 成以上。當你預先做好準備時，便一舉解決了你最大的恐懼，讓你可以繼續追求財務獨立。

對於我推薦的淨資產分配指南，各位可以自由選擇要照單全收或是聽聽就好。因為隨著時間的推移，這些表格中的比重不會一模一樣，只有你最清楚自己的財務目標和承受衝擊的能力。但無論你的信念是什麼，你至少要提出一套自己的淨資產分配架構來依循，記得好好享受這趟旅程就行了！

無論你遵循什麼樣的淨資產分配模式，只要過了 40 歲，任何一個資產類別的比重都不宜超過淨資產的 5 成。待你建立了大量的財富之後，你的目標便應傾向於保本，相信沒有人願意在年老體衰的時候，還得拖著老邁的身軀回去工作以彌補失去的財富。

理財武士的股市投資之道

當你在擬定淨資產分配策略時，請參考本指南來幫助你保持頭腦冷靜。

- 如果你在股市待得夠長，它將為你帶來長期財富。關鍵是要遵循適當的資產配置模式，以減少投資期間的情緒波動，這樣不論時機好或壞，你都可以堅持下去。

- 接受你有可能會賠錢的事實，這是過程的一部分，千萬要忍住恐慌性拋售的衝動，因為這並非最佳的選擇。
- 保持謙遜。即使你的投資組合多年來都有驚人的回報，但均值回歸（mean reversion，均值回歸是一種金融理論，它假設資產價格和歷史回報，最終會恢復到其長期均值或平均水平）令你不大可能維持不敗。記住：牛會賺錢、熊會賺錢，但豬會被宰殺。
- 你可以透過投資股市建立大量財富，但你無法光靠投資股市建立所有的財富。關鍵是要把你的投資力量分散到股市及股市以外的多個資產類別中。
- 由於動態投資者（active investor，或稱主動投資者）的績效表現可能會逐漸遜於股市，因此你應將大部分（8 成以上）的股票投資，分配到低成本的被動指數 ETF 或指數基金。

各年齡的股票和債券之適當配置

各位應會注意到，在我的淨資產分配圖表中，股票和債券是放在一起的。現在我們要分別仔細檢視股票和債券，因為它們需要專屬的配置策略。

以年齡做為劃分的基準很管用，因為你的操作策略與你的人生階段息息相關，假設在你退休的前一年，分配太多資產在股票上，偏偏遇到股市崩盤，那你就完蛋了。反之，如果你在整個職業生涯分配太多資產在債券，你可能無法建立足夠的本錢來退休。每個人的做法都會有些不同，這取決於他們的需求、賺錢能力和風險承受度。

我提出的股票和債券配置建議，對於你的稅前和稅後投資帳戶皆適用。假設你現在 30 歲，目標是把你的 401(k) 的股票和債券投資配置到最大，那麼你的應稅投資帳戶也要做同樣的配置。

除了你的年齡，你的股票和債券配置將取決於以下 3 件事：

1. 你的風險承受度

你熱愛風險、厭惡風險，還是採取中庸之道？你是精力充沛的年輕人，還是筋疲力盡的老人？你越熱愛風險，就越樂於提高股票在你的公共投資組合中的比重，反之亦然。

2. 你的不同投資組合的重要性

例如大多數人的 401(k) 或 IRA 是其退休策略的重要組成部分；對於廣大的受僱者來說，這些具有稅賦優惠的退休金帳戶，將成為他們最大的投資組合。但那些同時擁有應稅投資帳戶、出租房產及另類資產的人，他們的 401(k)、Roth IRA 及 IRA 投資組合可能就沒那麼重要。

3. 你的整體淨資產構成

你的公共投資組合在你的整體淨資產中的比重越小，你的投資組合就可以更積極地投資於股票。換句話說，如果你的公共投資組合只占整體淨資產的1成，即便你已60歲且厭惡風險，你都可以把它全數投資於股票。因為你其餘的9成淨資產，有可能是一個會產生現金收入的自助洗衣店帝國。還有另一種情況，假設你現年50歲，有一份正職工作，你99%的淨資產都在公共投資組合中，那麼你把它全部投入股市，恐怕不是個好主意。

現在就讓我們來看看股票和債券的3種資產配置模式，它們涵蓋了絕大多數讀者的情況；為了避免混淆，我們同樣把它們稱為傳統型、新人生型及理財武士型。

傳統型的股票和債券資產配置模式

資產配置的經典建議是用100減去你的年齡，就可以知道你應該配置多少比例的股票。但它的基本前提是，隨著年齡的增長，我們會變得厭惡風險，因為我們創造收入的能力和時間都在減少。由於債券的波動性較小，在經濟下滑時損失會比股票少，因此隨著年齡的增長，擁有較高比例的債券是合理的。

我們也不希望在年老時花更多時間工作，所以我們願意用較低的潛在回報來換取更多的收入與更高的確定性。圖表5-5顯示的是按年齡劃分的傳統型資產配置。

圖表 5-5　股票和債券的適當資產配置
（按年齡劃分）
傳統型

年齡	股票	債券
0–25	100%	0%
30	70%	30%
35	65%	35%
40	60%	40%
45	55%	45%
50	50%	50%
55	45%	55%
60	40%	60%
65	35%	65%
70	30%	70%
75+	25%	75%

資料來源：理財武士網站

今天各位可以很容易地以低於 0.14％的費用率投資於目標日期基金（target date fund），來複製傳統型的資產分配模式。目標日期基金會隨著時間的推移，自動幫你重新平衡資產配置，你就不必煩心啦。你所要做的就是在選好適當的目標日期後——通常是你想退休的年分——持續定期向目標日期基金扣款即可。如果你選擇一個積極運作的目標日期基金，費用率會高得多，卻不保證有更高的回報。所以如果你不想主動管理你的股票和債券市場配置，我會建議選擇指數基金。

新人生型的股票和債券資產配置模式

新人生型的資產配置模式，建議用 120 歲減去你的年齡，來算出你的投資組合中應該有多少比例分配給股票。研究顯示，拜科學進步與養生知識增長之賜，我們的壽命正在延長，目前美國男性的預期壽命中位數約為 75 歲，女性約為 80 歲。[5]

由於股票的長期表現優於債券，我們需要更高的股票配置來照顧更長的壽命。我們的風險承受度仍然會隨著年齡的增長而降低，只不過是在較晚的人生階段。經典的股票和債券 60/40 投資組合會從 60 歲左右開始（見圖表 5-6）。

圖表 5-6　股票和債券的適當資產配置
（按年齡劃分）
新人生型

年齡	股票	債券
0–25	100%	0%
30	90%	10%
35	85%	15%
40	80%	20%
45	75%	25%
50	70%	30%
55	65%	35%
60	60%	40%
65	55%	45%
70	50%	50%
75+	45%	55%

資料來源：理財武士網站

理財武士型的股票和債券資產配置模式

理財武士型的股票權重是最高的，理財武士不僅在職業生涯中較熱愛風險，在投資方面也較熱愛風險。但他對投資風險的熱愛，源於擁有強大的資產負債表，以及多種來源的豐沛現金流（見圖表 5-7）。

圖表 5-7　股票和債券的適當資產配置
（按年齡劃分）
理財武士型

年齡	股票	升級版債券（房地產）
0–25	100%	0%
30	100%	0%
35	100%	0%
40	90%	10%
45	90%	10%
50	80%	20%
55	80%	20%
60	80%	20%
65	70%	30%
70	60%	40%
75+	60%	40%

資料來源：理財武士網站

採用理財武士型資產配置模式的投資人擁有多種收入來源，並且熱愛個人理財，能從閱讀理財文章中獲得很大的樂趣。他們認為與其閱讀最新的奇幻小說，不如閱讀如何改善生活各個面向的非小說類書籍。他們很愛看 CNBC 的財經節目，覺得跟看 Netflix 的最新熱播節目一樣有趣。

在利率低迷的情況下，投資債券並不是很吸引人，所以理財武士投資於房地產，因為房地產就像是升級版的債券。換句話說，房地產能幫助股票投資者的投資組合多樣化，因為當股票被低拋售價時，房地產的表現往往會優於股票。當股票出現拋售潮時，資金往往會流向債券，從而拉低了利率，利率的降低，以及對更多實體資產的渴望，讓房地產有助於抑制整個投資組合的波動。

低風險的債券在牛市環境中多半不被投資者青睞，他們會轉而購買具有更多潛在上升空間的高風險資產，房地產就是這樣的資產，房價往往會隨著租金的上漲而增值。由於房地產在順境和逆境中都有超越債券的更大潛力，所以理財武士通常偏好投資房地產而非債券。

正確的資產配置取決於你的風險承受度

我希望這 3 種不同的資產配置模式，能夠讓各位從中找到一個適合你個人需求和風險承受度的模式，絕對不要讓任何人強迫你進入一個不舒服的狀態。

理想的情況下，你的資產配置應該讓你每天晚上睡得安穩，早上很有精神地醒來。但這並不是一個「設定好就不管它」的方法，你需要根據不斷變化的情勢來調升或調降你的配置。我鼓勵每個人對你的投資組合採取積極主動的態度，你可以問問自己以下問題，以確定哪種資產配置模式最適合你：

- 用 0 到 10 給分，我的風險承受度是多少？
- 如果我的投資組合在一年內下跌 35%，我的財務狀況還 OK 嗎？
- 我願意工作多少個月來彌補我的潛在損失？
- 我的主要收入來源有多穩定？
- 我有多少種收入來源？
- 我是否有一個 X 因素能產生額外的主動收入？
- 我對股票、債券及其他投資懂多少？
- 我的投資期限（investment horizon）是多長？
- 我從哪裡得到投資建議，這些建議的品質如何？

待你回答了這些問題後，請跟你的另一半討論你的答案跟你目前的投資方式是否符合。

說到投資，切莫高估自己的能力，這一點很重要。我們最終都會賠錢，只是時間和數量的問題，關鍵是要選擇一個架構，並長期堅持下去。

心態是關鍵

在看了一段時間的數字和百分比之後，我會適時提醒自己，心態是影響我們致富潛能的最大因素之一。投資需要理性的思考，所以當你在規畫你的資產配置策略時，請記住以下這些真理。

你沒有比市場更聰明

不論過去這些年你有多厲害、贏過股市的幅度有多驚人，你的績效需經過中至長期才會正常化。其實大多數專業的資金經理人，都未能超越他們各自的指數，所以各位千萬別妄想自己一定能贏過市場，請保持謙虛！

當你的資產增長到幾十萬或幾百萬美元時，你不會再像以前那樣輕易揮霍你的資本了，你的風險承受度可能會下降，特別是你上有老、下有小要照顧時。換句話說，你的風險承受度通常不會隨著你的財富增長而增加，除非你的財富多到「燒不完」。

最危險的投資者是那些只經歷過一次牛市的人，他們往往志得意滿，把牛市和他們的聰明才智混為一談，直到下一個不可避免的衰退期到來，他們便因為風險控制不當而慘遭滅頂。如果你從 2009 年才開始投資，請諮詢那些曾在 2008 年至 2009 年的全球金融危機、2000 年的網路泡沫危機，以及之前的熊市中遭遇過大量資本風險的投資前輩。

請牢記你有可能會在某些時候失去金錢，天底下沒有零風險的投資，除非你把 25 萬美元以下的資金放在定存或貨幣市場上，或是購買美國國債。我從 1995 年便開始投資，但偶爾還是會在我以為穩賺的投資上賠錢，所以我一直遵循一個能盡量減少潛在損失的淨值資產分配模式。

你的風險承受度會隨著時間而改變

當你名下只有 2 萬美元，而且你只有 25 歲，你的風險承受度可能會非常高，因為即便你賠光 2 萬美元，你仍可以相對輕鬆地把它賺回來。但當你 57 歲，擁有 100 萬美元，離退休只有 3 年的時候，你的風險承受度可能會低很多，因為在你離終點線僅幾步之遙時，可承擔不起「膝蓋被炸毀」的後果。

年輕時的你往往天真地以為自己可以在同一份工作上做一輩子，這種初生之犢不畏虎的感覺真是不可思議，你的精力是你能迅速累積財富的原因。但是你活得越久，遇上的壞事（及好事）通常就越多，你的能量多半會消退，你的興趣也肯定會改變，關鍵是要能預測這些變化並提前做好準備。

千萬不要以為自己會永遠保持某種狀態，每個月都應檢視和評估你的財務狀況，並隨之調整你的目標，坦然接受人生不如意事十常八九的事實。

黑天鵝事件一直在發生

它們本該是罕見的，但如果過去幾十年裡你有認真在關注世局，你就知道令人難以置信的金融亂象一直在發生。如果經濟沒有影響到你，但你有可能被職場政治、健康問題、離婚，或大流行病影響到！勇敢期待最好的情況，但也要為最壞的情況做好心理準備。

沒有人知道下一次的恐慌性股災何時會發生；沒有人知道你們公司的執行長啥時會推出一些可笑的新產品把公司拖垮。當世界末日到來時，沒有政府保障的東西幾乎全會被壓垮，所以你的淨資產中一定要有一部分是無風險資產，這點很重要。

要隨時準備好因應黑天鵝事件，尤其是在你已經達到財務獨立時。當你累積了足夠的資本，你的主要任務就是保護好你的財富。

好好把握牛市的賺錢契機

牛市多半會持續 5 至 10 年，你可以在這段期間內獲得驚人的財富。但重點是你要知道正處於牛市，並適當分配你的淨資產。

為了實現財務獨立，在牛市期間絕對不要把大部分淨資產分配給無風險或低風險的投資。我遇過很多勤奮儲蓄的讀者，但他們只知存錢不懂得投資，所以財富規模遠不如同儕。

在牛市期間，你還應該在事業上更加積極進取，要求公司給你升職和加薪，否則通貨膨脹會吞噬掉你的實際收入。跳槽到新的工作機會，可以立刻提高你的報酬和職稱。牛市期間各行各業對勞動力的需求很高，大家務必要好好把握此一契機。

牢記以上重點有助於你在累積財富時保持理性的心態。歸根結柢，長期創造財富的關鍵是擁有正確的淨資產配置，以及入對行——既能利用經濟增長的優勢，又能抵禦任何金融風暴。

有了正確的淨資產配置之後，你就可以慢步深入你想投資的基金、ETF 及個人投資方案。但你的大部分財富收益仍要歸功於正確的淨資產配置。

理財武士道

- 你的應稅投資將產生可讓你活下去的被動投資收入，所以你的目標是：從應稅投資中獲得的收入，要比稅賦優惠的退休金投資多 3 倍。
- 遵循以下 3 種淨資產分配模式中的一種：傳統模式、新人生模式或理財武士模式。這些理財模式會取決於你個人的風險承受度、投資興趣及事業雄心（career desire）。你對自己的生財能力越有信心，就越該押寶在自己身上。遵循這 3 種模式中的任何一種，都可能讓你在 60 歲時比一般人富裕得多。
- 在低利率環境下，應考慮把債券投資分配到房地產，房地產被認為是升級版的債券，兼具進可攻退可守的優點。
- 放長線釣大魚的投資模式是 70/30 的決定，它將幫助你度過困難時期。投資者的最大心魔之一就是情緒，所以這輩子你只要持續正確分配你的資本，你理財成功的機率就會比那些隨興投資的人高很多。

第 6 章

優化你的投資

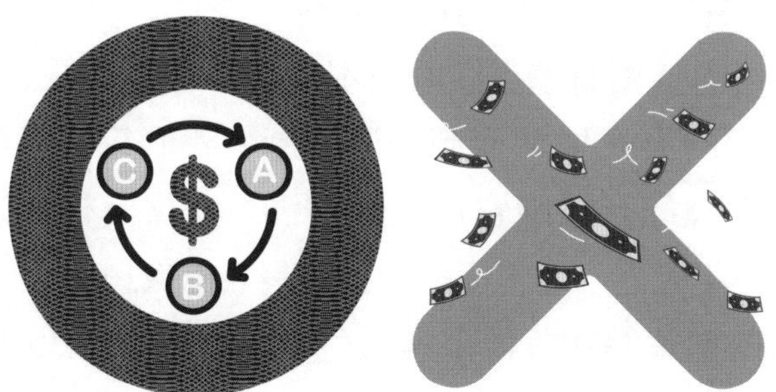

學習如何優化你的投資，可能會令你感到難以招架。即便你知道退休金帳戶該存好存滿，然後再把淨資產的 X%投入股票，Y%投入房地產，Z%投入另類投資，但後頭還跟著大量的選擇：

- 該買什麼類型的股票？
- 該買個股還是投資基金？
- 該投資朋友正在創建的酒廠嗎？
- 如果不投資加密貨幣，是否錯過了發財的大好機會？

深呼吸。

放心吧，你會做得很好的——即使你做得不好，只要你的資產配置沒有失控，你就不會受傷慘重。而且到了你想退休的時候，你很可能擁有比你最初想像得多的財富，複利會以一種神不知鬼不覺的方式為我們帶來驚喜。

我衷心希望所有讀者在看完本文後「心動就馬上行動」，隨即以適當的方式增加他們的淨資產。我們每個人的投資目標，都是把握好時機賺它個盆滿缽滿，在壞時機破點小財消災。你就是掌握自己財務命運的投資長兼風險長。

讓你的儲蓄躺在貨幣市場帳戶中，只能算是 30/70 的次優做法。大家肯定想不到，自 2009 年理財武士網站成立以來，與我通信的讀者當中，竟然有一大票從未把他們的儲蓄拿去投資，因為他們太害怕投資失敗，或是根本不知道從哪裡開始。與此同時，有更多讀者告訴我，他們沒想到活到現在這個階段，竟能擁有比想像多得多的財富。說到底，沒有風險等於沒有回報！

所以我們就從股權投資開始吧。股權（equity）是對一家公司的所有權（MBA 智庫百科：在公司與股東的關係中，公司對股東出資形成的法人財產享有完全獨立的所有權，股東對公司享有股權），你可以設立自己的公司來創造股權，也可以投資於其他公司的股權，世界上大多數富豪對這兩種股權皆擁有可觀的數量。理想情況下，你也應該如此。

如果你沒興趣設立自己的公司，那你當然應該投資於其他公司。你能用來換取金錢的時間是有限的，投資於其他公司的股權，讓這些公司的員工努力工作為你創造回報，是創造財富更有效的方法。你個人的勞動是有限的，股權投資能擴大你創造財富的潛力。

你需要做的關鍵決定是該把你的投資放在哪裡，是應稅帳戶呢？還是有稅賦優惠的退休金帳戶？我們的目標是把有稅賦優惠的退休金帳戶存好存滿，並建立一個規模較大的應稅投資組合。我們就來弄清楚相關的基本情況吧。

應稅帳戶 vs 稅賦優惠退休金帳戶

最常見的應稅帳戶是證券帳戶，你可以在富達或嘉信理財之類的券商龍頭開個線上帳戶。另外還有一些被稱為機器人顧問的數位財富顧問，則需收費為你管理你的應稅投資帳戶，其中規模較大者包括先鋒個人顧問服務（Vanguard Personal Advisor Services）、嘉信智慧組合（Schwab Intelligent

Portfolios）、Betterment、Wealthfront 及 Personal Capital。

應稅投資帳戶的優點

應稅帳戶雖不具稅賦優惠，但與稅賦優惠退休金帳戶相比，前者的限制較少所以靈活性更高。你可以在任何時候存入和提領資金，皆不會受到任何處罰，存入或提領的金額也沒有限制。

如果你在應稅帳戶中的投資持有一年以上才賣出，你將支付較為有利的長期資本收益稅率，依你的稅率等級交稅 0%、15%或 20%。如果你的投資持有不到一年就賣出，你將支付較高的短期資本收益稅率，跟一般的所得稅率差不多。

如果你計畫在 59 歲半之前退休，或是在有資格享受社會保險金之前退休，那麼你的應稅帳戶將會是被動收入和流動資金的主要來源。所以即便沒有稅賦優惠，也要盡可能擴大這些帳戶的規模，這便是理財武士的主要目標之一。

具稅賦優惠的退休金帳戶之優點

具稅賦優惠的退休金帳戶包括 401(k)、403(b)、401(a)、457(b)、傳統 IRA、羅斯 IRA、SEP-IRA、SIMPLE IRA、SIMPLE 401(k) 及羅斯 401(k)。有些人甚至使用健康儲蓄帳戶（HSA）做為退休工具，具稅賦優惠的退休金帳戶是遞延課稅或免稅的。

最受歡迎的遞延課稅退休金帳戶是 401(k) 和傳統 IRA，投資人是用稅前收入存入這些計畫，這意味著你享有前期所得稅寬減（up-front tax break），等到你退休後提領資金時才要繳稅，這代表這筆稅金是遞延課徵的。

但存入羅斯 IRA 或羅斯 401(k) 這類免稅退休金帳戶的錢，則是已經繳過所得稅了，所以這些戶頭裡的投資成長是免稅的，而且退休後符合資格時領的錢也是免稅的，所以這類帳戶被認為是免稅的。

可節稅的投資策略

你的目標是將所有具有稅賦優惠的退休金帳戶存好存滿。繳稅會減少投資回報，且是大多數人最大的持續義務（ongoing liability）。所以我們必須學習節稅策略、掌握最新的稅法，並遵循以下的投資架構：

存入稅賦優惠退休金帳戶的錢皆設定為自動扣款

因為你存入每個稅賦優惠退休金帳戶的額度是有限制的，隨著你的收入和儲蓄欲望的增加，你最終應該會達到這些上限。請各位按照你的年齡遵循適當的資產分配架構，就可以看著你的稅賦優惠退休金帳戶不斷成長。

盡量擴大應稅帳戶的規模，以獲得被動收入

當你所有可利用的稅賦優惠退休金帳戶全都達到提撥上限時，你最大的目標就變成盡量擴大你的應稅帳戶，這就是我為什麼會建議各位，稅賦優惠退休金帳戶存好存滿後，還應將至少 20％的稅後收入存起來。基本上，如果你想早日實現財務自由，就要把手上的「閒錢」盡量存起來，存錢的百分比越高越好。

假設你的年薪是 10 萬美元，把總收入的 25%存起來就是 25,000 美元，如果你能做到這一點，算是一個不錯的目標。但其實你應該嘗試儲蓄 35,000 美元以上——20,500 美元存入你的 401(k)，剩下的錢扣除支出後設法再存 1 萬美元——就像圖表 6-1 這個例子：

圖表 6-1　年薪 10 萬美元的儲蓄案例

$100,000	年薪
$20,500	401(k) 扣款
$79,500	401(k) 扣款後的應稅收入，忽略標準扣除額
$67,575	繳完 15%所得稅之後的錢
$27,575	生活費
$40,000	扣掉 401(k)、稅金和生活費後的剩餘所得
$10,000	4 萬美元存 25%
$35,000	儲蓄總額：減 401(k) 的 20,500 +10,000 的「閒錢」

隨著你的收入成長，你存下來的「閒錢」也該增加。例如當你的年薪成長到 20 萬美元時，你的支出和儲蓄率保持不變，那麼你最終可以向 401(k) 繳款 20,500 美元，並且從你的閒錢中額外再儲蓄 3 萬美元。收入變高但開支保持穩定，想不富裕也難。

你的目標應該定為：應稅帳戶的價值 vs 稅賦優惠退休金帳戶的價值為 3：1。換句話說，你在應稅帳戶中的資金，應該要比你在稅賦優惠退休金帳戶中的資金多 3 倍。雖然乍聽之下你會覺得怎麼可能，但你可以存入應稅帳戶裡的金額是沒有上限的，所以你應該好好利用複利的強大力量。只要你持續努力存錢，你的應稅帳戶的餘額，最終應該會超過稅優帳戶的餘額，這大約需要 8 至 10 年的時間。

別去管你的應稅帳戶和稅賦優惠退休金帳戶的餘額有多不平衡，重點是讓應稅帳戶中持有較多的節稅型投資，稅賦優惠帳戶中持有較少的節稅型投資，這樣是比較理想的。

圖表 6-1 顯示的是各個帳戶最適合持有哪些類型的投資。

圖表 6-2　節稅投資：投資在哪裡可以獲得更高的回報

應稅帳戶	稅賦優惠帳戶
市政債券、國債、聯邦政府儲蓄債券（I bonds）	你不打算持有滿一年的個股和基金
符合條件的配息股票和基金	高周轉率的主動式管理基金（actively managed funds）
ETF 和指數基金	應稅債券基金、零息債券、高收益債券
你打算持有超過一年的個股／基金	REITs、eREITs、房地產眾籌
低周轉率基金	結構型債券、配息時間不確定的投資

資料來源：理財武士網站

如果你是個喜歡頻繁變動你的資本的交易者，請在稅賦優惠帳戶中這樣做，如果你是在應稅的證券帳戶中頻繁交易，那你是在自找麻煩。相信我，這是我的慘痛經驗之談！我二十多歲的時候，因為喜歡進行當沖交易，曾在一年內做了一千多筆交易。結果我在報稅前不得不花好幾個小時，來確認我的每筆交易都有適當的成本基礎（cost basis，指扣除佣金或其他開支之後的最終購買成本價格）。為這種事情頭痛和承受壓力是不值得的。

請別浪費時間做股票或 ETF 的當沖交易，這種行為不但浪費時間還很耗精力。如果你是在上班時間做這些事，搞不好還有可能丟工作。有一年，國際證券部門的負責人把我拉進一間會議室，問我在工作中做這麼多交易是怎麼回事；他們可以看到我在工作電腦上做的一切，從那時起我就被盯上了。

現在我把市政債券全配置在我的應稅帳戶中，那些不配息的成長型股票也都在應稅帳戶中，我還盡量利用轉存 IRA（rollover IRA，允許你把 401(k) 之類有雇主支持的退休金帳戶轉入）來進行那些配息時間不確定且較為私人的投資（例如私人公司、小型企業或新創公司）。

我的稅賦優惠退休金帳戶當然是存好存滿啦，因為我未來 20 年內應該都不會動用它們；而且這些帳戶中的股票和其他風險較高的投資項目，會比在應稅帳戶中多，因為如果我想動用這些資金就必須繳罰金，所以我會乖乖打消念頭。

預測你的收入以減輕稅負

除了要考慮到投資的節稅，你還應算清楚投資可能產生的被動收入、來自你的正職及副業的主動收入，這點非常重要。你的投資收入應納稅額，將根據持有時間的長短、投資收入的金額，以及你的收入總額來計算。如果你有投資收入，而且你的經調整後總收入超過 20 萬美元（單身者），或是超過 25 萬美元（已婚夫婦），你可能還需要繳納 3.8%的淨投資入稅（NIIT）。

你對預期投資收入越能精準預測，你就越能兼顧節稅與盡到納稅義務。圖表 6-3、6-4 顯示的是短期資本利得和長期資本利得的稅率差異。大家會發現，從投資獲取收入的節稅效率更高。（本來就該是這樣，因為你用來投資的錢是已經繳過稅的。）

圖表 6-3　單身者的短期和長期資本利得稅率

所得	短期資本利得稅率（所得稅率）	長期資本利得稅率
$10,275 以下	10%	0%
$10,276 至 $41,775	12%	$41,675 以下 0%
$41,776 至 $89,075	22%	$41,675 以上 15%
$89,076 至 $170,050	24%	15%
$170,051 至 $215,950	32%	15%
$215,951 至 $539,900	35%	$459,750 以下 15%
$539,900 以上	37%	$459,750 以上 20%

註：表中數字是 2022 年美國國稅局公布的稅率。短期資本利得稅是對出售持有不滿一年的資產之獲利課稅，且其稅率等於你的聯邦邊際所得稅稅率；長期資本利得稅則是對出售持有超過一年的資產所產生的獲利課稅。

資料來源：國稅局及理財武士網站

圖表 6-4　夫妻共同申報適用的短期和長期資本利得稅率

所得	短期資本利得稅率（所得稅率）	長期資本利得稅率
$20,550 以下	10%	0%
$20,551 至 $83,550	12%	$83,350 以下 0%
$83,551 至 $178,150	22%	15%
$178,151 至 $340,100	24%	15%
$340,101 至 $431,900	32%	15%
$431,901 至 $647,850	35%	$517,200 以下 15%
$647,850 以上	37%	$517,200 以上 20%

註：表中數字是 2022 年美國國稅局公布的稅率。短期資本利得稅是對出售持有不滿一年的資產之獲利課稅，且其稅率等於你的聯邦邊際所得稅稅率；長期資本利得稅則是對出售持有超過一年的資產所產生的獲利課稅。

資料來源：國稅局及理財武士網站

假設你已經知道你投資的結構型債券或某筆大額私人投資即將在某一年到期，你就應盡可能減少那一年的主動收入，以減輕你的稅務負擔。如果你是受僱者，可以把一部分薪資或獎金，遞延到次年或分好幾年納稅。如果你是雇主，可以提高當年度的資本支出，並把年終的發票延後到新的年度再開立。

越清楚掌握自己的投資細節，就越能優化

隨著你的淨資產逐漸成長並變得更加複雜，你就要更清楚掌握自身財務狀況的各個面向。你要在行事曆上標示各個配息活動，或是使用試算表或 Personal Capital 提供的免費線上工具，來清楚掌握你的財務狀況。你越清楚掌握自身的財務狀

況，就越能優化你的財務狀況。

還有，記得平均分攤你的收入，以便適用較低的稅率。舉例來說，兩年內每年各賺 13 萬美元要繳的稅，可能少於第 1 年賺 26 萬美元、第 2 年賺 0 美元：因為 13 萬美元不但能適用 24％的邊際稅率，而且還能享受更多的稅額抵減（tax credits，從應納稅款總額中扣除一定金額），以及較少的最低替代稅（alternative minimum tax）；26 萬美元的邊際稅率高達 35％，而且還會排除許多稅賦優惠和扣除額（deduction）。

你在決定該把錢投資在哪裡時，要留意稅法的規定和相關的稅賦優惠。把錢存入稅賦優惠退休金帳戶進行長期投資，跟把錢存入應稅帳戶進行短期投資，兩者的結果會顯著不同。它們的結果取決於幾個因素，而你的整體稅務狀況影響極大。

羅斯 IRA vs 傳統 IRA[1]

各位已經知道我一再強調把你的 401(k) 存好存滿，因為 401(k) 是那些沒有年金的人，最重要的稅賦優惠退休金帳戶；你不僅可以自行向 401(k) 提撥最多的錢，而且還可以享有公司提供的相對提撥和獲利分享。還有個好消息，退休者只要符合收入限制，可以同時把錢存入 IRA 和 401(k)。

我們先快速介紹一下 IRA。傳統 IRA 的功能很像 401(k)：它是一個可以讓你把稅前收入存進去的退休帳戶，只要年滿 59 歲半，從你的 IRA 提款便不必繳罰金，但是你要為你提撥到該帳戶的錢支付所得稅，這點也跟 401(k) 一樣。

傳統 IRA 和 401(k) 的重大區別包括：應稅所得減免的收入限制、存入款上限（contribution limits）、401(k) 只能透過雇主提供，以及 IRA 有更多的投資選擇（不限於雇主委任的證券公司所提供的選擇）。要把稅前資金存入傳統 IRA，你的收入不能超過一定的金額，401(k) 則無此門檻，但雇主的相對提撥額度則有上限，各位請上國稅局的網站查看最新的限額。

羅斯 IRA 和傳統 IRA 的不同之處在於前者設有收入上限，而且羅斯 IRA 只能存入稅後的錢，但這些錢可享有免稅複利（compound tax free）。

關於在 59 歲半之前提款的規定，傳統 IRA 和羅斯 IRA 都比 401(k) 更有彈性，只要符合以下情況，兩者都允許你提前提款且不必支付 10%的罰款：

- 符合資格的高等教育費用；
- 符合資格的房屋首購（最多 1 萬美元）；
- 失業時支付健康保險費。

究竟該選擇傳統 IRA 還是羅斯 IRA，可得考慮清楚，因為美國國稅局對這兩種 IRA 都有設定每年的存入金額上限。換句話說，如果每年的存款上限是 6,000 美元，即使你同時擁有傳統 IRA 和羅斯 IRA，你存入兩者的總額不能超過 6,000 美元。這個上限會隨通貨膨脹而調高。

自由業和自僱者必看！

無法使用 401(k) 的自由業（freelancer）和自僱者（self-employed），一定要考慮 SEP-IRA 或個人 401(k)。SEP 是指簡化員工退休金（Simplified Employee Pension），美國國稅局允許自僱者將每年淨收入的 20%存入 SEP-IRA，自由業則可以用受僱者與雇主的身分繳款至個人 401(k)。2022 年這兩個退休帳戶每年的存款上限是 61,000 美元。

我在 2013 年犯下的理財錯誤之一就是沒有開立個人 401(k) 帳戶。我在 2012 年辭去正職工作時，並不知道我可以透過個人 401(k) 帳戶存入我的稅前資金。身為一人公司「老闆」（solopreneur）的我，可以用受僱者的身分，最多存入 17,000 美元到我的個人 401(k) 帳戶裡，而且還可以用雇主的身分，額外再存入 25%的薪酬。

那你打算選擇哪一個？

首先，我們假設你的綜合所得淨額（AGI）符合開立羅斯 IRA 的資格（許多人會因為收入太高而無法做此選擇）。

那麼你的第一個最佳行動就是把你的 401(k) 存好存滿，如果你做不到，至少要把你們公司提供的相對提撥額度用好用滿，絕對不要「浪費」這部分。圖表 6-5 是 401(k) 的員工和雇主歷年來的提撥金額上限。

如果你的 401(k) 額度已經用完，但你還有錢可存，那你的下一個最佳行動就是存入羅斯 IRA。當你的所得稅邊際稅率較低時，把錢存入羅斯 IRA 是合理的，因為你是把稅後的錢存入羅斯 IRA，所以日後這些錢的成長皆是免稅的，而且還可以免稅提領。（如果你最終在退休時比原本預期的更富有，這個選擇就更划算了。）

美國稅法的最低提款要求（required minimum distribution）規定，你最晚到 72 歲時，就要從你的 IRA 和所有雇主贊助的退休計畫中提款，此一規定最終意味著你的納稅義務將會增加。但如果你是一個能夠等到最高年齡才提領的人，那意味著你的收入和／或淨資產應該頗高。所以從賦稅多樣化的角度來看，在退休後有個羅斯 IRA 帳戶可以提領退休金，是非常有利的，而且你還可以把你的羅斯 IRA 傳給受益人。

圖表 6-5　401(k) 歷年來的提撥上限

年度	員工自提	雇主相對提撥	提撥總額	年滿 50 歲的追加提撥
2022	$20,500	$40,500	$61,000	$6,500
2021	$19,500	$38,500	$58,000	$6,500
2020	$19,500	$37,500	$57,000	$6,500
2019	$19,000	$37,000	$56,000	$6,000
2018	$18,500	$36,500	$55,000	$6,000
2017	$18,000	$36,000	$54,000	$6,000
2016	$18,000	$35,000	$53,000	$6,000
2015	$18,000	$35,000	$53,000	$5,500
2014	$17,500	$34,500	$52,000	$5,500

（接下頁）

年度	員工自提	雇主相對提撥	提撥總額	年滿 50 歲的追加提撥
2013	$17,000	$34,000	$51,000	$5,500
2012	$17,000	$33,000	$50,000	$5,500
2011–2009	$16,500	$32,500	$49,000	$5,500
2008	$15,500	$30,500	$46,000	$5,000
2007	$15,500	$29,500	$45,000	$5,000
2006	$15,000	$29,000	$44,000	$5,000
2005	$14,000	$28,000	$42,000	$4,000
2004	$13,000	$28,000	$41,000	$3,000
2003	$12,000	$28,000	$40,000	$2,000
2002	$11,000	$29,000	$40,000	$1,000
2001	$10,500	$24,500	$35,000	
2000	$10,500	$19,500	$30,000	
1999–1998	$10,000	$20,000	$30,000	
1997–1996	$9,500	$20,500	$30,000	
1995–1994	$9,240	$20,760	$30,000	
1993	$8,994	$21,006	$30,000	
1992	$8,728	$21,272	$30,000	
1991	$8,475	$21,525	$30,000	
1990	$7,979	$22,021	$30,000	
1989	$7,627	$22,373	$30,000	
1988	$7,313	$22,687	$30,000	
1987–1986	$7,000	$23,000	$30,000	
1985–1982	$30,000	$30,000	$60,000	
1981–1978	$45,575	$45,575	$91,150	

資料來源：國稅局及理財武士網站

終極版的躺著賺：幫孩子開個羅斯 IRA 帳戶

大多數人都以為 IRA 只跟自己的退休有關，殊不知為你的孩子開立一個託管型羅斯 IRA（custodial Roth IRA）是非常有價值的。它不僅可以從小培養孩子的敬業精神，而且還能讓他們明白節稅投資的強大力量。況且因為美國國稅局允許提前提領符合規定的費用，例如教育費和首次購屋的費用，所以為孩子開立一個羅斯 IRA，能讓他們在傳統的退休年齡之前，便獲得有力的財務幫助。最終你的孩子會感謝你鼓勵他們認真工作，並在他們還年輕的時候就擁有羅斯 IRA 帳戶。

如果你擁有一家小公司，你就可以用合理的薪資僱用你的孩子，你付給他們的錢是一項營業所得扣除額（business deduction），可以減少公司的應稅所得。與此同時，你存入他們的羅斯 IRA 帳戶的錢，是免稅（如果他們的收入低於標準扣除額）或適用較低的所得稅率，然後又可享有免稅複利。但大家要注意：你的孩子必須確實有為你的公司工作，而且必須跟其他員工一視同仁，不能因為是自家的公司，就給出 1,000 美元的誇張時薪。

如果你沒有開公司，不妨鼓勵你的孩子為鄰居修剪草坪、洗車、在商場做一份最低薪資的工作，或其他工作來賺取別人的錢，然後把賺來的錢存入他們的羅斯 IRA。

假設標準扣除額是每人 12,950 美元，而羅斯 IRA 的存入上限是每人 6,000 美元，那麼一個人基本上可以「賺到」12,950 美元的標準扣除額，然後在羅斯 IRA 存入 6,000 美元，這筆錢也是免稅的。如果一個人從 16 歲開始每年存入 6,000 美元，假設複合投報率為 8%，到 26 歲時，他的羅斯 IRA 帳戶裡將會有大約 10 萬美元，很棒吧！

還有另一個好處，存進羅斯 IRA 帳戶的錢可以隨時提領並用於任何用途。所以如果你的孩子想用自己賺的錢買他們的第一輛車，或是跟大學同學一起出國旅行，就可以用羅斯 IRA 裡的錢支付這些費用。

複利是金融領域最強大的力量之一，你越年輕就開設羅斯 IRA 帳戶越好，假設投報率為 6.1%，且按月計息，如果你每年存 6,000 美元到羅斯 IRA，60 年後該帳戶將成長到大約 21 萬美元。

為你的孩子開設羅斯 IRA 託管帳戶，有兩件關鍵的事情必須知道：

1. **沒有最低年齡限制**。任何年齡的孩子都可以把錢存入羅斯 IRA 帳戶。
2. **孩子必須有勞動所得**。國稅局對勞動所得（earned income）的定義是應稅收入和薪資——透過僱傭關係（W-2 job，W-2 是雇主發給雇員的全年薪資表，無論是兼職還是全職，只要雙方存在僱傭關係且有薪資收入就會收到 W-2），或是從當保姆或遛狗這類自營工作賺來的錢，所以小嬰兒也可以當模特兒來賺錢，即使是替你自己的部落格或其他業務拍照都 OK。不過大家務必要向稅務專家諮詢，以確認最新的稅法規定。

很多父母想知道，他們付給孩子做家務的錢是否可以列為扣除額，是否有資格申請羅斯 IRA 帳戶，很遺憾，答案是否定的。爸媽可以付錢請孩子做家務，但這樣的收入不符合資格加入羅斯 IRA 計畫；你可以為他們開立一個託管的投資帳戶，但這種帳戶沒有稅賦優惠。

如果你打算付錢僱用你的孩子到你的公司工作，你要先確定你已經妥善處理好自己的退休儲蓄計畫。畢竟，你適用的是較高的稅率等級。如果可能的話，先把你個人的 401(k)、SEP-IRA 或 Roth IRA 額度用好用滿。你肯定不想在孩子有能力獨立生活之前，讓你的家庭財務有風險。

各位家長還需留意另一個風險：你的孩子長大成人後，有可能會把他們的羅斯 IRA 的錢都花在無用的東西上。不過說實話，自己付出勞力賺來的錢，應該比較不會隨便揮霍掉；你的孩子反倒比較可能會想辦法賺更多的錢，因為他們明白努力工作的價值。關鍵是從小就開始教育你的孩子，讓儲蓄和投資成為一種自然的生活方式。

主動式 vs 被動式管理指數基金和 ETF

選擇不斷出現！

在你決定該把錢存入 401(k)、羅斯 IRA 或是基本的應稅證券帳戶後，你還需要弄清楚該投資什麼，且讓我們先聚焦在基金上。基金主要有兩種類型：

1. 主動式管理的基金；
2. 被動式管理的指數型基金和指數股票型基金（ETF，是被動追蹤某一指數表現的共同基金，其投資組合盡可能完全比照指數的成分股組成，並且在集中市場掛牌，如同一般股票交易買賣）。

主動式基金的經理人，會積極挑選表現最優異的個別項目來投資，只做長線的主動型基金，其經理人的主要目標是戰勝基準指數。

被動型指數基金則不投資個股，而是投資於構成其追蹤之特定指數的頭寸（positions）。標準普爾 500 指數是最常見的指數基金之一，它的成分是美國 500 家大企業。一個被動式基金會投資跟標普 500 指數一模一樣的成分股，就連權重也完全照抄。

ETF 則是像普通股票一樣在開放的交易所買入和賣出的一籃子資產，跟只在一天結束時定價的共同基金不同。再者，兩者的成本可能也有差異，但你想要投資哪一種都行，因為它們或多或少都達到了投資某特定指數的相同目的。就個人而言，我擁有的主要是 ETF。

主動型基金管理業十分龐大，因為每個人都希望自己的績效能贏過市場的平均投報率——但資料一再顯示，只有一小撮人能做到這一點；大多數主動型基金不僅表現不佳，而且它的較高費用也削減了回報，根本是個雙重打擊。從長遠來看，建立財富更可靠的方法，是把你的股票投資組合的絕大部分，放入指數基金或指數 ETF。

指數＋策略

因為想要績效超越指數有其難度，所以你的70/30決定是將**8成以上的股票投資分配給指數基金或指數ETF**，其餘的可以分配給主動型基金、你信任、喜歡及有使用其產品的公司之股票。畢竟，如果你只投資於指數基金和ETF，你的績效永遠不會超越那些做同樣事情的人，而早日實現財務自由的關鍵之一就是超越大眾的表現，我把這種股票投資策略稱為「指數＋」策略。

以下的情況你只要符合其中兩項，主動型投資就適合你：

- 會查看期貨市場的情況
- 至少在股市開盤前30分鐘起床，並閱讀所有的新聞
- 喜歡與管理層進行季度電話會議
- 喜歡瀏覽股票投資的留言板
- 在資金管理行業工作
- 撰寫跟股票和市場相關的文章

投資是種長期遊戲，獲得幾十年的複利回報是件很美好的事。但投資也是為了盡量減少遺憾，每個人肯定都有遺珠之憾：要是我在10年或20年前投資它，現在就賺翻啦！其實押對個股而暴富的情況是很罕見的，但只要你的投資組合中出現1成表現特別優異的標的，也能讓你賺得眉開眼笑。我之所以偏愛1成法（10％ approach）：是因為它的比重有點重又不會太重，就算你衰到全部押錯寶，也不會搞到傾家蕩產。

主動投資還附帶教育意義，當你投資某項資產後，你就會

開始更加關注相關的經濟新聞、股市和趨勢；你會開始研究該公司或該資產，你還會開始更認真研究投資的整體運作成效、數據的意義，以及它如何影響你的投資帳戶中的數字。即使你賠了錢，你也會獲得豐富的知識，希望這些知識能使你長期下來成為一個更明智的投資人。

如果你不熱衷於自行挑選贏家股，那就把你的股票投資全部配置到各種指數基金或指數目標日期基金（index target date fund）即可，即便是只包含 2 或 3 個指數基金的簡單投資組合都行。雖然你永遠不會獲得令人驚嘆的超額收益，但你的績效也絕不會遜於收費不低的指數基金和 ETF。

現在的我想要投資那些擁有優秀管理團隊且領導人高瞻遠矚的公司，因為像我這樣的生活方式企業（lifestyle business，一般屬於小企業，設立的目標通常是維持特定的收入水準，而非一味追求更高的收入，更側重創立者個人的興趣、愛好和技能）經營者，非常敬佩那些永遠想贏的人的聰明才智和敬業精神。一個不斷成長的行業只要有個優秀的領導者，那一切就水到渠成了。

成長型股票 vs 配息股票

如果你對我的「指數+」策略感興趣，那麼你的下一步行動就是找到你的「+」。說到投資股票，要先搞定一個重要的大問題：配息股（dividend stocks）和成長股（growth stocks），哪種比較好？

對於較年輕的投資者（40 歲以下）來說，**70/30 的做法是投資成長型股票為主**（而非配息股），因為這能讓你快速累積更多資本的機會大增；但相對來說，你可能經歷更大的波動幅度和更慘重的拋售。在你職業生涯的早期，你的首要任務是盡量累積最多的月開銷（financial nut，一個月的最低基本生活費），而擁有成長型股票就是實現此一目標的最佳途徑，當你擁有一份正職工作的收入時，股息收入相對就沒那麼重要了。

成長型股票是指把絕大部分獲利拿去再投資以進一步壯大的公司，這些公司的管理階層相信，與其配發收益率 3% 的股息，不如投資新的產品和商業機會，才更能提高未來的利潤和股東價值。成長型股票傾向於押寶未來，而配息股則較偏向押寶於確定的現在。

投資人對於擁有配息股有個主要的誤解：認為股息是免費的，但其實配發股息會降低公司資產負債表上的現金數額，這反過來會降低公司的整體價值。試想：假設你擁有一家公司，它向股東支付了 100 萬美元，如果你隔天想賣掉這家公司，買家很可能就會少付 100 萬美元。

配息股在付完季度或年度股息後，股價之所以會回到付息前的水準，主要原因是人們預期該公司將會繼續賺錢、且會持續配發股息。例如大眾都預期可口可樂這樣的公司將會繼續產生足夠的現金流來支付下一筆股息，就像它過去幾十年來所做的那樣。

但如果隨著時間的推移，公司的成長無法彌補配息損失的價值，那麼公司的價值就有可能會下跌。要是你不巧投資了一家沒有成長且正在削減配息支出的公司，那真的是啞巴吃黃蓮，有苦說不出。但如果成長型企業突然決定配息也要注意，有可能代表公司的現金不斷成長，但管理階層卻沒能找到夠多的投資機會。

如果你在年輕時投資配息股，你可能會在心中暗自期望未來幾十年能吃到菲力牛排，在那之前就隨便吃吃吧，但是當你達到理想的退休年齡時，你很可能會嘔到捶心肝：「說好的大餐咧？」

自 1995 年以來，我擁有的少數幾支賺到手軟的倍升潛力股（multibagger return stocks，指回報率超過 100％的股票）中，沒有一支是配息股。雖然隨著時間的推移，配息股可能會提供穩健的回報，特別是那些獲利和配息率不斷成長的公司，但是這類股票確實較難幫助你達成提早退休的目標。

按年齡劃分的成長型股票投資額

各位或許還記得，我曾在第 3 章提過，配息股是我最喜歡的被動收入來源之首，但投資這類股票的最佳時機，其實是在你退休或接近退休的時候。圖表 6-6 是一份按年齡劃分的成長型股票投資額度指南：

圖表 6-6　成長股 vs 配息股的投資比重

年齡	成長股	配息股
25 歲以下	100%	0%
2 6 至 30 歲	100%	0%
31 至 35 歲	90%	10%
36 至 40 歲	80%	20%
41 至 45 歲	70%	30%
46 至 50 歲	60%	40%
51 至 55 歲	50%	50%
56 歲以上	40%	60%

配息股配發的股息是要課稅的，如果你的正職工作收入已經很高，那麼賺取更多的股息收入反倒是次優的做法，儘管股息的稅率較低。若從繳稅的角度來看，當你適用最高級距的邊際稅率時，最好以投資成長型股票為主，當你適用最低級距的邊際稅率時，則較適合投資於配息股。

當你的主動收入很高時，你可以承擔更多的風險；當你的主動收入最低時，投資配息股是最有價值的，所以我才會建議各位自 50 歲開始平均分配。

將一定比例的股票投資放在成長型股票是件好事，當你的年齡與財富雙雙增加，你的投資組合裡的美元絕對價值可能也會越來越大。如果你的投資組合中的「加分」部分在 60 歲時膨脹到 100 萬美元，即使把成長型股票的投資比例調低到 60%，你的投資金額仍將高達 60 萬美元。

用房地產取代配息股

購買成長型股票並投資於房地產（而非配息股或債券）的投資配置，算是相當高明的。此一超強組合在牛市期間能同時提供兩者的優勢：高成長和收入。房地產的收益率甚至高過標準普爾 500 指數中的 65 家股息貴族，它們是最老牌的配股息企業。再者，當經濟蓬勃發展時，房地產價格通常表現強勁。

雖然你的成長型股票在熊市期間有可能表現不佳，但你持有的房地產的表現有可能會超過配息股。在艱困時期，投資者會湧向安全的債券，以及既能提供使用、還能產生收入的實體資產。

最後一點，如果從收入的角度來看配息股和收租用的房地產，還挺有趣的：房地產的價值並不會因為它每月產生的租金而下降，我們甚至可以把租金視為一種「增添的股息」（dividend plus）。相反地，當一家公司配發股息時，公司的價值會因為支付這筆金額而在一段時間內下降，雖然公司的股價可能會在配發股息後迅速恢復，但相較之下，房地產投資人完全沒有這方面的顧慮。只有當預期的租金收入發生變化時，房地產投資人才需要重新計算其房產的估值。

天使投資：要或不要？

不要。

如果你是個沒有家世背景、沒有人脈關係的普通人，天使投資完全不值得冒險。

我做了 20 多年的天使投資之後領悟到：跟著有關係的人一起投資天使基金，會比你一個人單打獨鬥好得多。

所謂的天使投資是指創投的早期階段，但現在天使投資的定義已經從種子前（preseed）融資延伸到種子投資，甚至還包括 A 輪投資。

即使投資真的成功了，數字通常也不像你想像的那樣大。我拿我在 2010 年對某家杜松子酒公司的 6 萬美元投資為例跟大家分享。我的投資在 10 年後終於配發紅利了——但回報卻很慘澹。最初我還以為我會獲得大約 3 倍的回報（18 萬美元）：因為該公司的售價在扣除費用後為 4,900 萬美元，而我是在該公司約有 1,000 萬美元的交易後估值（post-money valuation）時參與投資的。但考慮到股東因後續幾輪的融資被稀釋了，所以我以為我的獲利假設是合理的，哪裡料想得到我的投資成果居然是這樣：

總收益：98,425.88 美元

預扣聯邦所得稅：0 美元

預扣州所得稅：6,523.82 美元

淨收益：91,902.06 美元

搞什麼？經過近 10 年的時間，投資總收益竟然只有 98,425.88 美元，我的投資回報率竟然只有 64％。而且這些年來我的流動資金為 0，並對能否拿回我的 6 萬美元早已失去希望了。仔細算一下，我只獲得了 5.1％的內部回報率（internal rate of return）*，只比我剛到期的 4.1％、7 年期擔保定存好一丁點。

但是該公司的售價明明是我買入時的 5 倍，那麼所有的錢都去哪兒了？根據我收到的一份內部文件顯示，我們必須付錢給一堆銀行家、律師、第三方託管（escrow）、會計及一般行政費用。我們還得支付遣散費給所有員工（這是理所當然的，因為新的母公司接手後他們就變成冗員了）。當然啦，還有新的投資者稀釋了現有股份的影響。但身為一個天使投資人或是稍後期的私募股權投資人，你是不會清楚其中所有的財務狀況的，這裡頭水太深啦。

所以千萬不要被天使投資者的表面風光給迷惑，以下是你應該謝絕天使投資的原因：

原因 1：你沒有任何優勢

某天我跟紅杉資本的一名合夥人一起享用日本料理，紅杉資本是業內最好的創投公司之一，曾出資數十億美元支援蘋果、谷歌、甲骨文、貝寶、雅虎、YouTube 和 WhatsApp。但是據他透露，紅杉的戰績是 7 敗 1 勝，換句話說，按照紅杉的

---

* 內部回報率（IRR）是使一個專案的淨現值（NPV）歸零的貼現率。換句話說，它是一個專案或投資將獲得的預期複合年回報率。

情況，你必須願意下 8 個類似規模的賭注。再者，你願意接受 87.5%的投資會賠錢，然後祈禱有一筆交易能 10 倍奉還！除非你非常富有，否則我只能祝你好運。

最好的創投公司能獲得所有優先審查的機會，這些創投公司僱用了一群最聰明的人，每週花 50 多個小時審查一家又一家的公司，他們甚至經常能看到競爭對手的資訊，讓他們得以評估誰有可能勝出。他們還會與同業談論其他公司及其他創投正在做什麼。相比之下，你我這樣的普通人根本不可能獲得任何優先審查機會的。個人天使投資者只能「撿食」那些被創投公司拒絕的公司，這真的很不公平。

原因 2：別忘了你是用自己的錢投資

做創投是有史以來最好的工作之一，因為你的年薪在 25 萬至 100 萬美元之間，而且是用別人的錢投資，所以就算你投資失敗，你也不會受到任何的負面影響。在創投基金 8 至 10 年的壽命裡，你都可以領到你的基本薪資，如果你的投資績效很好，你就可以用別人的錢以套利的形式賺取更多的錢。

但是個人天使投資人，是用自己的錢投資。如果我想遵循紅杉資本的投資模式，我必須以個人名義投資 8 家實力尚未經驗證的公司，假使每家投資 6 萬美元，總額就要 48 萬美元。其他投報率更差的創投公司的勝負率是 1：9，換句話說，我必須投資 60 萬美元才有可能賺到錢。即便我們每筆交易「只需」投資 25,000 美元，我想大多數人應該不會願意花 25 萬美元冒險從事創投投資。

原因 3：你的股份會被稀釋

身為一名弱勢投資者，你在管理決策或募資回合中沒有發言權。如果新創公司需錢孔急，它有可能會犧牲你的權益，給未來的投資者提供甜心交易（sweetheart deals，雙方以非正式或非法的方式私下達成協議或做一些安排），其中之一就是優先清算權（liquidation preferences，擁有此權的股東可以優先於其他股東分得公司清算後的資產）。

假設某家創投公司在投資 100 萬美元購買新創公司 50%的股份後，擁有 2 倍的優先清算權，創辦人擁有 30%的股份，而你這位天使投資者，在投資 10 萬美元後擁有 20%的股份。如果後來公司以 200 萬美元出售，你以為你可能會得到 40 萬美元的回報，但你實際上只得到 0 美元的回報，因為創投公司在清算事件中得到了它最初 100 萬美元投資的 2 倍回報。與此同時，創始人的回報也是 0 美元！

所以你要明白，你投資的私人公司每展開新一輪的募資，你的股份平均會被稀釋 20%。

原因 4：你的流動資金為 0

要是你在典型的 8 至 10 年持有期中，遇到急需用錢的緊急情況，那你就慘了。除非新創公司出售或股票首次公開發行，否則你將永遠無法拿回你的錢，因為 90%的公司都會失敗，9%的公司最終只能勉強維持生存，即使你等上 50 年，也可能永遠拿不回你的錢。

原因 5：回報根本沒那麼大

雖然很多文章或媒體報導都說天使投資和創投賺很大，但其實一般的天使投資人回報慘不忍睹：自 2001 年迄今，其年投報率的中位數為 0% 至 2%。但因為頂級創投公司真的賺很大，使得同一期間的年投報率的算術平均數（mean）看起來比較像是 8% 左右，不過這樣的數字與標準普爾 500 指數的回報率相比，一點也不特別。

如果你無論如何都想在早期募資階段就投資新創公司，請盡量投資於頂級的創投基金，如 Andreessen Horowitz、Sequoia、Kleiner Perkins、Benchmark 等。問題是你很難擠進朋友家人這一輪募資，這些人的過去資歷較好，獲得資本的機會好很多。

我把天使投資歸類為另類投資，另類投資僅占我的淨資產的 0% 到 20%，至於能投入天使投資的金額，以你願意 100% 認賠的額度為限。

另類投資是個正在蓬勃發展的資產類別，但我們必須明白自己的斤兩，我們完全不具備超級富豪、捐贈基金（endowment funds，由已註冊的組織持有，用於某些特定的非營利目的）和機構基金（institutional funds，僅供大型金融機構使用的投資基金）的優勢。所以你要進行另類投資的 70/30 行動，是跟著那些有關係的人投資，而且你必須支付比指數基金高得多的費用——年費為你的承諾資本（capital commitment，承諾投入風險投資基金的資本，可自基金成立後的 3 至 5 年內分期投入）的 1% 至 2%，以及你的獲利的 20%。但如果最終收益遠超過指數基金，想必你也不會介意。

我個人則是一直把大約 5%的投資資本分配給最具投機性的投資，例如加密貨幣。因為 5%這個比例，既足以讓我體驗到有意義的回報之興奮——錯過趨勢真的很令人扼腕——而且就算把 5%的資金全賠光了，也不至於搞到傾家蕩產。

理財武士道

- 實行節稅投資：在應稅帳戶中進行節稅效率較高的投資，在稅賦優惠帳戶中進行節稅效率較差的投資。
- 把握機會努力擴大你的稅賦優惠退休金帳戶，包括你的 401(k) 和羅斯 IRA。如果你最終在退休後比你預期的要富裕得多，你的羅斯 IRA 和羅斯 401(k) 將是受歡迎的稅優多元化投資。
- 將你的公共投資組合（股票和債券）的 80%以上，投資於（被動式管理的）指數基金或 ETF，因為其實絕大多數的主動型基金，其經理人在 10 年內的操盤績效，都無法贏過它鎖定的指數。然後你便可以依照自己的興趣和信念，將不超過 20%的資金投資於個股、主動型基金及另類投資。這些是你試圖超越只敢投資於指數 ETF 或基金的一般投資人的指數加分策略（Index Plus strategy）。
- 如果想更快累積更多的投資資本，你可以趁年輕的時候把投資主力配置在成長型股票；隨著你年齡的成長和對收入的渴望，再逐漸把投資主力轉向配息股。這樣的安排不僅節稅效率較高，而且也配合你的人生階段。

- 謝絕天使投資。如果你真的很想投資創業初期的公司，請投資有優勢的人管理的天使基金。
- 市場上一直都有讓人賺到手軟的投資，所以你可以拿 5%的資本投資最具投機性的標的。

第 7 章

搞懂房地產，更快致富

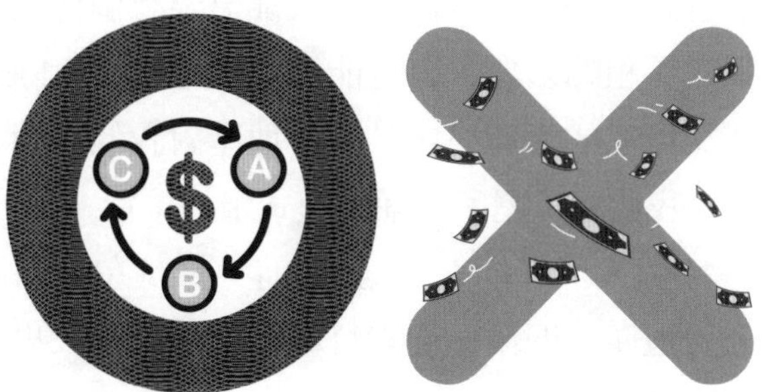

關於房地產投資足以寫一本書，但我們的目標是盡快實現財務自由，所以接下來幾章的內容，我們要從幫助各位創造財富的角度來看待房地產。我們還將探討如何做出投資房地產的最佳決策，但我指的並非亮眼的獲利報表，而是能讓你現在就過上美好的生活，並確保你在財務自由的道路上繼續前進的高明抉擇。

首先我們將從房地產的資金面切入，因為這部分很容易出錯，並害你陷入財務困境，無論是租房還是買房都是如此。情緒會影響我們的判斷，搞不清楚自己負擔得起什麼樣的房子；也無法分辨某個房貸究竟是補藥還是毒藥；就連是否該把房貸再融資（refinance）的決定，都會對我們的財富產生超乎想像的影響。

本章將指導各位做出各種跟房地產有關的金錢抉擇——從你付錢換取住處的那一刻開始。這些決定通通不容馬虎，因為房地產與財富息息相關。我們每個人都需要有個住的地方，所以通貨膨脹對房租的影響，有可能衝擊到每個人，除了那些能夠免費住在父母家的幸運兒之外。房地產對我們究竟是幫助或傷害，取決於我們在房屋所有權方程式中的位置。

我建議每個人最好能在 30 歲之前，嘗試在你的淨資產中擁有一部分房地產。即便你從未打算當個房東，我也希望你至少能擁有一戶自用住宅。

我們與房地產的 3 種關係

請各位理解以下的重要概念：如果你是租屋者，代表你做空房市，因為你只能乖乖接受房東開出的價格。拜通貨膨脹、就業成長及越來越多人成家之「賜」，租金得以不斷上漲，租屋者只能任人宰割。如果你擁有自用住宅，你的立場就變成中立的，因為這房子的價值會隨著市場的變化而上升或下降；而且不論你是付現買房還是貸款買房，你都不會受到租金上漲的影響，但除非你拿房貸再融資和／或出租部分房屋，否則你也無法真正將房價或租金上漲的價值貨幣化。只有當你買了一間以上的房子時，你才算做多房市，這時你便可以透過提高租金和出售你的投資物業來獲得收益。

租屋來住在短期內是 OK 的。如果你剛從大學畢業且剛找到工作，有個地方暫時落腳即可。在你全力衝刺事業時，擁有開放的選擇是件好事，畢竟你有可能為了獲得更好的工作機會而搬到另一個城市。但如果你已確知自己會在一個地方生活 5 年以上，那我會建議你擁有一戶自住房。因為長期租屋住形同做空房市，就跟長期做空標準普爾 500 指數一樣，決非理想的理財決策。

歡迎大家參考我的 30/30/3 買房原則，來買下你的第一個房子。

先算清楚你能負擔多少房貸

購買人生的第一間房可能是你有生以來最傷腦筋的經驗之一，僅次於準備迎接你的第一個孩子。在這個一生中金額最大的購物經驗，你的心情會從怕得要死轉變為充滿希望，所以你需要有個合理的買房原則來遵循，這樣你才不會被自己的情緒搞到六神無主。

雖然一般購屋者會遵循某種準則來計算他們負擔得起的購屋預算，但他們通常無法全盤掌握自己的財務狀況，只會注意到購屋方程式中的一部分，例如已經存下了多少頭期款，或是每月的分期攤還款是否低於租金。這雖然是個好的開始，但是在計算你能負擔得起多高的房價時，務必要通盤考慮你的財務狀況與購屋的成本。

在 2008 年的全球金融危機爆發之前，興致勃勃的購屋者被自己的激情沖昏了頭，再加上他們以為房價只會漲不會跌，所以事前沒做好功課，看到中意的房子便輕易出手了，買下了他們的財務狀況其實負擔不起的房子。與此同時，銀行也像發放萬聖節的糖果一樣輕易核發房貸，這個有毒的組合最終令房市陷入嚴重的低迷，並對數百萬人的生活造成了負面影響。

我在 2009 年創建我的 30/30/3 購屋原則，這是一個基本架構，可以確保各位不會在房地產上過度消費。即使你還不打算買房，我的 30/30/3 原則也可幫助你設定明智的儲蓄和收入目標，這樣你就可以在強大的財務緩衝下實現你的買房目標。

如果你為了買房而搞到每晚都擔心得睡不安穩，那就得不償失本末倒置了！坊間有很多幫助首次購屋者的專案，例如聯邦住宅管理局（FHA）提供的房貸、退伍軍人事務部（VA）提供的房貸，以及各級公家單位提供的首購族頭期款援助方案（DPA）等。不過大家還是要留意以下這些買房風險：只付很低的頭期款、需加購私人房貸保險（PMI，是在你拖欠貸款時用來保護給你貸款的銀行或者貸款公司），或是只能申請到利率較高的房貸。

其實我提出的 30/30/3 買房原則，受到一些讀者的強烈質疑，說這原則太嚴苛了，但這是因為他們的看法不夠全面。畢竟舉債買房茲事體大，怎能不嚴格遵守財務紀律？如果各位能遵循我的 30/30/3 原則——如果無法 3 條都遵循，至少也要做到其中 2 條——那麼你就有 7 成以上的機率，能夠在沒有財務壓力的情況下享受你的房子，說不定遇到經濟衰退時，還能順利撐過並保住你的房子。如果你覺得這些原則太吃力，那你可能需要努力賺更多錢，等存夠錢再買房。

所以無論你現在是否已經打算買房，只要你的財富累積策略有納入房地產投資，買房時請務必參考這 3 條原則。

原則 1：每月支付的房貸金額不可超過總收入的 30%

我這裡指的是房貸本金、利息、稅金和保費，若能把潛在的維修費和其他費用也算進去更好。

傳統的產業建議是每月的房貸費用不超過總收入的 28%，所以我的第 1 條原則相當傳統，而且 30% 比 28% 更容易記憶和計算。假設你每月的總收入為 1 萬美元，那你每月的房貸總額就不宜超過 3,000 美元。但其實貸款額度是由放款人決定的，它有可能把你的貸款上限定為 28%，但也可能借給你遠超過你總收入 30％的額度，請各位務必要自律。

好消息是，拜現今的低利率之賜，要遵循此一原則應該不難，而且讓你比在利率較高時購買更多的房屋。較低的利息＝較低的月付款＝有更多現金用於支付房價。但重點是房貸的月付款不可超過每月總收入的 30％，原則 3 會進一步解釋為什麼這一點很重要。

如果中低收入者違反了此一原則，他們的風險會更大，因為這會令他們的生活費變得更少。如果你每月的總收入是 5 萬美元，你拿其中的 40％去繳房貸，你還剩 3 萬美元可用，這樣生活應該不成問題，除非你在其他地方的支出非常高。但如果當初你申辦房貸時，遇到一位很想衝業績的放款人，你每個月只有 5,000 美元的收入，其中 40％要拿去還房貸，你的緩衝空間就會小很多，你的基本生活需求和意料之外的緊急情況，只能靠這 3,000 美元來支付。所以收入越少的人，你每個月的房貸攤還款占每月總收入的比例就要越小，而非相反。

原則 2：至少已存到房價 30％的現金或半流動資產

這條指導原則包含兩部分：

1. 你需要存下多少頭期款才夠買房
2. 你必須確保自己有足夠的應急金

你存下的 30％房價，其中 20％可用於支付頭期款，這樣你可以獲得較低的房貸利率，還可省下私人房貸保險的費用，剩下的 10％則可當做應急金。所以當你只存下房價 10％的現金或半流動資產，它只能用來應付住房的緊急情況，如果你手上還有一筆錢能應付失業之類的財務意外情況，那就更好了。如果做不到，至少要存下這 10%的錢。

假設你想買一間 50 萬美元的房子，目標是有 10 萬美元的現金當做頭期款，還有 5 萬美元的現金和股票當做緩衝。買房固然是件喜事，但不應該搞到整天擔心手上的錢不夠用。

我知道有些房貸專案允許你的頭期款低於 20%，請避免這種誘惑。在之前的經濟衰退中最快「陣亡」的，就是那些只付了很低的頭期款，而且沒有其他儲蓄當做緩衝的屋主。

請各位想像一下，你用 10%的頭期款買下一間 50 萬美元的房子，因為你只付得出這些錢。沒想到之後房價重挫 20%、變成 40 萬美元，然後你又不幸失業，你的 5 萬美元資產（頭期款）現在變成了 5 萬美元的損失，真的有夠衰。而且這房價多年未見起色，這時候你肯定會非常懊惱，當初為什麼這麼衝動。要是你能等到攢下 20%的頭期款再買房就好了，說不定房價在你存錢期間下跌，這樣你就可以避免在最高點買入；而且即便你最終還是買在最高點，你也有本錢繼續堅持下去。

當然啦，也可能發生相反的情況：你的 10%頭期款有可能在房地產牛市中大幅成長，這時你可能會變得貪婪，心想要是當時申請更多的房貸買間更大的房子該多好。貪婪是人的天性，但我必須提醒大家，在購買你的第一間房子或主要住所時，你的主要目的應該是購買自己負擔得起的房子，以便往後能無憂無慮地生活。

當房子的淨值極低時，棄繳房貸一走了之的誘惑力會非常大。在 2008 年至 2012 年間，有成千上萬的人這樣做，結果錯過了之後有史以來最大的房地產復甦之一。要是你付出 20%以上的頭期款，你就比較不會輕易放棄你的房子承諾，從而有更高的機率撐過經濟衰退期，因為你不想失去所有的資產。房價最終往往會回升並達到新的高點，所以你堅持下去的時間越長，你的房子就越有可能升值。

再者，拜槓桿作用及你一直分期攤還房貸本金之賜，你的資產可能會因為你的堅持而成長。對一般人來說，把房貸當做強制儲蓄帳戶是件好事，如果再加上長期的房價上揚，擁有主要住宅通常會比租房更有優勢。許多人認為租屋者只要透過儲蓄和投資，輕鬆就能獲得更大的回報，但是根據 2019 年公布的〈消費者財務調查報告〉顯示，[1] 租屋者和買房者之間的淨資產差異極大──買房者的平均淨資產竟然是租屋者的近 40 倍（250,000 美元對 6,500 美元）。

如果你計畫在未來 6 個月內買房，那你至少要備妥房價 20%的頭期款；在這麼短的期間內把頭期款拿去投資股票和其他風險資產，並非明智之舉。

原則 3：房價不得超過家庭全年總收入的 3 倍

此一原則幫助各位實現兩件事：首先，它跟原則 1 一樣，能幫助你控制好每個月的現金流。如果你的年薪為 10 萬美元（每月 8,333 美元），把房價總額限制在 30 萬美元以下，每月的房貸攤還款才不會超出你的能力範圍。扣掉 20%的頭期款，你的 24 萬美元房貸，利率 3.25%，分 30 年還款，每月應付 1,044 美元；即便分 15 年還清，當利率 3.25%，每月的還款額將提高到 1,686 美元，仍然完全符合第 1 個原則，亦即不超過收入的 30%。利率在此依舊扮演重要的角色：利率越低，你買得起的房子就越多。

在低利率環境下，你可以把房價總額的上限擴大到家庭年收入的 5 倍，來擴大你的搜索範圍，但前提是你嚴格遵循其他 2 條原則，並且對你未來的收入潛力很有信心才能這麼做。

購屋負擔能力（home affordability）取決於你為房子付出多少錢。購買高於年薪 5 倍以上的房屋，不僅意味著你要揹更多的絕對債務，而且財產稅、維修費、清潔費、園藝支出、電費和暖氣費等很多方面的支出也會跟著水漲船高。如果你遵循 3 倍（最大 5 倍）年薪的限制，有可能在加上其他支出後仍然不會超出你的購屋預算。所以各位不要只考慮房屋本身的售價，還要加上它的持續持有成本。

如果你住在一個稅率較高的州，財產稅（property tax）可能會對你的購屋負擔能力造成很大的影響。例如夏威夷和阿拉巴馬州的財產稅約為房屋估值的 0.3%，但是紐澤西州和伊利諾州的稅率則在 2%以上。像德州這樣沒有州所得稅的地方聽起來似乎很不錯，但他們終究得以某種方式增加稅收，所以最終通常是以財產稅（property tax）的形式進行。

我的 30/30/3 購屋原則可以適用於你的每一次買房，所以如果你已擁有一間主要住宅，並打算購買一間投資用的房子，仍應遵守 30/30/3 原則。當你的第一間房子順利出租後，它應該要能抵消所有的成本，最好還能產生正現金流。第二間房子的房貸，同樣不應超過月收入的 30%，而且要等存夠房價的 30%再買房，其中的 10%當做專供新房子使用的家庭應急金。後續購買的房子都跟你的首購房一樣，購買成本不要超過年薪的 3 倍至 5 倍。

所以如果你想購買更多間房子，你必須賺更多錢和／或找到能支付至少 130%的全年房屋持有成本的承租戶。考慮到出租房的承租和退租未必能無縫接軌，所以租金收入最好能 100%抵消全年的房屋持有成本。再者，銀行提供給出租物業的房貸成數，一般約莫是租金收入的 7 成以下。

圖表 7-1 是我整理的買房指南，它對於購買不同價位的房屋，應有多少的年收入和淨資產提供了建議。理想情況下，買房花費不應超過全年總收入的 3 倍，但在某些情況下，買房總花費可以達到全年總收入的 5 倍。

就淨資產的多樣化而言，買房總花費不超過購屋者淨資產的 30%，算是相當值得追求的理想目標；但此一比例對大多數首購族來說恐怕辦不到，所以我特地在表格中列出買房前應備最低淨資產的欄目，此欄建議你最多可以花 3.3 倍的淨資產買房，但我並不建議各位這樣做。

雖然任何收入和淨資產組合都應該是可行的，但是以最低收入和最低淨資產買房，顯然是最危險的組合。

圖表 7-1　買房的年收入和淨資產條件（30/30/3 購屋原則）

房價總額	最低收入	合理收入	理想收入	最低淨資產	合理淨資產	理想淨資產
$200,000	$40,000	$50,000	$66,667	$60,000	$100,000	$666,667
$300,000	$60,000	$75,000	$100,000	$90,000	$150,000	$1,000,000
$400,000	$80,000	$100,000	$133,333	$120,000	$200,000	$1,333,333
$500,000	$100,000	$125,000	$166,667	$150,000	$250,000	$1,666,667
$750,000	$150,000	$187,500	$250,000	$225,000	$375,000	$2,500,000
$1,000,000	$200,000	$250,000	$333,333	$300,000	$500,000	$3,333,333
$1,500,000	$300,000	$375,000	$500,000	$450,000	$1,050,000	$5,000,000
$2,000,000	$400,000	$500,000	$666,667	$600,000	$1,400,000	$6,666,667
$2,500,000	$500,000	$625,000	$833,333	$750,000	$1,750,000	$8,333,333
$3,000,000	$600,000	$750,000	$1,000,000	$900,000	$3,000,000	$10,000,000
$3,500,000	$700,000	$875,000	$1,166,667	$1,050,000	$3,500,000	$11,666,667
$4,000,000	$800,000	$1,000,000	$1,333,333	$1,200,000	$4,000,000	$13,333,333
$4,500,000	$900,000	$1,125,000	$1,500,000	$1,350,000	$4,500,000	$15,000,000
$5,000,000	$1,000,000	$1,250,000	$1,666,667	$1,500,000	$5,000,000	$16,666,667
$6,000,000	$1,200,000	$1,500,000	$2,000,000	$1,800,000	$9,000,000	$20,000,000
$7,000,000	$1,400,000	$1,750,000	$2,333,333	$2,100,000	$10,500,000	$23,333,333
$8,000,000	$1,600,000	$2,000,000	$2,666,667	$2,400,000	$12,000,000	$26,666,667
$9,000,000	$1,800,000	$2,250,000	$3,000,000	$2,700,000	$13,500,000	$30,000,000
$10,000,000	$2,000,000	$2,500,000	$3,333,333	$3,000,000	$15,000,000	$33,333,333
$15,000,000	$3,000,000	$3,750,000	$5,000,000	$4,500,000	$30,000,000	$50,000,000
$20,000,000	$4,000,000	$5,000,000	$6,666,667	$6,000,000	$40,000,000	$66,666,667
$25,000,000	$5,000,000	$6,250,000	$8,333,333	$7,500,000	$50,000,000	$83,333,333
$30,000,000	$6,000,000	$7,500,000	$10,000,000	$9,000,000	$60,000,000	$100,000,000
$35,000,000	$7,000,000	$8,750,000	$11,666,667	$10,500,000	$70,000,000	$116,666,667
$40,000,000	$8,000,000	$10,000,000	$13,333,333	$12,000,000	$80,000,000	$133,333,333
$50,000,000	$10,000,000	$12,500,000	$16,666,667	$15,000,000	$100,000,000	$166,666,667

最低收入 = 房價的 1/5；理想收入 = 房價的 1/3。
最低淨資產 = 房價的 30%；理想淨資產 = 房價的 3.34 倍。

資料來源：理財武士網站

30/30/3 原則的實踐

接下來我們要探討幾個例子，看看遵循或嚴格遵循 30/30/3 購屋原則會是怎樣。

情況 1：穩當的買房

你年薪 10 萬美元，有 12 萬美元的現金儲蓄，你打算買一間 30 萬美元的房子。付完 20％的頭期款後，你的房貸為 24 萬美元，按 4％的固定利率分 30 年攤還，每月應繳的房貸金額是 1,146 美元，約占你每月總收入的 13.8％（$1,146 ÷ $8,333）。付完 6 萬美元的頭期款後，你還有 6 萬美元的現金緩衝，約等於 4 年 4 個月的房貸支出。

現在我們來看看，其他條件不變但利率改變時會變成怎樣。如果你的信用很好，而且手中有閒錢可以再買間房，你可以趁著房貸利率低的時候，鎖定利率 3％左右、分 30 年還清的物件。在這樣的利率下，24 萬美元的房貸每月攤還款為 1,012 美元，僅占月收入的 12.1％，是個非常合理的投資標的——完全符合 30/30/3 原則。

情況 2：較積極大膽的買房

在收入和現金儲蓄相同的情況下，你決定買一間 40 萬美元的房子。在付掉 20％的頭期款後，你還剩 8 萬美元的現金緩衝，以及 32 萬美元的房貸。此一情況勉強符合購屋原則 2 的要求，亦即保留房價的 10％現金（或半流動證券）當做緩衝。這樣即使房貸利率調高為 5％，月付款變成 1, 718 美元，這金額相當於你 8,333 美元月收入的 20.6％——看起來還不錯。

如果你是在房貸利率接近歷史低點時買房，而且因為你的信用很好，那麼房貸總額同樣是 32 萬美元，但房貸利率只有 3%時，你的月付款會一口氣降到 1,349 美元，比房貸利率 5%時每個月可少繳 369 美元，金額省很大。這就是為什麼房貸利率下降時，人們的買房需求就會上升。

如果你想把你的購屋預算擴大到家庭收入的 5 倍，買下一間 50 萬美元的房屋，那麼你的現金或半流動資產應達到房價的 30%，也就是 15 萬美元。但你只有 12 萬美元，所以你需要再存 3 萬美元，才能符合 30/30/3 購屋原則的第 2 個原則。

現在我們來看看，要偏離 30/30/3 購屋原則是多麼容易的一件事。

情況 3：不負責任的買房

你的年薪為 12 萬美元，你在 32 歲存到 10 萬美元的現金，挺不錯的！但你看上了一間 85 萬美元的小豪宅，相當於你年收入的 7 倍。

你付不出 20%的頭期款（還差 7 萬美元），所以你只付了 10%的頭期款（8.5 萬美元）。這麼一來你的現金緩衝只有 1.5 萬美元，房貸則高達 76.5 萬美元。

你的信用很好，但因為你付的頭期款較低，所以你能得到的最優惠房貸利率是 4.25%。按照歷史標準來看，這利率算是很低的，但你每月的房貸要交 3,763 美元，占每月總收入 1 萬美元的 37.6%；如果再加上私人房貸保險費，比率可能將近 40%，此一情況完全違反我的 3 條購屋原則。

如果你失業了，每個月 3,763 美元的房貸，4 個月就會吃掉你剩餘的 1.5 萬美元現金。或許你可以設法用政府的失業津貼再多堅持一段時間，但想想你的壓力會有多大。而且別忘了，除了房貸，價值 85 萬美元的房子在很多州每年的財產稅超過 1 萬美元。要是你禍不單行，有棵樹壓壞了一段屋頂，那就真的完蛋了。

如果你真的「愛死」那間 85 萬美元的房子，最穩當的做法是再多存 15.5 萬美元，使你的現金和半流動資產達到 25.5 萬美元。這樣你便攢下房價的 30%，不但可以付 20%的頭期款，而且還有 8.5 萬美元的現金緩衝。再者，你的房貸總額將減為 68 萬美元，並且獲得 4%的優惠利率（因為你投入了 20%的頭期款，所以房貸利率降低 0.25%），你每個月的房貸攤還款將變成 3,246 美元，占你每月總收入的 32.46%。已經相當接近 30%的原則了！只要你的年收入比現在多 1 萬美元（13 萬美元），你就可以把 32.46%拉低至你的收入的 30%。想辦法讓自己加薪吧！或者你也可以等到房貸利率降至 3.3%以下再買房。

但即便你的年收入達到 13 萬美元，你仍然違反了第 3 個購屋原則，買了一間高於年收入 5 倍的房子。雖然我真的很不鼓勵這種做法，但如果你對自己未來的收入能力很有信心，而且能應付其餘的生活費用，不會捉襟見肘，那就照你的意願吧，畢竟 3 條原則中你已經遵守 2 條了。

租房好，還是買房好？

幾乎所有人都曾想過「租房還是買房」這個問題。即使你已經擁有了你的主要住所，仍應定期問問自己：住在這裡是否符合你理想的生活方式，且能讓你的淨資產最大化。

舉債購買風險資產始終是場賭博，你這麼做的目的，無非是希望舉債能讓你過上比用現金支付更美好的生活。舉債買房後的頭幾年，通常是風險最大的時候，所以我希望能幫助大家平安度過這段時間，並且變得更富有。

相比之下，付租金的回報率是 100%：你換到了一個住的地方，但是在租約期滿時，這房子並不會變成你的資產。

剛從學校畢業後的頭 5 至 10 年裡，租房或買房的利弊算是平分秋色，因為這時候你還不確定自己想做什麼、未來想住在哪裡，你甚至可能需要為了實現財務自由而攻讀研究所。租房提供了最大的靈活性，這對優化你的職業生涯極為重要，畢竟工作可是你剛入社會時的頭號賺錢工具。如果你為了一間捨不得賠售的房子，而放棄一個很棒的工作機會（因為你必須搬去那裡），那該有多遺憾啊。

不過等你畢業 10 年後，買房的優勢就會大於租房。因為當你 30 出頭時，你應該很清楚知道自己想做什麼了，畢竟你的人生都過了 1/3 了 如果這時候你申辦一筆 30 年的固定利率房貸，那麼到你 60 歲出頭時，就能把它還清了，這不是挺棒的嗎？如果你想成家，那麼擁有一間主要住宅就是個 70/30 的決定。到頭來，我們很難不受時間的支配。

身為有房者的好處之一，就是在通貨膨脹的環境中，你的房貸債務之真實成本會因你的房價上升而變輕；但如果你是租屋者，你不僅會面臨租金繼續上漲的壓力，而且還跟房地產升值的機會擦身而過。

根據全國房地產經紀人協會的資料顯示，[2] 2019 年美國首購族的年齡中位數為 33 歲，你越早想清楚你的人生要怎麼活，你就能越早擁有自己的第一個主要住所。說到投資，進入市場的時間就是你最好的朋友。

現在我們要回過頭來聊聊做多房地產。記住，在你擁有一間以上的房子之前，你算不上是做多房地產，因為第 2、第 3、第 4 間房子才會為你帶來被動收入和資本利得。

BURL：投資房地產必須遵循的準則

想當個精明的房地產投資者，請遵循「買實用、租豪華」（buy utility, rent luxury，簡稱 BURL）原則。

BURL 原則可以讓各位花在房地產的資金發揮最大的效用。這裡我們把實用定義為：你需要的東西，未使用的空間很少；奢華則可定義為：超過你需要的東西，例如第 3 間空臥室、一座無邊際游泳池，它還有條走道直通隱藏的熱水浴缸。

BURL 能幫助我們看到住在自用住宅裡的真實成本：除了買房花的錢，還要加上**沒有把它按市價租出去的機會成本**。

我們來看看一個理財武士的個案研究：有位住在舊金山的屋主打算買一間小房子，因為他現在住的那間房子每個月可以收租 7,500 美元。這間房子很大：73 坪，4 房 3.5 衛，卻只住了他跟太太兩個人。

而且他發現自從買了這間房子到現在，租金已經上漲了

50%，他可不想白白浪費這大好機會，錯過每個月 7,500 美元的租金，所以他決定把大房子租給別人，自己跟太太換到小一點的房子住。新房子少了一間臥室及一套半的衛浴，房價則便宜了 4 成。買下這間可以用 4,500 美元出租的較小房子後，他的住房便從奢華變成了實用，而且每個月還多了 3,000 美元的現金流（$7,500−$4,500）。對比換房前後的心情，從前他覺得自己像是開著一輛有 40 個空座位的公共汽車去上班，但其實他需要的只是一輛摩托車。

如果你現在住的也是自己的房子，請你做做同樣的練習。如果你有一段時間沒有租房子，你可能會驚訝你家能租多少錢。以 2021 年為例，全美的租金中位數竟然上升了 10%以上，且拜通貨膨脹之賜，租金可能會無限期地繼續上漲。[3]

BURL 明確地回答了「租還是買」的問題，因為經過計算後會發現，如果從現金流的角度來看，豪宅用租的會比用買的划算很多，若從理財的角度來看，非豪宅用買的較合理。我來跟大家說明原因。

精明的房地產投資者通常會遵循一個買房原則：買價不超過月租金的 100 倍。以前述的舊金山案例來說，遵循百倍月租買房原則的投資者，不會花超過 75 萬美元來買那間房，因為該房的租金市場行情是每月 7,500 美元。

但問題是，你想在紐約、聖地牙哥、洛杉磯或舊金山這些生活成本高昂的城市（皆可被視為奢華市場）買房時，根本不可能遵循此一原則，因為全美近半數的人口都住在昂貴的沿海城市。

在這些奢華市場想要找到價格為月租 150 倍甚至是 200 倍

的房子都很困難，因為有很多人是為了**生活方式和資本升值**而買房。買房的目的已不再是為了遮風蔽雨，而是一種**奢華的選擇**。此外，許多沿海城市的房地產市場不僅要面對國內的需求曲線，還要面對許多想要圓一個美國夢的國際需求曲線。

明明一輛本田車就可以載著你到處跑，但有些人就是喜歡開法拉利，BURL 則會建議你：買輛本田車比較實在，週末的時候再租輛法拉利來過過癮吧。

每月花 7,500 美元（一年 9 萬美元）的租金乍聽之下似乎很貴，但實際上是挺划算的，因為該房的市價是 270 萬美元，大約是月租的 360 倍。

換句話說，投資者在購買主要住宅或出租物業時，必須遵循的 100 倍至 200 倍月租金原則，在此案例並不適用。若從現金流的角度來看，花 270 萬美元買這間房子並不划算，但若房價繼續上漲──很多國際大都會皆如此──則又另當別論了。

我們就來分析一下用 270 萬美元買下這間房子會是什麼情況：頭期款 26%，房貸 200 萬美元，利率 3.5%，擁有這間房子每年的成本將會是：

房貸利息：70,000 萬美元

財產稅：33,750 美元（270 萬 ×1.25%的預估加州財產稅率）

保險費：2,500 美元

維修費：5,000 美元

總計：111,250 美元

與此同時，那 70 萬美元的頭期款至少可以獲得 2.5％的無風險年回報率（當時的 10 年期債券收益率），亦即 17,500 美元；當我們把這個數字計入 111,250 美元的年度支出時，擁有這間房子的總成本又變高了：$111,250 + $17,500 = $128,750。

每年「只花」9 萬美元的租金，確實要比每年花 128,750 美元取得房子的所有權要便宜多了。屋主唯一能勝出的就靠資本升值和應稅所得扣除額，這些可不容等閒視之。不過許多人的挑戰是如何籌措到頭期款。

該租房還是該買房的問題可以歸結為：如果你有足夠的現金支付豪宅的頭期款，且想避免經濟浪費，那麼你可以在願意支付合理的市場租金的情況下，買下豪宅自住。如果你想買間豪宅，卻沒有頭期款，那你就安心地租來住吧，因為你知道租其實比買划算。

現在我們來看看 BURL 的另一面。在美國的中西部地區，偶爾會出現令投資客驚豔的好標的——一間要價 20 萬美元左右的房子，可以用 2,000 美元租出去，完全符合百倍月租原則。但是這房子對租屋者來說完全不划算，即便那租金的絕對金額很低。且讓我算給大家看，假設你付了 4 萬美元的頭期款，16 萬美元的房貸及 3.5％的利率來購買這間房子，每年的房屋所有權成本大約會是：

房貸利息：5,600 美元
財產稅：2,400 美元
保險費：1,200 美元
維修費：3,000 美元

總計：12,200 美元

再加上每年 800 美元的機會成本——拿去付頭期款的 4 萬美元無法獲得 2％的無風險回報——每年的所有權成本只需 13,000 美元，但每年的租金卻要 24,000 美元。就算屋主每月只能收取 1,200 美元的租金，使得 20 萬美元的房價相當於月租金的 167 倍，買屋仍然比租屋划算，特別是如果房價繼續上漲的話。畢竟 14,400 美元的年租金，還是高過 12,200 美元的預估購屋成本。

因此，若你居住的地區，或者你想居住的地區，其房價是這樣的，你就該買房而非租房，因為若有一天你將房子出租，你可以立刻獲得現金流。所以只要你負擔得起且有能力管理，你就該擁有自用住宅，並多買幾間房當個包租公。隨著在家工作的接受度越來越高，這種房子的需求量也會越來越大。

總而言之，選擇住在哪裡是一個非常個人的決定，而奢華和實用的定義也很主觀。我們基本上都希望跟親朋好友住得近，且喜歡住在一個有很多美食、很多娛樂活動且氣候宜人的地區，但凡事豈能盡如人意！我們必須妥善運用我們的錢做出最好的選擇。

房貸利率要選機動的，還是固定的？

當你準備買房時，選擇哪種房貸利率將會對你的財務狀況產生重大影響。你有兩個主要選擇：機動利率房貸（ARM）或固定利率房貸。

用 BURL 原則進行房地產套利

如果你住在一個很棒但房價很高的城市，不妨考慮在國內其他房價較低廉的城市租房和買房，以獲得更多的收入。這麼一來，你最終可以把你的房子出租，並用租金收入來支付你自己的房租。

假設你在紐約市以每年 8 萬美元的價格租了一間豪華公寓，若以 2.5%的資本化率來算，購買該房屋將花費約 320 萬美元。但是把這 320 萬美元拿去資本化率 8%的愛荷華州德梅因（Des Moines），你有可能獲得 25.6 萬美元的租金收入，而用此來支付你在紐約市每年 8 萬美元的豪宅租金綽綽有餘，剩下的現金多達 17.6 萬美元。（更多資本化率的資訊，請參見第 9 章。）

BURL 思維能幫助房地產投資者，做出優化其資本和生活方式的最佳決定。

機動利率房貸顧名思義，它的利率是會調整的。此一利率在剛開始繳房貸的頭幾年是固定的，然後根據貸款的條款，在隨後的幾年裡發生變化。以一份 5/1 機動利率房貸為例，它在最初 5 年會有個固定的利率，之後每年重新設定利率。固定利率房貸則是在整個還款期間都適用相同的利率。一般來說，貸款期限越短利率越低。機動利率房貸和30年期固定利率房貸都傾向於採用30年的攤還期。

我自2009年以來便主張，選擇機動利率房貸是最具成本效益的，因為我相信利率將會繼續走低或保持在低水準，所以選擇利率較高的30年固定利率房貸算是次優的決定。從貨幣的時間價值（time value of money）來看，機動利率的平均值低於30年固定利率的平均值，這是因為長期貸款的放款人，會考慮到較高的風險和通貨膨脹對貨幣購買力的侵蝕，所以會收取較高的利率。但如果你開口向朋友借10美元並表示隔天就還，他應該不會向你收取任何費用，因為他知道你不會賴帳，況且10美元到了明天仍然可以買到同樣數量的商品。

此外，將房貸利率的固定期限，配合你打算擁有此房子的期限，會更有效率。

因為根據房產數據供應商ATTOM Data Solutions公司指出，[4]在2009年時，美國人的平均住房擁有期（homeownership tenure）約為4年，所以在利率下降的環境中選用5/1機動利率房貸是合理的，因為在第6年調整利率時，一般屋主已經賣掉房子了，所以在機動利率重設時，即便利率上升也沒有關係。不過機動利率重設時，很多利率保持不變或下降。

不過現今美國的平均住房擁有期已經延長了1倍多，儘管利率維持在低水準，但屋主為了配合他們的住房擁有期，所以會選擇7/1至10/1的機動利率房貸，以避免未來房貸利率走揚。不過拜全球化、技術、生產力及更好的央行決策之賜，我認為在我們有生之年，皆會維持低利率環境。

大多數人之所以不選使用機動利率房貸，是因為他們擔心利率重新設定時利率會暴漲。再者，放款人也喜歡「恐嚇」貸款人如果機動利率重設變高時，他們有可能會面臨財務困難的風險，藉此來說服貸款人選擇 30 年期的固定房貸（對放款人最有利）。但事實上，因為我們有可能長期處於低利率的環境，所以當機動利率重設時，獲得類似利率的機率頗高。

專業提示：機動利率的調整有上限

有人擔心機動利率重新設定後會變高，但其實它每年有個調高的上限，以我在 2014 年申辦的 5/1 機動利率房貸為例，當固定利率期結束，利率最多只可調高 2%，所以各位千萬不要聽信業務員的胡說八道！先問清楚他們的機動利率房貸調高上限是多少，再決定是否要跟他們申辦。

15 年固定利率房貸的優點

現在我們要回過頭來談談 15 年固定房貸，因為我發現年齡越大、財富越多，這種房貸就越有吸引力。因為我們最終都會走到「來日不長」的地步，15 年期的固定利率房貸會讓我們感覺較安心，因為它提高了你早日還清房貸的機會。如果你現年 45 歲，計畫在 60 歲退休，你會覺得 15 年的房貸比 30 年的房貸好，因為如果你不支付額外的本金，要到 75 歲才能還清房貸。

就像經典舞台劇《推銷員之死》（*Death of a Salesman*）的男主角威利．羅曼的感嘆：「工作一輩子才還清了房貸，但等你終於擁有它時，卻沒有人住在裡面。」所以理想的情況是你在退休前就能還清房貸，這麼一來你就沒有後顧之憂，可以放心地把房子留給你關心的人，替他們省下很多麻煩。

但除了心理層面的優點，15 年的房貸比較優，是可以用數學算式來證明的（當然前提是你負擔得起更高的月付款）。15 年房貸的平均利率幾乎鐵定低於 30 年房貸的平均固定利率。而且因為它的攤還期為 15 年而非 30 年，所以你最終付出的利息總額會比較少。現在請各位想像一下，如果你的 15 年固定利率房貸，利率居然比 5/1 機動利率房貸的平均利率還低，那你就真的中大獎了。

15 年固定利率房貸的平均利率低於 5/1 機動利率房貸的平均利率，這種情況並不常發生，但如果你有幸遇到，且其月付款加上稅金和保險費仍占你每月總收入的 30％以下，那你就應該利用它。即便沒那麼好康——只要占比低於月總收入的 40％，我可能還是會選擇 15 年的固定利率房貸。雖然你的流動性風險會隨現金流較低而上升，但你每付出一筆月付款，你就離還清房貸更近一步了。

較低的利率、較長的固定利率期，再加上較短的攤還期，會使你付出的利息總額大大減少。為了證明我所言不虛，我們就來看看 100 萬美元的房貸，用以下 3 種房貸繳交的利息總額各是多少：

30 年期利率 3%的房貸，利息總額：517,777 美元
15 年期利率 2.3%的房貸，利息總額：183,347 美元
15 年期利率 5%的房貸，利息總額：423,428 美元

即使你的 15 年期房貸的利率比 30 年期房貸的利率還高了 2%，但你最後支付的利息還是省下了 94,349 美元。複利的力量是雙向的。

15 年期房貸的另一大優勢是逼你快速存錢，強制儲蓄是購屋者的平均淨資產遠高於租屋者的平均淨資產的原因之一。

由於攤還期較短，15 年期房貸的月付款要比分 30 年攤還的 5/1 機動利率房貸或 30 年期固定利率房貸的月付款高很多。此外，如果你申辦 15 年期的房貸，你的攤還款中會有更高的百分比是用於償還本金。

還有，你需要有足夠的現金流來支付 15 年期的房貸。一筆 100 萬美元、攤還期 15 年、利率為 3%的房貸，每月要支付 6,906 美元，但如果分成 30 年攤還，每月只需支付 4,216 美元。

以下則是 15 年固定利率房貸的缺點：

1. **一般人較負擔不起**。
2. **能用來儲蓄或投資的資金比較少**。

15 年的固定利率房貸是快速還清貸款和節省利息的理想選擇，但前提是你的收入要「跟得上」；如果不行，機動利率則是次佳的選擇。當你的房子累積了一些淨值，而且你的儲蓄額也增加了，那你就可以嘗試把你的房貸再融資、換成 15 年的

房貸，或是為你的下一間房子辦理 15 年的房貸。

15 年的時間很快就過去了。假設你在 32 歲的時候買下你的第 2 間主要住所，你打算把它當成永久的家，你在 47 歲的時候就會擁有一間完全付清的房屋，並且不需要支付額外的本金，這是非常棒的。因為此時你將擁有大量的現金流，可以按你的意願進行投資或消費。

現金為王……現金不夠怎麼辦？

精明的購屋者都知道，用現金買房是最划算的。根據線上房地產平台 Redfin 的資料顯示，[5] 2021 年上半年有多達 3 成的房屋買賣是以現金交易的，用現金購屋的主要好處包括：

- 顯示你是個有誠意的買家
- 在託管期間（escrow）交易失敗的可能性較低
- 更快完成交易

當然啦，並不是每個人都有能力用現金買房。你可以嘗試申辦無融資應急貸款（no-financing contingency loan），它基本上就是銀行承諾提供房價的全額貸款。為了符合資格，在找到你想要的房子之前，你必須經過嚴格的核貸過程。然後你必須在很短的時間內，通常是兩個月內，找到你想要的房子，而且房價要在無融資應急貸款的額度以內。若過了兩個月，放款人可能會要求你更新財務文件，因為兩個月內可能會發生很多變化。

從賣家的角度來看，無融資應急貸款聽起來幾乎等同於全用現金出價（offer），如果放款者是一家信譽卓著的大型行庫，那就更好了。

在一個低利率、高通膨的經濟環境下，申辦房貸是很有吸引力的。不過你越想要買的房子，競爭就越激烈，你準備的頭期款也應該越高。身為一個談判專家，你需要關心的第一件事就是對方在意什麼。

房貸應再融資，還是維持原貸？

用貸款買房的好處之一就是，你總是能找一個條件更好的房貸，尤其是在低利率的環境下，往往會出現更好的貸款。所以如果你一開始選擇了 30 年的固定利率房貸，但現在你的收入增加了，你可以改為 15 年的固定利率房貸或機動利率房貸。即使你的收入沒有變化，或是你最近剛申辦完成一筆新的房貸，都請持續關注房貸利率的變化。

即使辦理房貸再融資會產生一些相關費用，但它仍是個好主意。因為根據經驗法則顯示，如果你辦理房貸再融資每個月省下來的錢，能讓你把辦理再融資所花的錢在 18 個月內就補回，那就值得花這筆錢，收支平衡期越短越好。假設你辦理房貸再融資的成本為 3,000 美元，那麼你每個月至少要能省下 167 美元的利息，才值得這麼做。而且在這筆收支打平後，等於你每個月都以更少的錢擁有自己的房子。

你打算居住或擁有房屋的時間越長，你就越有能力打破必須在 18 個月達到收支平衡的原則。但我會建議收支平衡期最長不要超過 24 個月，因為一般屋主平均只會住在自宅 10 年左右。雖然你以為你會永遠擁有並一直住在你的房子裡，但事情一直在變化。

再融資毫無疑問是件麻煩事：在核貸過程中，你必須向銀行提供你最近兩年的所得稅申報單、你最近兩個月的薪資單，以及一大堆財務文件。然後你還需要簽署大量文件，並設置新的自動付款。但如果再融資費用在 18 個月內就回本，你就該做這件事。

另一個選擇是做「無成本再融資」（no-cost refinance），亦即由銀行承擔所有的再融資費用，但相對的銀行會向你收取更高的利率當做回報。如果你不必另外付費就能對房貸進行再融資，並立即降低你的月付款，那你就沒任何損失。你唯一需要注意的是，每次再融資後，你的攤還期通常會重新定為 30 年，所以你的攤還款中用來償還房貸本金的比例會降低。

圖表 7-2 是我的最後一筆房貸再融資報表的快照，各位可以在借方那一欄看到銀行支付了所有費用。而且在交易結束後，銀行還寄了一張 220 美元的支票給我。

圖表 7-2　房貸再融資報表的快照

		借方	貸方
財務考量			
貸款總額			700,711.00
新的貸款費用 - 富國銀行			
總貸款費用 ($1538.52)			
處理費		1,350.00	
依市場利率重新鎖定		875.89	
稅務服務		80.00	
利率鎖定延展		875.89	
$620 的鑑價費由貸款人自行支付			
Corelogic Valuation Solutions			
$15.43 的信用報告費由貸款人自行支付給			
Corelogic Credco, LLC			
預付利息 自10/04/19至11/01/19每天$50.39付給富國銀行		1,410.92	
放款人信貸			6131.22
產權和託管公司收取的費用			
產權 -ALTA 6-06 浮動利率 (CLTA 111.5-06) 富達全國產權公司		0	
產權 -ALTA 8.1-06 環保留置權 (CLTA 110.9-06) 富達全國產權公司		25.00	
產權 - 託管費	富達全國產權公司	475.00	
產權 - 放款人保險	富達全國產權公司	635.00	
產權 - 行動簽約費	Notarles Express, LLC	150.00	
產權 - 登記服務費　簡化檔	富達全國產權公司	14.00	
應發給保單：			
房貸保單			
保額：700,711.00　保費：635.00　版本：ALTA 房貸保單 2006			
政府規費			
登記費	富達全國產權公司	155.00	

（接下頁）

房貸還款		
還清第一筆房貸（$704,419.64）		
Central Loan Administration & Reporting		
本金餘額	700,711.64	
額外利息（自09/01/19至10/11/19每天86.600000）	3,464.00	
房貸清償聲明書費用	60.00	
登記費	184.00	
雜項費用		
屋主保險費　　USAA	1,267.05	
買方資金結算		5,111.17
小計	711,733.39	711,953.39
應付給貸款人之餘額	**220.00**	
總計	711,953.39	711,953.39

告別職場前，一定要進行房貸再融資

我總是建議大家在辭職、退休、協商遣散費或請長假之前，把你的房貸再融資。因為當銀行看到你的主要收入來源消失了，你對他們來說就是死了，你就像一個因為沒錢而被分手的前戀人。銀行不太可能再融資給你，因為你被認為風險變高了。

如果沒看到你有穩定收入的證據——通常是以薪資單的形式呈現——核貸者不會批准你的房貸。你有穩定薪資收入的時間越長，他們才會越放心。銀行一般希望看到你在一家公司至少工作一年才會給你貸款，待的年資越長越好。

如果你決定自行創業，或是改做自由業，那麼你獲得房貸或再融資皆會變得很不容易，甚至是不可能。銀行通常要看到至少有兩年的穩定收入，才會考慮給你貸款。在銀行眼中，創業者和自由業者歸類為風險較高的借款人，因為他們的收入是無法預測的，而且即便獲得房貸，利率也可能比較高。

如果你有大量的其他資產當做抵押品，而且有夠多的經常性投資收入和／或有多年的自由業收入，則另當別論。那些沒有固定收入的富裕個人，則常用抵押品來取得房貸。

你的信用分數有多高，你對銀行有多忠誠，或是你收藏的棒球卡價值超過你的房貸，這些都不重要。如果你不再有工作，幾乎不可能獲得房貸或再融資房貸。

何時還清房貸——混合型 FS DAIR

最後一點，關於要不要多還點本金以提前還清房貸，這個問題要從數學和情感兩方面來看。

如果你的房貸利率等於或低於無風險投報率（10 年期債券收益率），那麼不額外多還本金才是財務上的最佳決定；因為這等於是無息借錢，能盡量拉長借錢的時間何樂而不為。不過這種情況相當少見，因為實質利率才能讓放款人賺到錢。

當通貨膨脹率高於你的房貸利率時，即便你的房貸利率高於無風險收益率，你仍然沒必要急著還清房貸。譬如說吧，如果通貨膨脹率為 7%，而你的房貸利率為 3%，你的房貸實質利率為 -4%（3%減 7%），通貨膨脹正在降低你的借貸成本。不過你也要注意別持有太多的現金，因為通膨也會降低現金的購買力。

最後，當你的房貸利率高於無風險利率，且低於通貨膨脹率時，你應該強烈考慮採用我的 FS DAIR 架構，或至少採用一個混合版本。混合版本是將現有的房貸利率減去無風險回報率，然後乘以 10 來算出你每個月應該拿出多少百分比的現金流來償還額外的債務。

假設無風險利率是 2%，你的房貸利率是 3.5%，用混合型 FS DAIR 模型：（3.5%－2%）×10＝15%。你應考慮每個月把 15%的現金流拿去償還額外的房貸本金，其餘 85%的現金流拿去投資。如果你想用正規的 FS DAIR 模型，把 35%的現金流拿去償還額外的房貸本金當然也是 OK 的。

我個人從未後悔還清債務，雖然我明明可以把那些錢拿去投資並賺回更多錢。舉債賺更多錢固然很開心，但還清債務同樣令人神清氣爽。當你還清債務而且你的財產也增值了，那感覺就像免費得到了一些東西，真的爽爆了。但要不要享受這種無債一身輕的快感，得由你自己做決定。

如果最後我們不願意或無法工作時，所有的債務也一掃而空，那就是最理想的狀況了。

理財武士道

- 到了三十多歲，你就該強烈考慮擁有 1 間自己的主要住宅，這時你對房地產的立場是中立的，只有當你擁有超過 1 間的房子時，你才算是做多房地產。
- 30/30/3 購屋原則能幫助你用負責任的態度買房。在低利環境下，如果你能滿足另外 2 個條件，那麼你的買房倍數最高可以擴大到你的家庭總收入的 5 倍。
- BURL 這個房地產投資原則，能幫助大家更有效率地分配你的資本，以獲得最大的投資回報。它讓你看清住在自己家裡的真正成本（必須加上沒把房子出租的機會成本），而不僅止於你目前所支付的費用。
- 如果你的房貸再融資成本，能在 18 個月以內回收，就值得這麼做。即便新的房貸利率較高，你也可以考慮無成本再融資，好讓你可以立刻開始省錢。
- 房貸的固定利率期限，最好能配合你預估會在這裡住幾年。由於美國人擁有房屋的平均時間大約為 10 年，所以申辦 7/1 到 10/1 的機動利率房貸才是最合理的，而非 30 年期的固定利率房貸。如果你能負擔得起 15 年固定利率房貸的較高月攤還款，請選擇這種房貸，尤其是在它的利率低於機動利率房貸的情況下。
- 目標是讓自己不再想工作的時候，既無房貸也沒有任何債務。雖然你應該有經常性的被動投資收入，但在退休後，為了簡化生活，最好將金融負債降到最低。

第 8 章

住對地方更招財

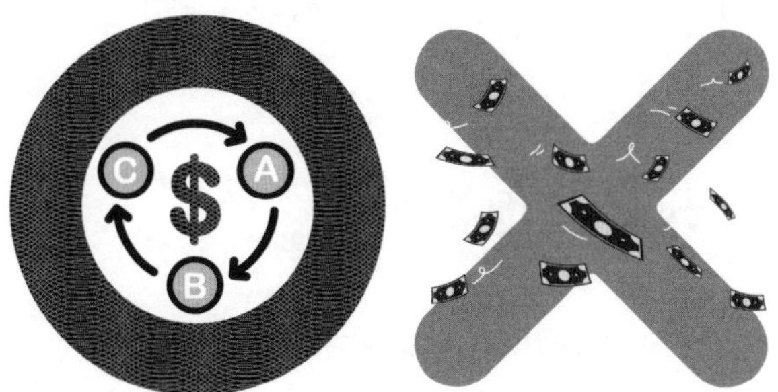

弄清楚你負擔得起多高的房價，是擁有房地產相當重要的第一步；但如果你希望購屋行動能幫助你實現財務自由，那麼需要考慮的事情就更多了，譬如選擇住在哪裡，就會對你未來的財富產生巨大影響，而這個哪裡便自帶一整組的選項。

一個真正的理財武士在選擇居住地點時，會周全地考慮到各種變數，例如就業機會、房屋類型、鄰里關係，以及打算在此地待多久。即使你已經對自己未來幾年的生活有了一個很好的想法，也別輕忽了一些可能會對你的財富產生很大影響的房地產選擇。

本章將幫助各位買到既會升值、又能讓你安心打拚事業的好宅。我們的選房目標是要讓各位現在和未來的財富潛力最大化，以篩選出該買哪種房子以及該買在哪裡。

本章還將討論到出租物業，至於投資房地產的所有細節則留待下一章再談。

首先，我們就從各位要落腳何處開始講起。

沿海城市 vs 內陸地帶？

我們就先從地理環境開始講起吧。

如果你在美國生活和工作，沿海城市與中心地帶（heartland）的生活成本差距是相當巨大的，這點對於在家工作的環境頗值得考慮，對租屋族和買房族也很重要。不過房價以及相關的生活成本，並非選擇居住地的最重要因素，至少在一開始的時候不是。

當你踏上追求財務自由的旅程時，事業應該是你的第一要務，因為它是你的主要賺錢工具，所以「逐工作機會而居」會是你的 70/30 行動。哪怕你必須在隆冬時節搬去北達科他州的威利斯頓，那也無所謂，只要這家公司會幫你大幅加薪和升職，你就該認真考慮接受這份工作。

即便你的職業把你送去一個生活成本較高的城市，那也沒啥好怕的，你該歡呼才是！天龍國通常是機會最多的地方，在你的職業生涯中，你將有更多機會獲得較高的收入。畢竟造成一個城市生活成本上揚的主要因素，正是薪水和工作機會增多，而非反過來。但是某些媒體和專家卻忽略了這點，只會狂轟城市居大不易，大城市的生活成本高昂其實是拜收入高之賜！生活成本昂貴的城市，不僅薪資收入較高，而且因為人口密度較高，所以當中潛藏著更多你無法預見的機會，亦即所謂的網絡效應（network effect）。

當我在 1999 年於紐約市的高盛公司找到一份工作時，我興奮極了；因為我終於有能力在看完電影後帶女朋友去吃一頓像樣的晚餐。永別了，深夜的麥當勞之旅。而我也為了這份工作，欣然搬到了美國最昂貴的城市之一。但我很快便意識到，4 萬美元的基本薪資在曼哈頓並不是很夠用。所以我只能寄厚望於在世界金融首都工作所帶來的豐厚年終獎金與升職空間。

雖然美股的開盤時間是 9:30，但我必須 5:30 就進公司，所以只能住在紐約廣場 1 號附近，我的辦公室在 49 樓。我在華爾街 45 號租了一間小套房，每月租金 1,800 美元，這是我能找到的最便宜居所。

但因為紐約市的自有公寓要求租屋者的收入至少要是租金

的 40 倍，所以我還找了一位高中同學跟我合租。我們彷彿回到了同住一間寢室的學生時代。但是拜合租之賜，我的房租瞬間減半降至 900 美元，讓我可以儲蓄和投資的錢變多了。而且因為我幾乎都沒住在家裡，所以跟別人合租並未困擾我。

圖表 8-1 是我努力回想做出來的，它是我在 1999 年至 2000 年的生活預算。當時我的主要目標是把我的 401(k) 提撥到最高額度，並用剩下的現金流進行投資。

雖然紐約市的房價高得驚人，但它也給了我機會，讓我以一種我無法預料的方式賺進更多的錢：在 2000 年網路泡沫的高峰期，我對一家名為 VCSY 的中國網路公司投資了 3,000 美元，很幸運地變成 15 萬美元。而我之所以會做出這筆投資，是因為我任職於一家重量級投資銀行的國際證券部門。我看到了一個投資機會，然後毫不猶豫地採取了行動，我還把我的想法告訴我的朋友，他們又告訴了他們在其他銀行交易大廳工作的朋友。我當時可說是處於投資狂潮的起點，但現在投資的起點似乎跑到了 Reddit 的留言板。

如果我是在華府的德勤（Deloitte）或普華永道（PricewaterhouseCoopers）的顧問公司工作，我會因為更人性化的工作時間與更低廉的生活成本而活得更舒適，況且兩者的起薪也差不多。但我懷疑我能否在那裡找到倍升的飆股投資，讓我得以在工作數年後，順利存下買房的頭期款。

圖表 8-2 就是一名住在華府、剛進公司第一年的菜鳥分析師的生活預算樣本，這份工作的基本薪資為 75,000 美元，付完 401(k) 與其他所有費用後，他還剩下 6,690 美元，而且這是還沒加上年終獎金的數字。這位社會新鮮人每月有 500 美元的副

圖表 8-1　年薪 4 萬美元的曼哈頓生存記（還得存退休金）

總收入	年薪 40,000	月薪 3,333
401(k) 提撥款	$10,500	$875
稅款（25%聯邦稅 + 紐約州稅 + 紐約市稅 + FICA）	$10,000	$833
扣掉 401(k) 和稅金後的收入	$19,500	$1,625
退稅	$500	$42
所得淨額	**$20,000**	**$1,667**
支出	**全年**	**每月**
分租租金	$10,800	$900
水電瓦斯	$240	$20
伙食費（加班超過晚上 7:00 享用公司免費餐點）	$3,600	$300
治裝費	$600	$50
健保費	$840	$70
交通費（地鐵月票、計程車及火車）	$960	$80
日用品	$120	$10
度假（兩年都在紐約市在宅度假）	$600	$50
網路及第 4 台	$0	$0
手機月費（公司提供）	$0	$0
健身房（社區）	$0	$0
養車費用（沒買車）	$0	$0
壽險（公司提供，薪水的 4 倍）	$0	$0
支出總額	**$17,760**	**$1480**
剩餘現金	**$2,240**	**$187**

資料來源：理財武士網站

圖表 8-2　靠一份固定薪水把 401(k) 提撥到最高額度（華府）

總收入	年薪 75,000	月薪 6,250
401(k) 提撥款	$20,500	$1,708
稅金（18%聯邦稅 + 維吉尼亞州州稅 + FICA）	$13,500	$1,125
扣掉 401 (k) 和稅金後的收入	$41,000	$3,417
退稅	$850	$71
淨所得	**$41, 850**	**$3,488**
支出	**全年**	**每月**
與室友合租 2 房舒適自有公寓	$18,000	$1,500
水電瓦斯（均攤）	$720	$60
伙食費	$8,400	$700
治裝費	$600	$50
健保費	$2,400	$200
交通費（地鐵月票、共乘油錢分攤）	$1,440	$120
日用品	$360	$30
度假	$1,800	$150
網路及第 4 台	$720	$60
手機費（公司提供）	$720	$60
健身房（自己訓練）	$0	$0
養車費用（沒買車）	$0	$0
壽險（公司提供，底薪的 5 倍）	$0	$0
支出總額	**$35,160**	**$2,930**
副業收入（一週 5 小時的兼職）	**$6,000**	**$500**
剩餘現金	**$12,690**	**$1,058**

資料來源：理財武士網站

業收入，他把這些錢全都投入應稅投資帳戶中。

所以各位應住在你最有機會賺到最多錢的地方，不要受限於地域。等你發財以後，再搬到比較便宜的城市定居以節省開支，當然你也可以留下來，因為你已經發了財，負擔得起天龍國的生活費用，況且也已打造了深厚的人脈網絡。

等你找到最適合的工作，而且你預估自己可能會在那裡至少待上 5 年，那你就可以買間喜歡的房子、對房市保持中立乃是明智之舉。創造財富的終極組合則是搬到你喜歡的地區，它能讓你賺到最多錢，並投資會升值的房產。畢竟，如果這個地方會吸引你去工作，它也一定會吸引其他人。這是個一舉兩得的做法，因為當你日後決定搬到其他地方時，不論是要賣掉房子，或是把它租出去，你都會受益。

如果你為了讓收入最大化而被困在某個生活成本高昂的沿海城市，不妨考慮到中心地帶或 2 線城市投資房地產，並參考我的 BURL 房地產投資策略（見第 7 章），即可獲得兩全其美的效果。我從 2016 年開始投資中心地帶的房地產，並計畫未來數 10 年裡繼續這樣操作，我將在第 9 章告訴各位如何做到這一點。

在矽谷真能淘到金

某天我跟美食評論平台 Yelp 的執行長兼共同創辦人傑瑞米．斯托普爾曼（Jeremy Stoppelman）一起打網球，我趁機請教他成功創業的主要原因是什麼，他不假思索地回答我：「搬到舊金山，再加上很多的好運。」

傑瑞米和我一樣出身中產階級家庭，而且也跟我一樣高中和大學都念公立學校。他本可以像其他老同學一樣，在家鄉維吉尼亞州找份工程師的工作，但是他卻決定遠赴灣區的 @Home Network 上班，因為他認為矽谷才會發生重要或有趣的事情。

傑瑞米最終在 X.com 找到了一份工程師的工作，該公司後來搖身一變成為貝寶。傑瑞米在矽谷曾與麥克斯．列夫欽（Max Levchin）、伊隆．馬斯克、里德．赫夫曼（Reid Hoffman）、陳士駿（Steve Chen）以及凱斯．拉博伊斯（Keith Rabois）等矽谷傳奇人物共事過。列夫欽在 2004 年提供 100 萬美元的種子資金給 Yelp，而 Yelp 也在 8 年後成功上市。

在天龍國精打細算過生活

如果你的工作把你帶到舊金山或紐約這些生活成本極高的城市，你可能必須為了省錢而做出很多犧牲：當年我除了跟朋友合租套房 2 年，我還每天工作 14 個小時，因為這樣我就有資格在百老匯大街 85 號的自助餐廳免費吃晚餐。在填飽肚子後，我還會把一些水果和麥片塞進包包裡，當做週末的早餐。

搬到天龍國生活，通常要先熬個二、三年，等到你的收入逐漸增加，才有可能過得舒適一些。以我個人為例，當我熬過第 1 年後，高盛便將我的第 2 年金融分析師薪水從 5 萬美元調高到 6.5 萬美元；第 3 年的金融分析師薪水會加到 7.5 萬美元；第 1 年的副理（first-year associate）薪水會升到 8.5 萬美元。加上年終獎金後，你就有可能儲蓄和投資，關鍵是要熬過開頭幾年的拮据生活。

正如我在第 1 章提過的，如果你們夫妻想在昂貴的天龍國養 2 個小孩，我想你們家的年收入恐怕要 30 萬至 35 萬美元，才能過上舒適的中產階級生活。所以如果你是從生活成本較低的城市搬過來，你在找工作時可能需要考慮這個收入目標。現在大型科技公司、銀行和企管顧問公司給應屆畢業生的起薪通常在 15 萬美元以上，所以當他們打算結婚時，應該能順利達到年薪 30 萬美元的目標。

對於那些不能或不想加入這類高薪行業的人來說，保持較低的住房成本是非常重要的，特別是在剛搬到新地方的頭幾年。在你努力累積收入和儲蓄的過程中，你可能不得不住在一個較便宜的社區和／或與多個室友合租自有公寓，關鍵是要能熬到更好的機會出現。

圖表 8-3 是一個年收入 40 萬美元的 4 口之家的實際家庭收支預算，有些花費的確可以再省一點。雖然這個家庭確實還有點錢可以存入退休金計畫、提撥資金到 529 計畫，而且正在累積房子的淨值，但他們也沒有富裕到可以去法國開遊艇喝美酒。

圖表 8-3　年收 40 萬美元生活在天龍國的 4 口之家

總收入	年收入 400,000	月收入 33,333
401(k) 提撥款	$41,000	$3,417
扣掉 401(k) 提撥款後的應稅所得	$359,000	$29,917
扣掉 $25,900 的標準扣除額以及 401(k) 提撥款後的應稅所得	$333,100	$27,758
應繳稅金（實質稅率 30%，包括州稅 和 FICA）	$99,390	$8,328
淨所得 + $4,000 兒童稅額抵減 + 非現金標準扣除額	**$263,070**	**21,923**
支出	**全年**	**每月**
日托費用（上午7:00 –下午6:00，父母都在工作）	$26,400	$2,200
學前班（上午 8:15 – 下午 5:00）	$30,000	$2,500
伙食費（平均 1 天 65 美元，包括定期送餐）	$24,000	$2,000
529 計畫（K-12+ 兩個孩子的大學學費）	$18,000	$1,500
房貸（160 萬的房貸、利率 3%、頭期款 2 成）	$80,952	$6,746
財產稅（4 房 2 衛、房價 200 萬的稅率為 1.24%）	$24,804	$2,067
產險保費（透過 Policygenius 投保）	$1,560	$130
房子維修費用	$3,600	$300
水、電、垃圾費	$4,200	$350
壽險（200 萬的定期險，涵蓋所有負債）	$1,440	$120
雨傘險（亦稱總括責任險，保額 200 萬）	$600	$50
健保（雇主補貼總費用的 7 成）	$9,000	$750
嬰幼兒用品（尿布、玩具、嬰兒床、嬰兒車、圍欄）	$1,800	$150

（接下頁）

每年 3 週的假期（兩次宅度假，一次自駕遊）	$8,400	$700
娛樂費（Netflix、迪士尼 +、博物館、動物園、週末度假）	$3,600	$300
車子開銷（本田休旅車，不是賓士）	$4,200	$350
車險及維修費	$2,400	$200
油錢	$4,200	$350
手機（20GB 的家庭方案）	$1,800	$150
治裝費（平價品牌）	$2,400	$200
日用品	$1,440	$120
慈善捐款	$3,000	$250
學貸	$0	$0
支出總額	**$257,796**	**$21,483**
扣除雜支後剩餘現金	**$5,274**	**$440**

可供參考的同級城市：舊金山、紐約、波士頓、洛杉磯、聖地牙哥、西雅圖、華府、邁阿密、丹佛、夏威夷、溫哥華、多倫多、香港、東京、倫敦、巴黎、雪梨。

資料來源：理財武士網站

每筆花費都要精打細算，但也不要逼自己成為一名苦行僧，你的開銷只要務實即可。

天龍國生活成本高昂的主要原因是這裡的薪水高，所以你必須確定拿到一份高薪的工作再搬到天龍國，然後盡可能省吃儉用地過日子，直到你的收入和支出之間的差距越來越大，你能投資的本金就越多。

如果你搬到一個生活成本較低的城市，想要擴大收入和支出之間的差距可能比較困難，因為你的收入上升空間恐怕比較有限。如果你還沒找到一份高薪的工作就冒險搬到天龍國，那請你在不得不搬走之前，給自己設定一個 3 年內必須找到一份工作的時限。長期待在一個昂貴的城市做著低薪的工作，你將很難快速實現財務自由，現實畢竟是殘酷的。

為了省錢而移居

綜上所述，如果你能住在一個生活成本較便宜的城市，但能賺到跟天龍國一樣的高薪，那你還等什麼呢？趕快搬過去吧。一般來說，當你擁有 7 年的工作經驗，並取得你的主管的信任之後，說不定就能談成這樣的安排。

地緣套利（geoarbitrage）── 搬到一個生活成本較低的地方居住，並賺取高於當地薪資水平的收入 ── 能幫助你在實現財務自由方面取得巨大進展。

由於工作機會在疫情之後變得更加分散，使得地緣套利比以往任何時候更加可行。拜技術和公司文化之賜，現在很多企業都允許員工在家上班。如果你擁有這樣的彈性，能以不到一半的生活成本快樂地住在別的城市，賺到跟現在差不多的薪水，你就沒必要委屈自己每個月花五千多美元租間小到不行的 2 房 1 廳。重點是確保住到更便宜的城市不會犧牲你的幸福。

在移居他鄉之前，我強烈建議各位一定要「先試住」──抽空到你心儀的新城市旅居兩週，說不定這趟行程會讓你發現那裡的天氣、政治、人民、法律或文化讓你感到不舒服。至於我嘛，就算我覺得不虛此行，我還是會第 2 度實地確認。

我有個朋友，因為想住得離他太太的娘家近一點，於是毅然決然地賣掉他的公司，全家從舊金山搬到美國東岸一個民風保守的社區。我朋友和他太太都是白人，但他們收養的孩子是黑人，移居東岸短短 8 個月後，他們全家又搬回舊金山，原因是他的孩子經常遭人嘲笑，而且當地的文化跟舊金山差很大，所以他們決定搬回「家」。就這麼賣房子、買房子，搞得全家人仰馬翻，4 個孩子的上下學也很折騰。

所以鄉親們，正式移居他鄉之前，一定要先試住一段時間啦。

美國宜居的地方多的是，但親朋好友最多的地方，說不定就是最適合你定居的好所在。

買房要住一輩子，還是一陣子？

待你決定房子要買在哪裡後，接下來就要搞清楚買哪款房。對此問題難得大家有一致的共識：當然是要買能住一輩子的房子啊。但我要提醒各位：雖然很多人買房時打算住一輩子，但最後往往只住了一陣子。

其原因就跟標準普爾 500 指數一樣，房地產的理想持有期間是永久，你持有你的投資越久，它們產生複利效應的時間就越長。

所以我認為累積財富最棒的方法是：買下一間很好的房子，在那裡住上幾年，然後再租出去。在一般人的正常壽命期間，可以重複這個過程 3 至 5 次，以此累積財富與創造被動收入。所以就算你不會在這間房子裡住一輩子，你仍應抱著要永遠擁有它的目標來買房，因為它能為你創造被動收入。

當你在一間房子裡住了 5 年以上，你不但享用了這間房子，而且很可能你的淨資產和房子的淨值雙雙上揚。經過這些年的實際居住體驗，既然你喜歡你的房子，相信未來入住的房客應該也會喜歡它，就等著它為你產生被動收入（租金）吧。

要抱持擁有一輩子的心態去買房的另一個理由是：賣房會有經濟損失，包括付給房仲的佣金、賣房後要繳的稅金，以及其他相關費用，賣房的成本一下子就去掉房價的4%至8%。如果你是在市場低迷時買入、在房市高漲時賣出倒也還好，但這種事是說不準的。假設市場持穩，買房後短短幾年內就脫手，讓本金增值（principal appreciation）的時間恐怕不夠長。

因此買房時最好要有長期居住的打算，但也必須接受最終你有可能會搬家的事實，畢竟計畫經常趕不上變化。有時候你正覺得一帆風順時，就會有些事情發生。

以為會天長地久，卻只是曾經擁有

我在2005年28歲時，買下了我以為會住一輩子的家，我完全沒料到未來10年裡我的生活會變得多麼不同。那是一間4房2衛的房子，面積約58坪，我花光了所有積蓄買下它。當時我剛被升為副總裁，心想我的收入應該會不斷增加。買這間房子違反了我的30/30/3原則（當時它還沒有誕生），所以在2008年的金融危機期間，我為這間房子整天提心吊膽：要是我失業了，很可能必須賣掉房子，損失慘重。

我原以為在接下來的10年裡，我們家會增添新人口，但我們的孩子一直沒有到來。所以2014年我們在舊金山一個安靜的地方買了一間小房子，然後把我們的大房子租了出去，徹底實踐BURL原則。根據我的30/30/3買房原則，新房子的房價比我們的預算低了 6 成。那是一間 3 房 2 廳的房子，還有一間海景辦公室。這間房子約 48 坪，位於一個較便宜的社區，我們入住後經濟壓力頓時減輕大半，感覺真棒！這將是我們夫妻倆住一輩子的新家，我太太正在跟公司談遣散費，最終在 2015 年離職。

求子多年未成後，我們已經認定這輩子不會有小孩了，這也沒什麼不好，因為我們現在都沒有正職工作了，想不到 3 年後，我們的兒子終於來報到了。萬歲！但……糟糕。現在回想起來，當時我們應該繼續住在面積更大的老房子裡，這樣才方便家人來幫忙帶孩子。但現在它已經租出去了，我也不想再花精神管理它，所以最後我賣掉房子，並將所得資金拿去進行被動投資，讓生活簡單些。

我們充分利用這間舒適的家，直到兩年半後的 2019 年 12 月，我們的第 2 個孩子（是個女兒）來報到。然後在 2020 年 4 月，也就是封城後的一個月，我們決定買下一間永遠的家，因為我們想要更大的空間。我們看到了一個好物件，於是立刻付諸行動。我們覺得這次肯定沒有問題，在孩子成年之前，我們全家應該會一直住在這裡，但是以我們之前的紀錄，這事可能得打個問號。

除了世事難料，永遠的家也很少是永遠的，因為我們的財富不斷成長，導致我們的欲望發生變化。我確定 10 年後大多數人將會比現在更有錢，因為我們可是理財武士哪！

如果你目前擁有一間正在付房貸的房子，拜通貨膨脹、相對固定的支出，以及你的淨資產變多這些因素之賜，日後你會覺得擁有這間房子的成本根本不算什麼。所以即使你認為你現在已經擁有了要住一輩子的家，有可能再過 10 年會想要一些不同的東西。這沒什麼不好，因為如果我們不利用我們的錢來過上最嚮往的生活，那麼工作、儲蓄和投資就沒有意義。

買下划算好宅的最佳時機

說了這麼多買房的好處跟方法，各位可能想知道什麼時候是買到一間好宅的最佳時機。

答案其實很簡單，如果你有孩子或計畫有孩子，那麼買房的最佳時間就是孩子和你們一起住的時候，因為這樣房子會被住好住滿，所以是最划算的。

等孩子長大了，除非你打算全家人永遠住在一起，否則你不太可能想升級到更大的房子，相反地，你可能想換間小一點的房子。當然啦，你也可以花更多錢買間漂亮的濱海豪宅，或是買一間設施完善的高級自有公寓。但是家裡人口變少時，你應該不會想住更大的房子，因為那只會令你感到孤獨和浪費錢。所以「永遠」住在一間房子裡的時間頂多是 20 年。

購買永久住宅的最佳方式

有些人會搬出買房就要住一輩子的藉口，買下超過其合理預算的豪宅。他們告訴自己和別人，因為他們打算在這間房子裡住幾十年，所以多花點錢並不過分。這種情況就像有人為了合理化買豪車的行為，硬拗說他們打算開 32 萬公里以上。但這種說法很快就被打臉，因為資料顯示現在美國人持有房屋的平均時間約為 10 年，[1] 你只要看看自己過去的居住歷史，就知道永遠住在同一個地方的想法是否不切實際。

所以購買永久住房的最佳策略，就是購買在你負擔得起的範圍內——遵循我的 30/30/3 買房原則的前 2 個條件，買房預算最高可達家庭收入的 5 倍——最棒的那間房子。但千萬要注意：用家庭收入的 5 倍來買房其實是很吃力的。因為我的 30/30/3 原則主張買房預算不宜超過收入的 3 倍，只有在房貸利率很低時，才提升到收入的 5 倍來買房，這情況就跟房貸利率提高 2 倍至 3 倍差不多。

在買下你的永久住房後，至少要在裡面住上 5 年（10 年更好），因為入住 5 至 10 年才足以：

- 享受你的房子，並讓你的頭期款發揮最大效益。入住的頭兩年會充滿興奮，因為你正在適應住在這裡的一切，等你完全安頓下來後，就能盡情參與社區的活動。
- 累積下可觀的額外資金。你用家庭收入的 5 倍買房後，你的財務緩衝區或許不是很大，所以你應該會想要重建你的現金儲備，以重新獲得財務上的安心。我建議在擁房期間，要設法讓你的主要住宅價值在全部淨資產的占比降到 3 成以下。希望 10 年後如果你又想買一間新的永久住宅，你會有夠大的財務緩衝。

擁房 10 年後，你應該就知道這間房子是否真是你「今生的唯一」，如果是的話，那就恭喜你啦！否則再找到一間適合自己的房子搬家，還挺累人的。但是話又說回來，如果你在這段期間內累積了夠多的財富，那你想換屋就換吧，畢竟一切的努力就是為了讓自己過上最順心如意的生活。

買在蛋黃區，還是明日之星？

即便你已經想好要落腳在哪個城市，但後續還要搭配更多關鍵行動，才能發揮最大的財富潛力。從那些相對較不受歡迎或較不知名的社區中「淘寶」，其實是相當高明的發財策略，因為這些社區鹹魚翻身的機率很高。如果你想加速達到財務自由，你就必須壓抑只想在蛋黃區買豪宅來自抬身價的欲望。

我們夫妻在 2014 年搬離位於舊金山北區的房子，並把它租了出去，然後在西邊約 5 公里處買下另一間房子，此舉讓我們每個月能省下大約 4,200 美元（5 成左右）。省錢還能繼續呼吸到相同的新鮮空氣，真的很讚！

自 2014 年以來，我們的住房支出大減 5 成，被動收入則成長了 5 成，不但大大提高了我們家的財務安全感，而且還讓我們每個月的住房成本驟降到總收入的 1 成。

如果你想盡早實現財務自由，我建議你的住房支出最好控制在每月總收入的 2 成以下，如果你是透過收入增加來做到這一點，那就再好不過了（見圖表 8-4）。

圖表 8-4　實現財務獨立的住房支出指南

住房支出在月薪的占比	評論
5 成以上	你的財務永遠不可能自由，會一直處於拮据度日的困境。
4 成	你明知該節儉度日，卻沒能切實做到。
3 成	不算太糟，但你的財務情況可能在原地打轉。
2 成	幹得好！你想必能感受到自己的財氣上升了。
1 成以下	恭喜！財務自由指日可待。

擴大收入與支出的差距是實現財務自由的基本功，而住房往往是我們最大筆的支出之一；所以如果你能在收入快速成長時，努力儲蓄和投資，並抑制住房和其他支出的擴增，你就可以更快達成財務自由的目標。

請花點時間看看城市裡的其他社區，不要一窩蜂地追隨那些最流行、最酷的人喜歡入住的地方。

打從我們搬到人口密度較低的舊金山西區時，心情頓時歡騰起來，因為這裡有新的公園和博物館可供探索、有新的餐館可供嘗鮮，有新的朋友可以認識。

最後，如果你們公司會把搬到別的城市的員工減薪，那麼你搬到本城較便宜的區域，不僅可以省錢，還可以繼續賺取同樣的薪水，可謂是一舉兩得。

很多人一講到買房原則，總是抬出：「找到最佳地段」的說法，但問題是黃金地段的價格很高，如果你買不起蛋黃區的房子，那就去你認為將來的需求量會變大，但現在「還未被發現」的「明日之星」地區找房。不過關鍵是它的沉潛期不宜超過10年，畢竟花20年的時間證明你有眼光未免太長了，到時候你的人生可能完全不一樣了。

某個社區是否有繁榮的潛力，判斷跡象包括新的餐館、超市和便利店紛紛開業。假設你家附近開了一間Walgreens（美國最大連鎖藥局），肯定代表有需求，我敢打賭他們在投入數百萬美元建造或翻新這間商店之前，已經做過可行性研究。

顯示社區正在崛起的另一個重要指標，則是有企業在社區內或附近建造新的辦公室，例如當年蘋果公司斥資50億美元在加州庫比蒂諾市建造新園區時，該地區的房價便開始迅速上升。你在買房之前，一定要認真研究有哪些公司可能遷入這一區，這些都是未來可能推升房價的利多。

還有，未來共乘、自駕車以及居家工作的情況將只增不減，市中心勢必會因為需求而改變。對於想要追求最大回報的房地產投資者來說，在新興的社區買房其投報率可能比較高。

找到房子的搶手價

每個城市的房價都有個需求最強勁的甜蜜點，我把它稱為搶手價（frenzy zone），因為這個價格範圍是最多人買得起的。想用這個價格買到房子很不容易，但如果你幸運搶到了，你的房子就很可能隨著城市的整體繁榮而升值，即便在經濟下滑時也不會損失太多。

搶手價約莫是當地房價的中位價加減2成，假設某區的房價中位數是 50 萬美元，那麼搶手價便介於 40 萬至 60 萬美元之間；如果房價的中位數是 180 萬美元，那麼搶手價就介於 144 萬至 216 萬美元之間，以此類推。搶手價至少會隨通貨膨脹率水漲船高。

如果你負擔得起，不妨考慮購買略高於搶手價的房子，也就是比當地房價中位數高出 21%至 30%的房子，因為在這個價格水準的交易往往沒那麼搶手，說不定反倒能助你成交。

購買有擴建潛力的房子

除了在前景看好的地區買房，還有另一個相當重要卻經常被人忽略的買房原則是：要買有擴建潛力的房屋。換句話說，你買的房子要有足夠的土地面積能夠向外擴建，能藉此獲得更多居住空間。或是買一間能把被浪費的空間轉變成可用空間的房子，因為可使用的坪數越多，你的房子就越值錢。

很多人在買房時很容易失心瘋，被房子的氣派外觀所吸引，或是被內部的奢華陳設、漂亮的地板和金碧輝煌的裝潢所迷倒。但如果你曾經改造（remodel）過一間房子你就會知道，所有的東西都是可以替換的，而且大多數的房屋改造通常是無法回本的，唯有整間翻新才會看到較好的投資回報。還有一點，改造房屋明明是為了盡可能吸引更多買家接手，但有些人卻只顧著展現自己的獨特品味。

如果你能在負擔得起的最昂貴社區裡買到具有擴張潛力的房產，那就是房地產投資獲利最大化的甜蜜點。如果你願意以低於每坪售價的成本，來建造和／或翻新你的房子，將可創造巨大的價值。

擴建自己來，還是買已完工的房子？

如果你還年輕，想透過改造或擴建房子來獲得「勞動增值」（sweat equity，指屋主透過勞動對房產進行改良，從而提高房產的價值）是值得的，因為此時你的時薪不會很高，你會有更多時間和耐心來改造房子。但是我曾經做過 4 次改造，決定到此為止，因為現在的我已經沒有那麼多時間了，所以我的時間是很值錢的。

如果你打算擴建你的房子以提高其價值，要注意每坪的售價和改造成本之間的差距：差距越大，你的利潤就越大。你可以拿大肆擴建後的鄰宅跟未經改造的房子做比較，做為改建的先例和參考。

花點時間仔細研究附近區域乃至你們這條街上房子的每坪平均售價，左鄰右舍的房價是最值得參考的。把研究所得的每坪實際售價減去每坪的實際建造成本，就是你的改造利潤。

雖然蛋黃區「居不易」，但是有一點很棒，那就是它的建造和改造成本，通常不會像它的居住成本那麼高。例如一台冰箱在小鄉鎮和大城市的售價應該差不多，全國各地的木材和鋼材價格基本上也大致相同，造成建築和改造成本波動的最大因素是勞動力成本。

說到房地產開發，比起休士頓、波特蘭或奧蘭多等房價較低的城市，在舊金山、華府和紐約市等地區的投資回報反倒多得多。

不過擴建房屋也有其缺點，例如房產價值重新估價後，財產稅通常會變高，但因為擴建或改造的成本幾乎一定會低於購買的成本，所以你的財產稅帳單，肯定會比你購買別人整間改造過的房子低些，但要小心別低估了你的改建成本對現金流帶來的風險。

房屋擴建策略結合地緣套利（在蛋黃區的周邊淘寶），你就能兼顧住在想住的社區，同時使你的房子未來價值最大化的優勢。

改造的錢要花在刀口上，為了獲得最佳的改造效果，擴大可居住的空間為第一優先，其次是改造廚房和浴室，再其次是改造門窗，還有餘裕的話再改造露台和景觀。

單戶房 vs 自有公寓 vs 多戶房

決定了買房的時機和地點後，接下來就要決定買哪種房子，這也是會對你的財富產生重大影響的因素之一。

單從數字的角度來看，購買多戶房且其中一戶自住、其他戶出租，應該是房地產投資效率最高且最強的發財方式，但這也得看你是否有這個能耐。

決定要買哪種房的兩大關鍵因素依序為：你能否負擔得起，以及你想要的生活方式。如果你打算隨時能把房子租出去，那麼租金收入就是考慮因素的第 3 順位。

想要計算你能否負擔得起，請用我的 30/30/3 購屋原則，至於租金的計算方式我們稍後會討論，所以現在我們先來看看各種房子的利弊。

想像你在各種房子裡的生活

如果你的重點是在未來 5 至 10 年內，過上你最嚮往的生活方式，那麼你可能想買間能力範圍內坪數最大的房子，這樣你就不必因為家中人口增加而換房了。我認為每個人的理想居住坪數為 16 至 22 坪，所以一個 3 口之家的理想住宅面積是 50 坪至 67 坪，4 口之家則需要 67 坪至 90 坪，以此類推。當然啦，這個數字會因人而異。

如果你選擇住在天龍國，由於住房成本高，你可能被迫適應較小的自有公寓生活。買房時還會因價格和供應情況，從單戶宅（house，僅同一家人入住）、自有公寓（condo，房子的所有權屬於屋主，apartment 則多半是租的）和多戶宅（multiunit，亦稱分租自有公寓）中做選擇。

房屋的維護和修繕費用也要一併考慮，如果你不想自己動手處理修剪草坪或鏟雪之類的麻煩事，你可能比較適合住自有公寓而非透天厝。如果公共區域是由屋主協會（Homeowners' Association，相當於台灣的管委會）負責維護，那就省事多了。但如果你買的是多戶房，那就意味著你需要打理的事務會隨戶數的多寡而倍增：房客的身分確認、電器用品、廁所、熱水器、輸電網路等。

如果你打算最終你會搬走並把房子租出去，那麼你現在就要先想好未來當房東時，需要投入多少的管理時間和工夫。之所以要想這麼遠，是因為你的答案會隨時間的推移而改變。如果現在的你既沒小孩也沒其他重責在身，你可能不介意處理出租房屋的各種雜務，但 10 年後你可能上有老下有小，還養了條狗，每天忙進忙出，你會不會心有餘而力不足？雖然買下一棟多戶房宅意味著更多的租金收入，但這也意味著你需要花更多工夫來維護你的房產。

與多戶房相比，維護單戶房或自有公寓的複雜度會低很多，對我這種不聘物業公司代管的小房東來說極具吸引力。當我們越老錢越多時，便只想悠閒度日懶得跟別人打交道。

然後是隱私因素，雖然購買多戶宅是最佳的財務決策，但如果你打算一戶自住並出租另一戶，你要確定自己願意放棄住單戶宅的隱私。

不過在你剛開始踏上財務旅程的初期，購買一個多戶宅確實是 70/30 的最佳決定，因為這樣既不浪費空間還能為你挹注更多的收入。當然啦，此時你的財務實力可能還無法讓你如願以償，但如果你最終買了一間單戶房或有多個房間的自有公寓，還是可以把其他房間分租出去，來實現效用最大化。

現在回想起來，我在 2005 年買下一間單戶房而非多戶房，只能算是個次優的財務決定，因為在後來的 10 年裡，其他 3 個房間的利用率很低，因為整間房子只有我跟太太兩個人自住。如果當時我們用相同的房價買下一間兩戶房，且每一戶各有兩間臥室和一套衛浴，情況就會好很多：我們可以自住其中一戶，把另一戶租出去，獲得的租金可以幫忙支付我們的生活費用。況且日後我們需要更大的居住空間時，可以將自住的那一戶也出租，獲得更多的被動收入。

現在我就來跟各位分享一些實際的數字，讓你們了解為什麼買一間多戶宅最招財。

早在 2014 年，我家的單戶房每月就可坐收 6,000 美元的租金，但問題是我們把房子租出去，自己就沒地方住了！但如果我們以同樣的價格買下一間兩戶房，我們便可以用 3,500 美元的價格出租另一戶。如果我們後來買了新房子，我們就可以把原本自住的那一戶房子以大約 4,000 美元的價格出租。換句話說，用同樣的價格買房，我們從兩戶房獲得的租金收入會比單戶房多 1,500 美元，真的比較划算。

從房東的角度來看，擁有多個小單位出租物業是最有利的；從租房者的角度來看，跟多名室友一起合租整層住宅是最划算的。

所以當你在考慮該買單戶宅、自有公寓還是多戶宅時，請記住以下這些評估因素：

- **單戶宅**的升值速度通常會比自有公寓快，有時甚至比多戶宅快。因為單戶宅的價值大部分在土地，所以要尋找擁有大塊平地、優美景觀、鄰近好學校和餐館、且具有擴建潛力的房子。單戶宅的居住空間更大、鄰居較少，通常能為住戶提供更好的生活品質。但其缺點則包括管理維護工作較多，且租金收入較少。新冠疫情爆發後，購屋者對單戶宅的需求達到了歷史高點，因為每個人都希望跟其他人有更大的距離。
- **自有公寓**的購置成本一般較低，但租金收入卻比較高。那些買不起單戶房或不喜歡花時間維護房子的人，應該考慮買間 2 房的自有公寓；因為套房和 1 房 1 廳的房型，靈活度較差且功能大同小異，所以升值速度不如 2

房的房型。不過自有公寓的缺點包括要付管理費以及遵守管委會的規定，其中可能會限制你的出租自由、降低出租利潤。屋主的產權只含自家而不及於公共設施。在經濟低迷時期，自有公寓受到的衝擊通常比較大，因為市場上的供應量會變多，而且自有公寓的格局大同小異，很難讓買家感受到獨特性。

- **多戶宅**通常能提供最多的租金收入，且能滿足多種租戶類型（個人、夫婦、家庭、多代同堂）的需求。其主要的缺點包括租戶可能較常變動，以及房東需要花更多時間和精力管理房產。還有，記得要先查看你們當地的租金管制法令，以舊金山為例，多戶宅的租金是有管制的，但單戶宅和自有公寓通常不受管制。對於那些有更多精力和時間的人來說，多戶宅是個不錯的選擇。

整體而言，投資房地產需要時間，無法一步登天，關鍵是當你發現自己可能會在同一個地方居住 5 年以上時，立刻擁有你的主要住宅。一旦你成功入了門，隨著時間的推移，你就有機會靠著累積更多的房地產來改善你的生活狀況。

理財武士道

- 搬到你能獲得最佳工作機會或是最高收入的地方，才是 70/30 的好決策；如果單以省錢為主要目的而搬到生活成本較低的城市，只能算是 30/70 決策。你的關注重點應該是你的收入最大化而非省錢。
- 用持有一輩子的心態買房。買下一間房，住上 5 至 10 年後，把它租出去，然後再買一間房，是很理想的房地產投資策略。在整個職涯期間，買下 3 至 5 個單位的出租房來產生被動收入，其實並不難。大家應努力把住房支出控制在每月總收入的 2 成以下，這樣就能拉大收入和支出之間的差距。
- 拜居家工作激增之賜，投資新興社區或蛋白區的房產，已變得更吸引人。
- 想要提高生活效率和增加收入，不妨買間多戶宅。若想擁有更好的生活品質與更快的房價升值，則可考慮買個單戶房，買一間具有擴展潛力的單戶房則是最理想的狀況。自有公寓由於價格較低，提供了進入房地產市場的最簡單方法，但是在經濟低迷時期，它們的價值往往下降最多。
- 如果你能在一個生活成本高昂的大都會裡建立自己的事業，並實現經濟獨立，日後只要你願意，搬遷到其他城市皆不成問題。

第9章

做多房地產

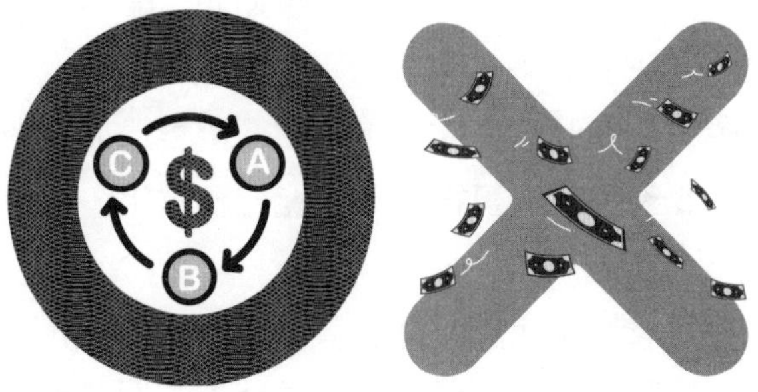

當你擁有主要住所後，雖然已在房地產入了門，但這時你還談不上是做多房地產，只能算是中立，要等到你開始考慮擁有租賃物業和／或線上房地產，那才算是做多房地產。畢竟如果你只擁有 1 間自用住宅，除非你把它套現再融資，或是把空房間出租以獲得收入，否則你很難把它貨幣化。所以接下來我要跟大家分享一些方法，讓你的房地產投資獲得最大的回報。

在所有能夠累積財富的資產類別中，我最喜歡的就是房地產，因為它是一種有形資產，而且兼具進可攻退可守的優點。

為什麼我說房地產是退可守，因為它在經濟下滑時的表現常常勝過其他資產，畢竟衣食住是人們賴以維生的基本需求。擁有 1 家生產非民生必需品的公司之股票，在熊市中就不吃香了，此時股票會被拋售、債券價格上漲而利率下降（兩者呈反向關係），這麼一來會有更多資金流向房地產，因為借貸成本降低了。

在 2008 年至 2009 年的金融危機期間，雖然我的舊金山出租物業的價格跌了 15%，但我的租金收入維持穩定，因為我的房客沒有搬家。他們在長達一年半的經濟衰退期間繼續支付相同的租金。今天我的出租物業不但能持續收租，而且它們的價格還大幅升值了呢。

至於房地產的進可攻特性，則來自於它的租金和房價會在景氣大好時雙雙上漲。只要擁有房地產，你就不會害怕通貨膨脹，拜槓桿投資之賜，房地產投資者的現金投報率（cash-on-cash returns，投資者在房產上獲得的年度回報，與同年支付的房貸金額之間的關係）相當強健。

最後，當市場瀰漫著恐懼和貪婪時，就會證實房地產是種致勝的資產類別，新冠疫情就是展現房地產實力的完美例子：當股價在 2020 年 3 月狂瀉時，房價依舊穩如泰山。那些未過度進行槓桿操作的房地產投資人完全不恐慌，頂多在自己家度過更多時光，當經濟前景一改善，房地產需求便迅速起飛。

當然啦，股票是種 100% 的被動投資，且歷史紀錄顯示它每年的投報率約有 10%。但股票之所以這麼不需要維護，正是因為它們是你無法控制的，而是受制於企業管理階層的決策，以及隨機發生的外部變數，但相對來說，你卻是你所擁有的房地產的主人。

以適當價格購得的房地產，幾乎可說是一樁穩賺不賠的好買賣。如果再加上政府祭出的稅收減免或各種激勵措施，不做多房地產就太可惜了。房地產創造財富的力量是其他資產難以望其項背的，主要與風險有關。

當某個資產類別被認為風險較低時，其投資回報通常也較低；舉個簡單的例子：股票與債券，債券較安全但投報率也較低。但諷刺的是，雖然大家普遍認為房地產的風險比股票小，但有時投資人反倒可以從房地產賺到更多錢。

為什麼會這樣呢？是因為信心，因為房地產投資者相信房地產的價值不會像股票那樣在一夜之間消失無蹤，所以他們願意利用槓桿操作來購買價值更高的資產。隨著時間的推移，投資房地產的絕對回報（absolute return，絕對回報是資產在指定期間內實現的回報，此一指標著眼於資產（如股票或共同基金）在指定期間內的升值或貶值，以百分比表示之）最終有可能比投資股票或其他風險資產大得多。

房地產比股票更能讓普通人致富

回想一下你最近購買的股票、ETF 或指數基金，然後拿你購買的金額，跟美國的房價中位數（2022 年約為 40 萬美元）[1] 做個比較，如果你有房子，則拿去跟你的房價做比較，你會發現兩者的購買金額差距頗大。

2019 年公布的〈消費者財務調查報告〉顯示，[2] 該年所有家庭的持股金額中位數為 4 萬美元（2019 年的房價中位數則為 32.7 萬美元）。此外數位財富顧問公司 Personal Capital 的資料顯示，[3] 2021 年其客戶的退休帳戶餘額的中位數為 12.3 萬美元。

換句話說，由於股票餘額的中位數比較低，所以一般美國家庭的股票漲幅必須要高很多，才能跟得上房地產的絕對回報。例如 2022 年的房價中位數上升了 10%，亦即成長了大約 4 萬美元，如果股票投資也要達到 4 萬美元的成長，意味著 2019 年所有家庭的持股金額中位數翻倍，或是 Personal Capital 客戶的退休帳戶餘額中位數增加 32%。這雖然不是不可能，但可能性極低。

一般人較願意花更多錢買房地產，而非購買個股或指數基金，為什麼呢？因為房地產是種有形資產，保值性也比較好，你的房子不會像某些股票那樣，當獲利較預期低了幾個百分點，竟然一天內就重挫 25%。

房地產不僅能為我們遮風擋雨，產生的收入還能享有稅賦優惠，而且房價還會升值，所以即使房地產的平均投報率低於股票，但其絕對回報可能比股票高得多。

如果你對風險資產的投資信心不足，你要麼乾脆不碰，要麼投資額度根本不夠多。我遇到很多讀者多年來只敢持有現金不敢投資，當然也有一些投資人把全部的資金都押寶在他們最喜歡的飆股。但是對於財力普通且需要養家糊口的一般美國人來說，買間派得上用場的房地產，是種更容易且更安全的財富累積方式。

只要各位遵循我的 30/30/3 原則買下一間房子，即便它的價值持續下跌，你也不會一直掛心它的貶值，相反地，你會繼續享用房子所提供的效用（utility），並不斷創造美好的回憶。如果你是把房子出租，那就是房客在享用這間房子，並且支付租金讓你撐過房市低迷期，房地產的此一效用有助於投資人承受潛在的損失。但股票就沒有這種優點了，持股並不會提供任何的喜悅來彌補股票損失，股票提供的效用為零。

房地產的風險明明比股票低，但諷刺的是，一般人可以從房地產賺到更多錢。正如我在第 4 章中提過的，此一反常的怪現象一部分要歸功於政府對房地產的大力支持；另一部分則要感謝我們自己，有能力為了潛在的財務昌盛，而大膽承擔更多經過仔細盤算的風險。

總之，房地產投資的 70/30 最佳行動，是按照我在第 5 章介紹的淨資產分配架構來投資房地產和股票，兩種資產各有優點，它們並非互相排斥的投資標的。

社會弱勢群體能靠投資房地產翻身

某天我突然發現我的房客竟然全都是白人，老實說，在媒體大肆報導種族不公正事件，以及反亞裔的仇恨犯罪事件在 2020 年至 2022 年間大幅上升之前，我壓根沒想過我的房客的種族。

身為一個長年住在舊金山的亞裔美國人，我很少遇到種族問題，因為舊金山是個「少數族裔居多」（minority-majority）的城市。但是隨著媒體日益關注社會的弊端，我開始更加意識到自己的身分，且更加欣賞把房地產當成保單的做法。

你是否因為某種障礙（disability）而比較難在你感興趣的領域獲得一份工作？你們公司的管理階層全是跟你不同性別（gender）的人所組成？你因為缺少人脈關係，所以沒人替你熱情的推薦（warm referral）工作？對於沒有家世背景必須靠自己白手起家的人來說，房地產是建立收入和財富一種特別強而有力的方式。

它還可以充當你的避風港（security blank，原指為嬰幼兒提供安全感的毯子），在你受到歧視時仍能擁有基本的自信。不必深究結構問題，我敢說如果你是被邊緣化群體的一員，你的機會肯定比那些非邊緣化群體少得多了。

我可以用一道簡單的算術證明我所言非虛，假設你的種族只占全國人口的 6%，而你要跟一個其種族占全國人口 61% 的人進行政治競爭，即使你獲得全族人的力挺，而對方只拿下其基本盤的 1 成，你仍然會輸給對方（6.1%>6%）。

在贏家通吃的社會裡，當你意識到情況對自己很不利時，你很容易就會喪失信心而放棄。但是真正的理財武士絕不輕言放棄，他會找到方法來臨機應變。

我認為不平等事件的發生，幾乎都跟人性脫不了關係，正所謂「人不為己，天誅地滅」，特別是事情牽涉到我們的孩子時。機會和機遇本就是不平等的，所以房地產是個很好的保障。

我的退休投資組合中，總共有 3 個出租房產，為我提供一部分的被動收入。我當房東的目標是盡量找到最好的房客，在篩選過程中，我會特別關注他的財務狀況、工作年資、前一次租屋租了多久、前房東的推薦信，以及房客的性格。

我每個房客的每月總收入都在 2.7 萬至 5 萬美元之間，而且都在大型科技公司、醫療領域或新創企業裡有份穩定的工作。他們說不定是理財武士部落格的讀者，因為他們全都遵循我的住房支出準則，亦即房租支出不超過家庭收入的 20%。但大家絕對想不到：我到任何一個房客的公司就職的機會微乎其微，我憑什麼這麼說？因為這些公司我都應徵過。

2012 年初，在我離開金融業之前，我曾向 Airbnb、谷歌、Facebook 以及蘋果等科技公司投了數十份簡歷，但是全軍覆沒：他們要麼沒回覆我、要麼拒絕我。而且這種戲碼不斷上演：2013 年我申請某個新聞獎學金，雖然與教授們進行了廣泛的會談，最後仍被拒絕了。

2015 年我又向幾個新創事業育成中心提出申請，其中一家直接拒絕我，另一家則給了我 1 小時讓我說明我的想法，但最後還是拒絕了我，但我明明已經看到有幾家公司採用了我的想法並且大獲成功。

可惡！我本可以讓每個人都發財，包括我自己！但我的想法被拒絕了。我還有好多類似的情況可以繼續說下去，但我相信各位應該明白我的意思了。拜這些不斷被拒的慘痛經驗之賜，讓我能夠持之以恆地把 5 成以上的被動收入和線上收入存起來。這些不愉快的經驗也是我努力建立租賃物業投資組合的關鍵原因之一，如果你不曾遭遇過不斷被拒的挫折，你就不會屢敗屢戰、越挫越勇地努力向前。

不過我也要在此聲明：我並不認為我之所以會被這麼多單位拒絕，純粹是因為我是個少數族裔，我認為缺乏經驗或經驗太多，才是我被拒絕的主要原因，但也有可能是因為我沒有表現出求職者應有的熱情，誰知道呢？我確實沒有人脈關係可為我提供熱情的推薦。老實說，那些能進入大企業工作、能獲得獎學金，以及能被育成中心青睞的人，全都是有著漂亮履歷的聰明人，而我從客觀上來看就是個普通人，刻苦耐勞是我唯一的過人之處。

你不需要是個天才也有能力正確分析某個房地產投資機會，對於你身上那些可能阻礙你找到工作、或是為你創辦的公司籌募資金的個人特質，包括不擅長社交、個性沉悶、缺乏魅力，或是缺乏自信，房地產都能給你保護。

如果你因為某種身心上的障礙——占全球人口的 15％[4]——而被排除在就業市場之外，房地產就成了一種特別有利的資產。雖然大多數人可以透過努力來改善自己的技術能力或自信，但是要克服我們無法控制的個人狀況則要困難得多。為身心障礙者提供公平的競爭環境是正確的做法，我希望更多企業繼續投資於無障礙措施，給身心障礙者一個公平競爭的機會。

被邊緣化的弱勢族群還面臨另一個非常現實的挑戰：很多人之所以能出人頭地，是因為擁有很強的人脈關係。我的房客全都在知名企業上班，只要你在 Facebook 這種公司待過，你很容易就能跳槽到谷歌、蘋果，而且你的兄弟姐妹和親朋好友，也會更容易進入這些公司，因為有認識的人推薦，以及所謂的「傳承錄取」（legacy admissions，拜家中祖先或長輩是名人之賜而被名校或機構錄取）。儘管大家都很不滿裙帶關係，但它一直都存在。

一般普羅大眾根本沒辦法闖入這些地方，且看看薪水最優渥的 Facebook（現在的 Meta）其各個族裔的員工占比情況，[5] 大學應屆畢業生一進去的起薪就有 18 萬美元，至於工作經驗七、八年的 E6 級工程師，年薪則超過 60 萬美元。

如果你是西班牙裔或黑人且很想進入 Facebook 就職，你看了圖表 9-1 後很可能就會打退堂鼓，因為你會覺得會鼓勵支持你的人太少了。代表性（representation）很重要，因為它可以讓那些代表性不足的人願意鼓起勇氣試一試。

但代表性過高（overrepresentation）也會有影響，你若是亞裔，你看了亞裔員工在 Facebook 的占比後，可能出現兩種截然不同的反應，你要麼認為自己被錄取的機會應該頗高，但也可能被這些數字嚇倒；因為亞裔員工在 Facebook 和其他大型科技公司的占比過高，會令人覺得競爭太過激烈，自己恐怕進不去。身為占比過高的少數族群裡的一分子，你或許會覺得自己屬於錯誤的群體，Facebook 可能不會優先考慮你，所以何必浪費時間去應徵？

圖表 9-1　FACEBOOK 各族裔員工的占比

年度	白人	亞裔	西班牙裔	黑人	多重族裔	其他
2014	57%	34%	4%	2%	3%	0%
2015	55%	36%	4%	2%	3%	0%
2016	52%	38%	4%	2%	3%	1%
2017	49%	40%	5%	3%	3%	1%
2018	46.6%	41.4%	4.9%	3.5%	3%	0.6%
2019	44.2%	43%	5.2%	3.8%	3.1%	0.7%
2020	41%	44.4%	6.3%	3.9%	4%	0.4%

當你反覆被機會拒之於門外，或感覺自己被機會拒之於門外時，你只能自己創造機會。並不是所有人都能受惠於蓬勃發展的經濟，但投資房地產卻是讓你能參與其中的一種方式。

即便你無法找到一份好工作，但透過擁有房地產，你仍然可以因為經濟成長帶來的租金和房價上升而獲益。即使你不能加入一個前景看好的準上市公司，房地產仍能從總體經濟的新流動性中受惠。身為房地產投資者，你肯定能從難得的發財機會中分得一杯羹。

不斷練習預測未來情況會如何發展是很重要的，因為它不僅會影響到你的機會，也可能影響到你的孩子，我曾與機會擦身而過的狀況，很有可能會在我的孩子身上重演。但我擁有的房地產投資組合讓我很放心，因為我知道無論我的孩子在生活和事業上將面對多少的拒絕，他們都不會挨餓，最起碼他們可以當個包租公維生。

你可以自由成長茁壯，不需看人臉色

擁有投資物業是一項不需要特許的業務，而且它能為家庭提供生活保障，所以街上才會有這麼多的餐館、美甲店、洗衣店和各種小店，這些店很多都是那些被邊緣化的族群開設的，他們只需懂得一些能跟客人溝通的日常對話就可以開店做買賣了。只要有資金和膽識，你也可以開始做些小生意。

你可以讓你的孩子在你的店裡洗碗、做飯、打掃衛生、做各種家務。當他們有了收入以後，你就可以幫每個孩子開設一個羅斯個人退休帳戶，只要你的孩子做事夠認真，他的投資能獲得穩當的回報，說不定他們年紀輕輕就成為百萬富翁了。萬一你的孩子在外頭謀事不順利，最不濟還可以回家幫忙打理家族事業。

我很喜歡經營理財武士網站，因為我不必聽任何人指揮我該做什麼、該寫什麼，我可以只寫自己想寫的內容。

個人理財是個相當同質化的領域，雖然我無法憑外貌或地位脫穎而出，但我很早就發現到，谷歌等搜尋引擎的演算法是相當客觀的，因為他們想向使用者展示最好的內容。拜此之賜，雖然我不隸屬於某個大平台或大媒體，但我仍能靠著內容的品質進行有效競爭。時至今日，理財武士網站每個月都會有大約 100 萬的有機訪問者，他們並不在乎我長得帥不帥，他們只在意我是否能幫助他們解決財務問題。

當系統對你不利時，千萬不要認為你的未來將由別人決定，這點非常重要。我們每個人都希望有機會在一個不受操縱的系統中公平競爭，如果你覺得這個系統不公平，你必須找到方法來克服它。

不要指望社會來幫助你，不要依賴政府來拯救你，要專注於你自己能控制的事情，只要你抱持這種心態，我相信你一定能比一般人累積更多財富。

人人都渴望擁有安全感，只要你擁有一份房地產和／或一份小生意，你就可以為自己和孩子取得安全感。

有房斯有財！

大家不妨考慮這樣的目標：讓家中每個成員都擁有1間房，這麼一來他們就不必擔心住的問題。如果你在孩子出生時買房，到他們成年時，房貸可能也剛好繳清了。為特定的目標儲蓄和投資是個強大的動力。

如果你希望有更多機會參與成年子女的生活，不妨在你家附近購買多處房產來實現此一目標。在一個不斷發展的城市中，提供一間負擔得起的房子，是個很好的誘因。但我也要提醒大家，你最終還是得放手讓孩子選擇他們要走的路。好在即使他們不打算過來住你的房子，至少你可以把房子租出去以獲得租金收入。

投資實體房地產，還是線上房地產？

無論你是基於什麼理由和背景想要投資房地產，但現在的選擇堪稱是有史以來最多樣化的。

我曾在第 3 章提過，實體房地產和線上房地產（私人電子 REITs、公共 REITs、房地產 ETFs 和房地產眾籌）是我最喜歡的被動收入投資之一，我們現在就來簡單回顧一下當時我曾列舉的原因。

投資線上房地產最棒的是，你不必為了究竟該投資這個還是那個而傷腦筋，只要你有資金，你可以同時投資兩者，而且你在其中任何一種投資中的資產配置，都可以隨時改變。

比方說吧，隨著你的財富成長，只要你有時間和精力，你就可以考慮擁有實體房產；如果你懶得再費心管理出租房，你可以把房子賣掉，並把新的流動現金再投資到線上房地產，我在 2017 年賣掉舊金山的出租屋後就是這樣做的。

我把賣房所得的 55 萬美元再投資到一個由 18 個房產組成的房地產眾籌基金、一個名為 VNQ 的房地產 ETF，以及幾個公共 REITs。房地產眾籌基金中的大多數房產績效都很好，但也有些是零投報，因此多樣化很重要，VNQ 則一直有 2％以上的股息收益。自 2017 年以來，我的再投資收益不僅提供了 100％的被動收入，而且它們的績效超過了舊金山的房地產。投資線上房地產的優點包括：不必擔心出租屋的冰箱壞了、房子漏水、客房遲交租金，以及房客來來去去等問題。

前述這兩種投資方式各有其優缺點，我們就來仔細做個比較吧。

投資實體房產勝過投資線上房地產的理由

實體房產應該是你投資組合的核心部分，因為你能享有房價升值、租金收入，以及稅賦優惠等優點。不過我認為投資出租物業優於投資線上房地產有個關鍵的無形理由：那就是家庭保障（family security）。

所有父母都會擔心孩子的未來，大學教育的投報率持續下降，全球化造成競爭變得超級激烈，還有新冠疫情這類黑天鵝事件，也在阻止成年子女的人生啟航。

繼承到一個配股息的投資組合並不會讓人特別興奮，但是一間出租房可以讓成年子女學習如何把房子在市場上公開、篩選房客、進行房客的背景調查、談判租約、協調遷入和遷出事宜、確保所有保險到位、收取租金、維護或改善出租屋。能以市場行情找到優質房客，是一件很有成就感的事。即使你的成年子女找到了滿意的職業，如果你從小就教育他們房地產投資的好處，他們在長大後就比較可能會好好維護這些房產，畢竟他們很可能會在你走後繼承這些房產。

我兒子 3 歲的時候，我們決定在住家附近的一間出租屋前種下兩棵玉蘭樹。我告訴他：這些樹在生長的頭兩年需要每週澆水，才能成功扎根，他聽完點了點頭。此後每週我們倆都會走到出租屋前，給赫比和哈吉澆水，這是他給這兩棵樹起的名字。我希望從此之後，在樹木跟著他一起長大的同時，他將學會關於房地產投資的所有知識，並為了自己的利益和願望而努力。

對於沒有小孩的投資人來說，出租房產能提供你需要的被動收入，讓你過上嚮往的生活。租賃物業提供的收益，通常會高於線上房地產或大多數其他資產類別。再者，因為你購買的出租物業之潛在美元價值較高，所以它的絕對收入和增值金額可能也會高得多。

投資線上房地產的案例

房地產眾籌（REC）亦稱私人房地產聯合組織交易（private real estate syndication deals，房地產聯合組織是指一群投資者集資購買個人投資者買不起的大型房產，例如整棟公寓、商辦大樓、倉庫），現已成為我最喜歡的房地產多元投資方式之一，因為這種投資是 100％被動的，你完全不需要管理出租物業，讓你既能接觸房地產市場，又能過上自由自在的生活。它還讓你可以投資全美任何地方的房產，特別是美國的中心地帶或南方各州，那些地方的房屋估值較低、淨租金收益率（net rental yields）較高。

如果你在房價高昂的沿海城市擁有房地產，房地產眾籌則能讓你用 BURL 方法在全美各地做更精準的投資。再者，你可以投資不同類別的房地產，例如辦公室、工業區、旅館和多戶宅等。

比方說吧，當疫情來襲時，辦公室和旅館之類的商用房地產會受到衝擊，但是倉儲設施和多戶宅卻會蓬勃發展，你可以在 CrowdStreet 這類平台投資前述這些房地產資產類別。

誠如我在第 3 章中提過的，投資線上房地產你不必承擔房貸，把所有資金全押在某個房產上。以資金規模達數十億的 Fundrise 為例，最低投資額只要 10 美元，換句話說，線上房地產投資跟投資股票一樣，可以先從小額做起，然後逐漸加碼。

房地產投資的 70/30 最佳策略，是在你二十多歲和三十多歲時建立你的實體出租物業組合。但你在儲蓄頭期款的同時，也該投資線上房地產，才能跟上房地產市場的發展。到了四十多歲，就可以開始逐漸轉往被動的線上房地產投資，你隨時都可以聘請物業經理來代管你的實體出租物業。

理想情況下，你會知道自己有辦法應付幾間房子的出租工作，當你達到此一上限時，就可以把多餘的資金和現金流投資到線上房地產。

美國中心地帶的房地產值得投資

如果你想致富，就該關注趨勢，只要抓對趨勢的走向，剩下的事自然會水到渠成。依我看，下一個賺錢的趨勢是透過房地產眾籌或私人房地產聯合組織交易，在美國的中心地帶進行投資。（美國的中心地帶包括阿拉巴馬州、阿肯色州、伊利諾州、印地安那州、愛荷華州、堪薩斯州、肯塔基州、路易斯安那州、密西根州、明尼蘇達州、密西西比州、密蘇里州、內布拉斯加州、北達科他州、俄亥俄州、奧克拉荷馬州、南達科他州、田納西州和威斯康辛州。）[6]

如果你無法在中心地帶購買實體房地產，可以透過房地產聯合交易找到機會。從 2022 年起，稅賦、政治以及彈性的工作環境，都將推升中心地帶未來 10 年的房價。以下是引領趨勢的一些動向：

1. 由於紅州（長期傾向支持共和黨的州）的價格較低，有可能出現藍州（長期傾向支持民主黨的州）向紅州的淨遷移（net migration）。

2. 隨著美國的老齡化，許多退休者為了讓退休金能夠用更久，可能會從藍州遷出。
3. 拜技術與更有彈性的在家工作選項之賜，遠端工作的趨勢將會持續下去並加速。
4. 由於人口結構的變化，紅州的所得成長可能更高。
5. 州稅和地方稅（SALT）的扣除額上限，傷害了高稅率州的高價房產，如果取消此一扣除額上限，那麼高稅率州的高價房產的業主將受益更多。
6. 由於現在投資全美各地房地產的效率更高，資金將自然而然地離開資本化率較低的州，並流向資本化率較高的州。
7. 由於房地產眾籌投資者越來越多，將導致需求的增加和房價的上漲。
8. 更多房地產眾籌平台的興起，將增加資金的供應，使得以前投資不起的物件需求大增，從而推升了這些物件的價格。
9. 美國中心地帶的外籍新住民人口比例，已從 2010 年的 23.5％上升到 2019 年的 31.1％，[7] 而且很可能會繼續上升；此一情況將提供更多有利的人口順風（demographic tailwinds），並帶動房地產的需求。
10. 中心地帶日益成長的多樣性，可能會吸引來更多種族群的人，他們覺得生活在同鄉的圈子裡更舒服。30 年後，中心地帶看起來會更像沿海各州。關於中心地帶多樣性的演變，請看布魯金斯研究所的《中心地帶不斷變化的面貌：為明日美國多樣化的勞動力做好準備》（*The Changing Face of the Heartland: Preparing America's Diverse Workforce for Tomorrow*）論文。[8]

11. 疫情期間被拒於國門之外的外國房地產投資者，可能會開始湧入美國。

如果你無需費神打理房產就可輕鬆獲得 3 倍至 5 倍的租金收益，你還等什麼呀？趕緊大力投資吧。

理想情況下，我希望把我的實體出租房產投資分成兩半：其中一半投資在我打算居住的舊金山和檀香山，另外一半則投資在中心地帶，因為那裡的房屋估值較低，租金收益率較高。

投資本地，還是遠方的實體房產？

住在高房價地區的人，會特別想投資房價較低但租金收益率較高的地區。但是搭飛機到外地購買實體房產並從遠端管理，恐怕沒那麼容易。

我的建議是，除非當地有你信任的人能代管房產，而且在扣除僱用此人的費用後還有夠多的剩餘獲利，才值得進行這樣的投資。物業代管人收取的費用通常是 1 個月的租金，所以如果 11 個月的租金仍能提供夠多的收入並產生正的現金流，那就沒什麼問題了，特別是在房價持續上漲的情況下。但如果你找不到一個能夠信賴的物業代管人，那麼管理出租物業的所有頭痛問題——從水管爆裂到吵鬧的房客——在你鞭長莫及無法即時處理的情況下，事態可能會被放大。但即使有物業代管人，你的壓力感也會吞噬掉任何從盈利中獲得的快樂。

此外，在購買非本地的房產時，你需要投入足夠多的資金，才能讓你投入的時間和麻煩「值回票價」。比方說吧，假設你有 100 萬美元的淨資產，每年為你產生 15 萬美元的收入，你打算花 20 萬美元在外州購買 1 間單戶房，它每月只能產生 600 美元的淨租金收入，這顯然是在瞎折騰。更明智的做法是透過多元化的房地產投資信託基金、私人電子房地產投資信託基金、房地產 ETF 或眾籌，進行遠端房地產投資。由房地產投資信託基金經理和眾籌平台為你審查交易，發起人負責管理交易，你落得無事一身輕。最棒的是：你不需要追著房客討租金、鏟雪，也不需要在洗碗機淹沒廚房地板時急著找水管工修理。

該投資度假屋嗎？

對於大多數人來說，購買度假屋根本是浪費，因為按照你使用該房產的頻率換算下來絕對是不敷成本的。能夠自由自在地去自己想去的地方旅行，才是最棒的理財作為。度假最令人興奮的部分就是探索新的風土民情，永遠只能去你的度假屋，玩久了終歸是會膩的。

在你購買度假屋之前，務必誠實核算你實際使用該房產的頻率。度假屋純粹是種追求生活品味（而非追求投資成長）的奢侈開銷。

投資房地產的基本原則：如果你必須依靠租金收入來負擔該房產，那麼永遠不要購買度假屋。因為它的租金收入是不穩定的，會受到很多因素的影響，包括經濟衰退和天氣狀況。即使你遵循我的 30/30/3 原則，而且也存到房價的 1 成，但只要你必須依靠租金收入來支付你的房貸，那麼旅遊淡季沒有租金收入便可能危及你的財務狀況。

此外，維護度假屋的麻煩程度，使得投資這種房產弊多於利。理想情況下，投資產生的收入越被動越好，維護租期一年的年租房就已經夠麻煩了，度假屋很可能每週都要接待新房客，其管理工作等同在做一份兼職。當然啦，你可以僱用 1 名物業管理人來幫你代勞，但這將削減你的利潤，而且旅遊淡季沒有租金收入的問題依然存在，更遑論持有房屋的相關問題。

我很佩服那些透過 Airbnb 和 VRBO 等平台靠短期出租賺取豐厚利潤的房東們。但現實情況是，管理這些房產需要投入更多的時間和精力，不然就得花錢請別人代勞，我只能說這個遊戲不大適合年長者。從純粹被動收入的角度來看，度假屋需要高度的管理維護，但投報率卻不怎麼樣。

所以我購買度假屋的原則是：**以滿足生活方式為優先，其次才是收入**。

我是汲取一位前輩的智慧後想出這個原則的，他的投資經驗比我多了幾十年。我是在 2017 年 2 月於加州斯闊溪度假村（Squaw Creek，我在那裡擁有 1 間度假屋，坦白說這並非是最好的財務決定，待會我會說明詳情）的某次泡湯聚會中，認識這位投資前輩。他曾在某大型律師事務所擔任合夥人，但在 5 年前退休了。當我問起他打算如何處置他買的那戶度假屋時，他的答案是：「就繼續享用它呀，我是永遠不會賣掉它的，因為這間房產的價值在我的淨資產中的占比微不足道，我會把房子留給我的孩子們去享用。」

因為這只是一場泡湯聚會，而非一對一的個人理財諮詢，所以我沒再過問他的財務狀況。但因為這位前輩比我年長 20 歲，而且子女都成年了，所以我打算學習他的做法，不賣掉我的度假屋，而是留給孩子們繼續使用。

我在 2001 年首次來到斯闊溪（現在已經改名為 Palisades Tahoe），當時我就打算以後孩子放假時就帶他們來這裡玩。在暑假期間，我們可以去健行、滑水、泛舟、划獨木舟以及騎越野車。放寒假時，我們可以玩雪橇、堆雪人。太浩湖（Lake Tahoe）就是這樣一個百玩不膩的神奇地方。

如果我想陪孩子整個童年都在度假村玩耍的願望能夠實現，那我買這間度假屋就值了，雖然我在經濟上遭受了一些損失，那也無關緊要了；畢竟現在房貸已經付清，而且它在我的淨資產中只占很小的比例。

正因為夢想有時未必符合我們的財務現實，所以我創造了這個原則——以免我們明明負擔不起，卻因情感因素而做出非理性的決定。為了避免度假屋變成你的負擔，我的原則是**度假屋的總價（不是頭期款喔）不宜超過淨資產的 1 成**。

舉例來說，如果你的淨資產有 300 萬美元，那麼你花在度假屋上的錢不宜超過 30 萬美元。如果你的淨資產只有 50 萬美元，那你可能不適合購買度假屋。圖表 9-2 可以做為購買度假屋的入門指南：

圖表 9-2　度假屋購買指南

總價不宜超過淨資產的 1 成、且頭期款至少要付 2 成

淨資產	度假屋總價	附註
50 萬	5 萬	千萬別碰分時度假屋（time-shares）
100 萬	10 萬	你可以擁有 1 間林間小屋
200 萬	20 萬	有水有電的豪華小屋
400 萬	40 萬	約等於美國房價的中位數
500 萬	50 萬	選擇範圍變多了
1,000 萬	100 萬	你終於可以在度假屋裡享受人生了

資料來源：理財武士網站

其實這個指南是想提醒大家，在你的淨資產達到 100 萬美元之前，根本不應該考慮購買度假屋，而且在你的淨資產超過 500 萬美元之前，你其實也買不到什麼好貨色。

如果當時我能參考這份度假屋購買指南，我就不會在 2007 年買下那間度假屋，不僅能省下一大筆錢，還免去一堆頭痛問題。2007 年我的淨資產大約是 220 萬美元，但我卻花了 71.5 萬美元買下這間度假屋（高達淨資產的 32.5%）。隔年全球金融危機爆發，我的淨資產跌到大約 150 萬美元，那間度假屋的總價也一口氣衝到我淨資產的 48%，真的很傷腦筋。

任何資產的價值低於淨資產的 1 成，你就會覺得這筆錢微不足道，當房產只占你全部財富的一小部分時，你購買它的理由就會比較偏向於滿足你的生活方式而非投資。

即使你有能力購買房產，也要從各種角度來思考其可行性。請各位誠實回答以下這些問題：

1. 你會經常使用它嗎？
2. 你想再多看看其他地方嗎？
3. 買下這間度假屋會讓你的生活更美好嗎？
4. 你打算永遠擁有這間度假屋嗎？

在經濟低迷時期，度假屋往往是最先受到衝擊的房產類型，因為這時候沒有人需要它。擁有多處房產的人，也是最先考慮賣掉度假屋，然後才賣掉他們的主要住所。再者，經濟不景氣時期，願意花錢度假的人會變少，所以度假屋的租金收入可能也會下降。

正確估價的 8 個步驟

如果我沒教各位如何評估和分析物業，就不該鼓勵你們投資實體房地產。自從我在 2003 年買下生平第 1 間房子後我學到了很多，所以我想幫助各位避免犯下我當年的錯誤，並從我學到的教訓中獲益。

所以在我即將結束關於房地產投資的討論之前，我要把我的買房絕學教給各位，讓大家能夠運用這買房 8 步，逐一確認某個投資物業是否值得你花費寶貴的時間和精力。

當你考慮買間房子時，請回來看看這個快速指南，並計算相關的數字。記住：你的利潤必須值得你花費這些寶貴的時間和精力。

在開始計算數字之前，要明白你的投資目的是賺取收入，所以你的核心任務是弄清楚這個房產每年能夠產生的真實收入是多少。雖然相關數據很多，但這個物業目前和歷年來的收入數字是最重要的。因為判斷一項資產是否值得投資，主要是看它目前和未來能產生多少現金流而定。

1. 計算租金的年投報率

根據你在網路上找到的附近地區類似房子的租金，估算它的月租行情，把這個數字乘以 12，便可得到它 1 年的租金收入，然後把此金額除以房價，例如：

月租 2,000 美元 ×12= 每年 2.4 萬
該房子的年投報率為：
2.4 萬美元 ÷50 萬美元 =4.8%

這個簡單的算式顯示的是用現金買房且沒有後續開銷時，1 年可以獲得的租金投報率。

2. 拿租金的年投報率跟無風險利率做比較

無風險利率指的是 10 年期債券的收益率，它在過去 40 年間大幅下降，任何投資都必須有個比此一利率更高的風險溢價，否則沒必要把你的辛苦錢拿去冒險投資。如果房子一年的租金投報率低於無風險利率，要麼努力跟賣方討價還價，要麼放棄。

理想情況下，你的租金投報率至少要是無風險收益率的 3 倍，因為你還需支付保險、財產稅、維修費、營業費用，以及

房貸。

3. 計算你的營業淨利、資本化率及淨利

- **營業淨利**（net operating income, NOI）：營業淨利等於出租屋的所有租金收入，減去所有的必要營業費用。請注意營業淨利的計算排除了房貸支出、稅金和資本支出。計算營業淨利主要是為了判斷該房子產生租金收入的能力和獲利能力（有些投資者可能還會指望拿租金收入付房貸）。計算營業淨利有利於對同類或相似的物業進行評比。
- **資本化率**（cap rate）：把物業的營業淨利除以它的資產價值。例如某間開價 100 萬美元的房子，營業淨利為 4 萬美元，則其資本化率為 4%。然後把此 4%的資本化率拿去跟其他的潛在房地產投資機會做比較，資本化率越高，房產對投資者就越有吸引力，反之亦然。
- **淨利**（net profit）：淨利等於全部的租金收入，減去經營和擁有此房產的所有費用 ── 包括房貸利息、保險費、管理費、行銷費用和財產稅。

說到投資時，一切都是相對的。例如舊金山 3 層樓以下的房產，其資本化率平均為 4%，你若能找到一棟資本化率有 5%的大樓在求售，這就是個划算的買賣。但這樣的數字在德州傑弗遜縣就乏人問津了，因為當地的資本化率一向高達 9.2%。

4. 計算房產的回本年數

把房價除以它目前的淨利。

比方說吧，假設某房產要價50萬美元，但每年的淨利只有5,000美元，那麼這間房子想要回本的年數是500,000÷5,000=100。天啊！這筆交易需要100年才能回本。

除非你相信自己有能力在幾年內大幅提高它的租金收入，或是你相信該房產的價格會大漲，你才會買下這樣的房產。

假設你相信自己有辦法將該房產的年淨利從5,000美元提高到2萬美元，那麼它的回本年數立刻縮短為25年（500,000÷20,000=25）。如果你有辦法以50的回本年數將該房產脫手，那它的售價應該會變成100萬美元（20,000×50），而你的毛利（gross profit）將高達50萬美元。

5. 預測房價和租金

回本年數、資本化率和租金投報率反映的只是某個時間片段的情況，能夠準確預測未來才是真正的機會所在。

而最好的方法就是利用DataQuick、Redfin和Zillow這些平台提供的線上圖表，來檢視某房產過去的情況，並對當地的就業成長做出符合現實的預期。雇主是遷入還是搬離該市？該城是否正在核發更多的建築許可？如果該市創造的供應高於需求，則預期價格將會疲軟，反之亦然。該城市是否有財政困難，並打算提高財產稅讓業主買單？如果是這樣，你的營業淨利估算恐怕過於樂觀。

了解當地的住房供應是關鍵。房地產通常會經歷繁榮與蕭條的週期，因為建商不可能完美掌握買地和蓋房的時間。以德州的奧斯丁為例，近年來房價的漲幅高居全美之冠，由於潛在的利潤率（profit margin）較高，建商可能會大肆收購土地，但是等到兩年後房子蓋好時，可能會出現供過於求的情況。

想當個精明的房地產投資者，你一定要搞清楚住房的需求和供應情況。理想情況下，你希望投資那些先前漲幅最小、且即將公開的新成屋數量也最小的城市，並避開那些先前已經大漲一波、且新成屋供應量最多的城市。

6. 試算各種狀況

以房子的實價和預估租金為基礎，試算現實、樂觀和悲觀 3 種情況，如果租金以每年 5%的速度連降 5 年，你的財務狀況吃得消嗎？

如果 30 年期固定利率的房貸利率在 5 年內從 3%增加到 5%，你撐得下去嗎？如果就業成長未如預期，高房貸利率是否會抑制需求？那麼你的財產有可能會貶值（至少會停止升值）。不過幸好利率上升通常是因為經濟活動增加和預期通膨將升高所導致。

如果本金價值（principal value）下降 20%，假設你付了 20%的頭期款，你的心理能否承受得了房屋淨值下降 100%？如果你付的頭期款低於 20%，你的心理能否承受得了繼續為淨值為負的房子付房貸？

你一定要分別試算房市看跌、現實、看漲的情況，這樣你才能做出更務實的財務計畫。

7. 留意稅金和折舊

擁有出租房產的相關費用——包括房貸利息、保險、維修、廣告費和財產稅——幾乎全都可以列舉後從租金收入中扣除（台灣的所得稅制是房屋折舊、修膳費、地價稅、房屋稅、火險費、地震險和該房子的貸款利息，通通可以列舉而從租金中扣除），大家可以把擁有出租房想像成擁有一家公司。

折舊（depreciation）是扣除購買和改善出租物業之成本的過程。折舊不是在購買或改善的那一年一次全額扣除，而是將成本分攤在一段時間內（根據修改後的加速成本回收系統是 27.5 年）扣掉。折舊是種會減少營業淨利的非現金支出，既然營業淨利減少，你的稅金也會減少。

假設你以 100 萬美元買下一間投資房，建築物的價值為 60 萬美元，土地的價值為 40 萬美元。但你只能對建築物的價值進行折舊，因此你每年的折舊額，是以建築物的價值 60 萬美元，除以 27.5，等於 21,818 美元。

你每年報稅時（附表 E）可以扣除 21,818 美元的折舊費用，擁有出租房產是獲得節稅收入的最佳方式之一。

8. 經常檢查可比銷售額

檢查過去 6 至 12 個月之可比銷售額（comparable sales）最簡單的方法是在 Redfin 上輸入房產地址；我認為 Redfin 的估價演算法比 Zillow 更好，但你也可以同時用這兩個網站檢查，反正不花錢也不費事。

1%原則

1%原則是計算投資房產價格另一個方便又好用的原則，它的公式是：100× 月租金 = 房屋的最高購買價格。換句話說，如果某處房產的月租收入是 5,000 美元，那麼你能支付的最高買價是 50 萬美元。

不過 1%原則在天龍國的房市可就派不上用場了，因為那裡的資本化率往往低於 5%，在這種低資本化率的城市，投資者通常只能寄望於資本增值（capital appreciation）。

1%原則在購屋成本較低的地區效果更好，因為那裡的資本化率較高，房價增值較慢。但即使在美國的中心地帶，現在也很難再找到房屋總價僅為月租金 100 倍的房產交易了。

你可以在網路上看到同類房產過去的稅務紀錄和買賣情況。你必須把你心儀的房子的開價，跟它以前的買賣情況做比較，了解它在這段期間內的變化，以確保你不會成了冤大頭。

理財武士道

- 在機會不平等的競爭世界裡，房地產能充當你和子女的就業保險，它的真正價值不僅止於它帶來的收入或潛在的賣價 —— 還包括你知道自己能掌控自身命運的那份安心感。
- 投資房地產要了解趨勢。具體來說，投資於美國的中心地帶和南部。後疫期時代一切都變了，我們再也無法回到過去的樣子。
- 如果你堅持為了過你嚮往的生活方式而購買度假屋，那麼你的買價絕對不要超過你的淨資產的 10%。因為買度假屋通常不是個明智的財務決定，而是為了追求自己想要的生活方式。
- 建立實體租賃房產組合的理想時機，是你二十多歲和三十多歲的時候，或者在你精力相對充沛且沒有負擔的時候。當你知道自己有能力管理幾間出租房後，就把你原本分配給房地產投資的其餘資本，全部拿去投資完全被動的線上房地產吧。
- 在你向屋主出價之前，一定要先算好各種情況的相關數字。

Part 3
認真工作積攢財富

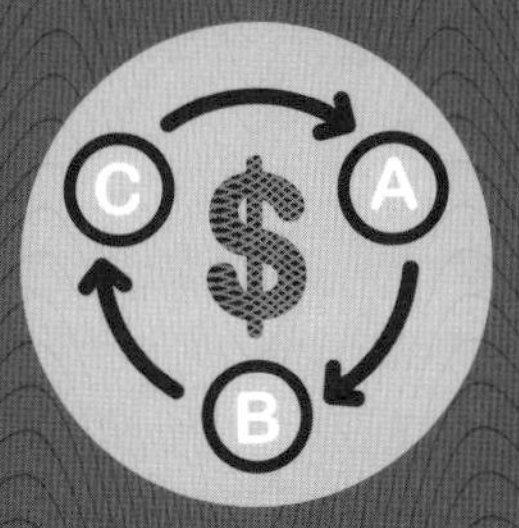

財務旅程的第一階段，你的職業可能是你的頭號賺錢工具。我將告訴各位在哪裡尋找高薪工作，以及如何比同事更快獲得晉升。各位還將學會如何擬定適當的離職策略，讓你在離開工作崗位一段時間之後，還能有財源滾滾而來。

最後，各位將看到副業如何成為你提早退休的祕密武器。在一個越來越不需要取得許可（permissionless）的社會，各位將明白在正職工作之外建立你自己的品牌有多重要，它能大幅提升你的成功機會。

第 10 章

職涯策略不容馬虎

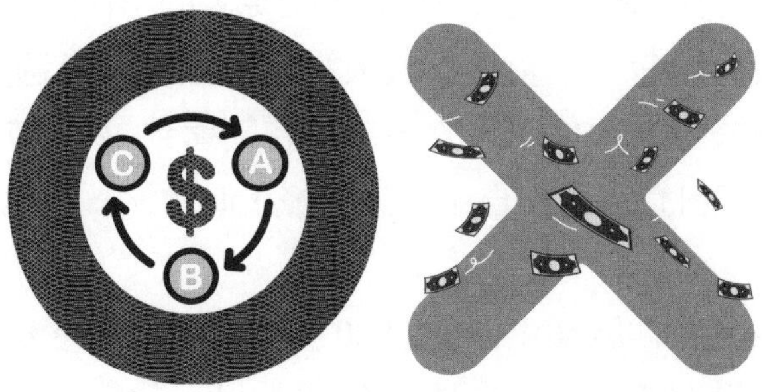

你的職業將會是幫你創造財富的最重要搖錢樹——至少在你年輕的時候。它也是你的投資資金的主要來源，而成功的投資將為你賺進更多資金，並且最終幫助你實現財務自由，所以千萬不能把你的工作搞砸了。

如果你不能在今天就賺到夠多的錢來積極儲蓄和投資，你就無法實現財務獨立。我知道這是很多人的苦惱，但其實各位說不定有能力賺取超乎你想像的更高薪水，所以你的第一步是找到一份高薪的工作，我將在本章中告訴各位如何做到這一點。等你入職後就要很有策略地工作，這樣你才會經常升職加薪——這一點要等到下一章再詳細說明。

在理想的情況下，人人都想選擇一個自己喜歡且薪水很好的職業，但如果你無法做自己喜歡的工作，至少要做一份報酬豐厚的差事。如果你想早點達到經濟獨立，那麼在職業選擇上要務實，然後利用工作餘暇或是退休後再去做你喜歡的事情。

此外，你可能需要比一般人承受更大的工作壓力與更長的工時，但你的薪資也會比一般人更高。法國人每週工時僅 35 小時聽起來很棒，美國人的每週工時則達到 40 小時。如果你的目標是早日實現財務自由，請做好工時會比一般人更長的心理準備。

各位要在你職業生涯的頭 20 年，盡可能打下良好的財務基礎，如果你能做到，那麼到你 40 歲時，你的工作或生活都將有更多的選擇。

生命既漫長又短暫，當你有最多的精力和最小的負擔時，就應全力拚事業以賺取最多的收入，這樣才不會「少壯不努力，老大徒傷悲」。

找工作要有策略

我知道很多人在讀這篇文章時，已經在其職業和行業裡擁有相當深厚的資歷；如果你做的那一行薪資很低，你很想轉行而且時間也允許，那就轉行吧。如果你無論如何都無法選擇轉行，不妨考慮做個副業，請直接跳到第 12 章。

本章的建議適用處於職業生涯早期或中期的任何人，以及希望為其孩子或學員提供就業支援和指導的家長或老師。

如果你還在念大學或是剛出社會的新鮮人，那你還大有可為，趕緊瞄準獲利豐厚的行業，然後拚命工作讓自己真正具備一技之長。邊工作邊建立一個龐大的支持者網絡，追隨他們並加入其行列。還在上大學或是打算念研究所的人，請選讀那些能讓你有資格在高薪行業工作的課程，入職後再拚命工作。

想賺大錢的人，請鎖定剛畢業的起薪就有 6 位數的高薪行業：包括創投、投資銀行、企管／策略顧問、高科技以及網路。向每個領域的龍頭公司應徵工作。

以下是截至目前為止，按行業別列出的一些高薪公司名單，這些公司即便起薪不是 6 位數，但入職滿 5 年後年薪多半都有 6 位數。

- **創投業**：紅杉資本、Benchmark、Accel、Draper Fisher Jurvetson、凱鵬華盈（Kleiner Perkins）。
- **投資銀行業**：高盛、摩根史丹利、摩根大通、巴克萊、美國銀行和美銀證券（BofA Securities）。
- **私募股權**：黑石集團、KKR、華平投資（Warburg

Pincus）、凱雷集團、TPG 資本、路博邁（Neuberger Berman Group）、Thoma Bravo、GI 合作夥伴、銀湖合作夥伴。

- **策略顧問**：貝恩、波士頓顧問團、麥肯錫、德勤摩立特（Monitor Deloitte）、理特（Arthur D. Little）、博思艾倫（Booz Allen Hamilton）、奧緯（Oliver Wyman）、科爾尼（Kearney）。
- **軟體業**：微軟、Adobe、ServiceNow、Dropbox、IFS、Guidewire、Cornerstone、Secureworks、Vertafore、Procore、Asana、Autodesk、Intuit、Salesforce、Qualtrics、Twilio、Atlassian、VMware、Shopify。
- **硬體**：蘋果、三星電子、鴻海精密、戴爾科技、思科系統。
- **網路**：谷歌、Facebook、Netflix、eBay、PayPal、Airbnb、Quora、Uber、Pinterest。
- **IT 顧問／會計**：KPMG（大陸譯畢馬威）、德勤（Deloitte）、安永（Ernst & Young）、普華永道（PwC）。
- **石油、採礦、商品交易**：維多集團（Vitol）、必和必拓（BHP）、嘉能可（Glencore）、嘉吉（Cargill）、科氏工業（Koch Industries）、托克（Trafigura）、Archer-Daniels-Midland、Gunvor Group、來寶集團（Noble Group）、邦吉（Bunge）、Phibro。
- **電腦和電影動畫**：皮克斯（《玩具總動員》）、威塔數位特效（《魔戒》）、暴雪娛樂（《魔獸世界》）。

- **房地產投資信託公司**：Vornado、Equinix、Simon Property Group、American Tower Corporation、Brookfield Asset Management。
- **房地產技術**：Fundrise、Opendoor、Cadre、Zillow、Redfin。
- **金融科技**：Stripe、Personal Capital、Affirm、Klarna、Chime。

以下是按行業和職業分類的高收入工作機會。

- **工程師**：機械工程師、電子工程師、軟體工程師、結構工程師。
- **醫療保健**：醫師、醫院管理人員、專科醫師、護理師、醫師助理（physician assistants，具有碩士學位的初級醫療保健提供者）。
- **高階公務員**：達到聯邦或州政府的高階職稱，年薪可達 6 位數，還有不錯的退休金。全美有超過 40 萬名年薪超過 10 萬美元的聯邦公務員。[1]
- **政府工程承包商**：提供金融相關資訊的《市場觀察》（*MarketWatch*）報導，[2] 國防商務委員會（Defense Business Board）2016 年提出的一份報告指出，海、陸、空三軍承包商的平均整體薪酬（total compensation）約為 18 萬美元，如今的數字應會更高。
- **教育**：校長、總教練、教授；美國小學校長的平均年薪是 11 萬美元。[3]

如果高等教育不適合你，還有很多職業的薪水很高，而且不需要大學學位，只要有意願、動力、毅力和敬業精神即可：

- **警消人員**：年資數十年的員警和消防人員年收通常超過 6 位數，而且還有受之無愧的終身養老金（lifelong pensions），這又是一個能幫助你財務成功的祕訣。
- **房地產**：有很多房地產仲介一年能賺進 6 位數的高薪，拜佣金長年維持在 5%的高位之賜，一年賣出總價三百多萬美元的房地產就能賺到 6 位數（有部分佣金會交給公司）。
- **在有退休金的公部門工作**：隨著利率的下降，終身退休金的價值大增。以 2000 年為例，每年要產生 5 萬美元的保證收入，需要 100 萬美元的資產，但今天則需要將近 200 萬美元，才能產生相同的收入。

圖表 10-1 說明了退休金可以帶來的巨大價值。

很多人在退休後往往退而不休，並找到另一份工作，這麼一來你就會得到雙倍的收入，因為不論你退休後做什麼，退休金都會按時支付。

我有個朋友是名加入工會的水電工，他的年薪有 17 萬美元。他預計 5 年後 55 歲時退休，退休金每月約有 5,000 美元，而且每週的工時不得超過 35 小時。更棒的是，他可以利用閒暇時間做副業，每年能多賺 3.5 萬美元，還真不賴。

其實高薪工作有時候並不像看起來那麼難以獲得。如果你剛開始創業，或是你在指導一名年輕人選擇職業，請不要只考

圖表 10-1　到你去世之前的退休金價值

一年的退休金總額	合理投報率	領取機率（Probability of Payout）	退休金價值
$35,000	1.0%	75%	$2,625,000
$35,000	1.5%	75%	$1,750,000
$35,000	2.0%	75%	$1,312,500
$35,000	2.5%	75%	$1,050,000
$35,000	3.0%	75%	$875,000
$35,000	3.5%	75%	$750,000
$35,000	4.0%	75%	$656,250
$35,000	4.5%	75%	$583,333
$35,000	5.0%	75%	$525,000
$35,000	5.5%	70%	$445,455
$35,000	6.0%	70%	$408,333
$50,000	1.0%	70%	$3,500,000
$50,000	1.5%	70%	$2,333,333
$50,000	2.0%	70%	$1,750,000
$50,000	2.5%	70%	$1,400,000
$50,000	3.0%	70%	$1,166,667
$50,000	3.5%	70%	$1,000,000
$50,000	4.0%	70%	$875,000
$50,000	4.5%	70%	$777,778
$50,000	5.0%	70%	$700,000
$50,000	5.5%	70%	$636,364
$50,000	6.0%	70%	$583,333

退休金價值 =（一年的退休金總額 ÷ 合理投報率）× 領取機率

你去世退休金價值就會歸零，因為它通常不可轉讓。

資料來源：理財武士網站

慮那些刻板印象中的高薪行業，同樣的道理也適用於已經在職但想更上一層樓的人。各行各業都有年薪 6 位數的工作，你只需要知道上哪裡找，然後像發了瘋地努力獲得必要的技能、建立必要的人脈網絡，或做其他任何你需要做的事情，來獲得這些工作。

如果你不能為他們工作，就讓他們為你工作

高薪工作往往會吸引一大票人應徵，因此競爭非常激烈，你必須不斷拓展人脈和持續應徵，因為找工作其實是場數字遊戲。如果獲得面試的機率是 1%，那麼你就必須應徵 100 份工作；如果面試後被錄取的機率只有 25%，那麼你至少需要獲得 4 次面試機會。

假設你被所有人拒絕 — 就像 2011 年和 2012 年的我，打算轉行到科技領域卻屢遭打槍 — 那麼你會怎麼做？

如果沒有任何一家上市公司錄用你，那你就反客為主、購買他家的股票吧：讓他們為你工作，幫你賺進不錯的回報。

我在 2011 年和 2012 年購買了蘋果、谷歌、Netflix、特斯拉和 Facebook 的股票，它們全都表現良好，夥計們，感謝你們的努力工作！

身為一名理財武士，我們一定要能在次優的情況下看到正面的潛力。

熱情 vs 金錢

我小時候曾想成為一名職業網球選手，可惜我的發球和反手拍都不夠厲害，根本比不贏。所以我決定專心在金融業打拚讓我的收入最大化，然後在工作之餘參加美國網球協會（USTA）的球賽。

我每個月至少會打一場要分出勝負的比賽，假裝自己是在參加巡迴賽。我平常會努力練球、吃得更健康，並多做伸展運動，不論最後是輸是贏，我都很享受我在球場上打球的美好時光。我花了 6 年的時間，把自己的水準從 4.0 提升到 5.0。突然間，我竟然可以開始跟我在大學時期最愛觀看的 D-I 級大學網球運動員比賽了，這樣的進步令我非常激動。

但我明白，如果我必須靠打網球維生，我恐怕會變得很討厭這項運動。每年有 4 個大滿貫錦標賽，是網球界的巔峰賽事，它們分別位於墨爾本、巴黎、倫敦和紐約。除非你得到一張外卡，否則你必須擠進世界排名前 250 位，才能獲得受邀參加正式比賽的資格。但我很清楚，為了成為一名職業網球選手，我必須付出大量的時間和金錢，甚至可能要改變我的生活型態與犧牲一些快樂，我覺得付出這些代價是不值得的。

如果你對你熱愛的事情擁有頂尖的實力，那就試它一試，這樣至少你不會感到遺憾，同樣的道理也適用於拿自己聰明的想法去創業。給你自己 3 年的時間，看看你是否能靠你熱愛的事情來維持生計。如果經過 3 年的磨練，你還是沒能在市場上取得一席之地，那你就該去找份有薪水的工作啦。

新創公司 vs 老牌企業

在尋找高薪工作的過程中，你有可能遇到為新創公司工作的機會，你該積極爭取嗎？如果你想賺最多錢，答案是否定的，但如果你想扛下最多的責任和學習，那答案則是肯定的。

人們對矽谷有個很大的誤解，以為加入新創公司保證能發大財。

但事實呢？加入新創公司比較可能使你變得更窮而非更富，對於絕大多數創業者以及在創業初期入職的員工來說，那些令人羨慕到流口水的創業故事並非現實。媒體的注意力過度集中在成功者身上，而失敗者的故事卻從此再也無人聞問。

新創事業的企業文化是事多錢少，大量工作換來的往往是低於市場行情的薪資和員工認股權，而後者便是你發財夢的所在，哪天公司被收購或上市時，這些股票能成樂透彩票（新創事業通常會用認股權取代 30%至 50%的薪資）。但是在你找到黃金之前，有一條漫長的路要走，而且即便你堅持到底，最終遇到的恐怕是小妖精（leprechaun）而非金子。

大多數創投金主表示，他們投資 10 次只會出現一次全壘打，而且只能靠它來彌補其他 5 至 7 次的失敗；至於剩下的 3 至 4 家公司，則是雖不虧錢但也不賺錢的「死侍」（deadpools）或「殭屍公司」。

所以即使你在評估一個潛在雇主時做了所有的盡職調查，你透過員工認股權淘到金的機率仍然只有 10%左右，但你的薪資低於市場行情的機率卻幾乎是 100%。

假設新創事業的員工透過流動性事件（liquidity event，是用來描述公司中許多不同事件的財務術語，其中最主要的就是公司被收購和首次公開發行）發財平均需要 5 年時間，請各位參考以下這個例子，來評比在一間新創公司工作和在一家老牌企業裡工作的區別：

為某新創公司工作
職稱：業務總監
薪資：12 萬美元
年齡：31 歲
員工認股權：20 萬美元
福利：健康保險、牙齒保險、公司未提供 401(k) 相對提撥，因為公司還在虧錢

為寶僑公司工作
職稱：沐浴產品行銷主管
薪資：25 萬美元
無償配股：每年 5 萬美元
年齡：31 歲
福利：健康保險、牙齒保險、401(k)、公司提供 401(k) 相對提撥

加入新創公司的頭 5 年你會變更窮。選擇進新創公司你將獲得 60 萬美元的薪資和 20 萬美元的認股權，總價值為 80 萬美元。但選擇入職寶僑的員工將獲得 125 萬美元的薪資和 25 萬美元的無償配股，總價值為 150 萬美元。假設 5 年後該新創

公司仍然存在，卻沒有真正成長，那麼兩者的薪資差異為 70 萬美元。機率：50%。

假設這家新創公司在 5 年後破產，那麼入職新創公司的員工只賺到 60 萬美元的整體薪酬，因為他那 20 萬美元的認股權現在毫無價值。假設寶僑公司的股價沒漲，那麼入職寶僑的人在 5 年內多賺 90 萬美元。機率：40%。

最後，假設新創公司大獲成功，在 5 年內成長了 5 倍。身為公司前 15 名員工之一的你，認股權也成長了 5 倍——現在價值約 100 萬美元（不考慮股權稀釋的情況），因此你的整體薪酬變成 160 萬美元（1,000,000 + 600,000）。在這種情況下（且假設股權沒有被稀釋），因為寶僑公司的股價沒漲，選擇新創公司的你最終會比去寶僑工作的人多領 10 萬美元，機率：10%。

現在讓我們從預期價值（expected value）的角度來看新創公司員工的可能下場：

800,000×50% = 400,000 美元（殭屍公司）
600,000×40% = 240,000 美元（公司破產）
1,600,000×10% = 160,000 美元（中樂透）

你入職新創公司的預期價值是 80 萬美元（將前述情況相加計算而得），而選擇入職寶僑的預期價值則是 150 萬美元；在短短 5 年內，兩者的整體薪酬差了 70 萬美元。當然啦，如果你選擇的新創公司在 5 年內成長超過 5 倍，你就算是做出了正確的選擇，但這樣的機會是很渺茫的，跟中樂透差不多。

因此想要入職新創公司的你必須問自己：

1. 熬 5 年領低薪是否值得？
2. 以低於市場行情的薪水每天工作 12 小時，卻看到公司失敗了，我的感覺會是怎樣？
3. 曾為失敗的新創公司工作的我，我的履歷會被玷汙，還是會被提升？
4. 如果新創公司獲得了巨大的成功，我是否會後悔當初沒有冒這個險？
5. 我喜歡該公司的文化嗎？
6. 我能否堅持夠長的時間看到經濟回報？

你可以把前述各種情況的發生機率，自行做假設，但是你的期望值還是務實一點比較好。畢竟如果連頂尖創投金主選對贏家的機率都只有 10%，你想超越恐怕很難。

可能有讀者會質疑我：「山姆，那如果新創公司被收購（而非 IPO）呢？難道這樣也無法產生一些回報嗎？」以下就是我對這種情況的回答：當一家新創公司被收購時，通常只有創辦人（們）能獲得好處，而且除了一開始便加入公司的前 10% 員工，後來才加入的員工想要分一杯羹恐怕連門都沒有，反正經濟學就是這樣運作的。

如果各位讀完這段內容後，仍然無法抗拒到新創公司挖金礦的機會，請你務必要做以下這幾件事：

- **收到股權（equity offer）後，先問清楚你的股權占比。**

不要看到個數額就開心地接受了，要問清楚你的所有權占比，然後計算你的所有權占比值多少錢，並想想你能做些什麼來提升公司的整體價值。0.1%的 Facebook 所有權就很不得了，但是一家市值 10 億美元的公司，0.1%的所有權即使在稅前和股權被稀釋前頂多就值 100 萬美元，況且估值達到 10 億美元的新創公司根本沒幾家。

- **從創投金主的角度算算這家新創公司實際能賣多少錢以及可以賣給誰**。最好的衡量標準就是那些已經出售的可類比公司，現在把你的股權占比乘以潛在的出售價格，這就是你的最大收益；因為隨著時間的推移，你的股權很有可能會因為新投資者的加入而被稀釋。
- **要求雇主給你更多股權和薪資**。請記住，大多數新創企業不是失敗就是走進死胡同，所以除了爭取更多股權，大力爭取更高的薪資才是最好的。
- **以共同創辦人的身分加入，以便有福同享有難同當**；或是等到 **C 輪融資**（series C，進入 C 輪融資階段的公司通常表現非常好，並準備向新市場擴張、收購其他業務或開發新產品）**之後再入職**，這時你可以要求更高的薪水，遇上流動性事件成功的機率也較高。

所以 70/30 的最佳選擇是在畢業後入職一家老牌企業，以便在未來 10 年賺到最多錢，等你有了穩固的基礎和豐富的經驗，你就可以考慮加入一家新創公司，擔任較高級的職務。如果新創公司成功了，你的股權增加才有意義。

再者，等你到了三十多歲，自然會有更多人認真對待你。有了更多的信心、知識、工作經驗，以及更可觀的銀行存款，你做出明智決定的機會就會更大。

如果你不幸押錯寶入錯公司，仍應盡全力多學習，為下個機會做好準備。記住：**沒能掙到錢至少也得學會功夫**。

我們能做的就是誠實評估自己的情況，並享受這段旅程。如果我們已拚盡全力工作，那麼無論結果如何，我們都能無愧於心。不過說實話，中樂透（找對新創公司）的誘惑真的很難抗拒！

拿現金（薪資）vs 拿股權

我剛剛粗略地提到股權 offer 中的固有挑戰，現在就讓我們仔細看看箇中細節，因為你在入職公司時很可能會面臨此一決定。該怎麼選才最划算，要看公司本身的情況而定，一般而言，現金 + 股權多半要選現金多一點；但有些公司提供給你的選擇則是股權多於現金，這時你該怎麼做？

如果你必須在股權多還是現金多之間做出決定，你需要考慮以下這些情況。

1. **誠實評估你的現金流需求**。算出一個至少能滿足你所有基本需求的收入水準，月光族的生活壓力是很大的，而且還會損害你的生活品質。但是話又說回來，如果你每個月都沒辦法存錢，可能會激勵你更努力工作。

2. **你對管理團隊的信任有多強**？公司的長字輩管理團隊（C-level，執行長、財務長、營運長等）是否有相關的行業經驗，之前有過成功執行其職責的優異紀錄？抑或他們是擁有一個好點子，但沒有執行願景之經驗的大學應屆畢業生？管理團隊年輕且沒有經驗是 OK 的，但最好有個經驗豐富的人指導他們平安通過地雷區。
3. **市場機會有多大**？每家新創公司看到的市場機會都很大，否則它不會在第一時間推出自己的業務，你該問的是：真正的市場機會是什麼？高估潛在客戶群的規模，是一個會嚴重影響商業模式的重大錯誤。
4. **多少的薪水和淨資產才能讓你感到滿意**？我明白在你到達目的地之前很難知道，但你必須做出一些假設。
5. **創投金主是否享有優惠條款**？一些創投公司會要求，在公司發生流動性事件時，創投金主可在股東得到報酬之前，優先取得 2 倍以上的最低回報。此一條款可能會導致員工的回報率大降（可能從 100%降到 60%），所以務必向你的潛在雇主問清楚任何細節。
6. **懸崖和認股權授與是如何規定的**？常見的規定是 1 年懸崖 4 年認股權授與，1 年懸崖（cliff）是指你必須在公司工作滿 1 年，才能獲得第 1 年的認股權，如果你被提前解僱或在入職滿 1 年的前一天離職，你就什麼也得不到；4 年的認股權授與（vesting schedule）則是指，你的 4 萬股認股權是分成 4 年授與，每年 1 萬股，大多數公司會在你的 1 年懸崖期做滿後，每個月授與你部分認股權。

7. **流通在外的股數有多少**？ 4 萬股聽起來似乎不錯，但如果流通在外的股數有 10 億股，那麼 4 萬股的占比只有 0.004％。你能得到多少認股權，取決於你何時入職以及你的談判技巧。
8. **每個認股權的當前價值是多少**？有幾個價值需要考慮：依法向國稅局申報的價值，以及管理階層向外部投資人宣稱的價值。建議你選擇比較保守的估值，因為在公司被收購或上市之前，估值並不真實。
9. **如果公司被收購了，你的認股權會怎樣**？假設你在公司做滿 1 年且公司被收購了，你的認股權是會立即授與，還是會失去剩下 3 年的認股權？這些都是可以協商的，如果收購公司想留你，他們說不定會給你更多的誘因。
10. **公司的最終貨幣目標是什麼**？公司的管理高層是打算賣給更大的公司並私有化，還是想走公開上市路線？還要向管理層詢問他們實現此一遠大目標的時間表。

如果最終你決定入職一間新創公司，那麼你的首要目標就該是賺到最多錢與學到最多技能。既然你已經做了盡職調查，也知道各個創投金主和投資人的業績紀錄，那麼你的 70/30 最佳決定就是要盡可能獲得更多股權而非現金，因為你看好該公司有巨大的上升空間，想擁有更多的股權乃是理所當然。

如果發生流動性事件，領著低於市場行情的薪水，給你額外的現金補償可能無法改變你的生活，但額外的股票補償說不定可以。如果該公司創業失敗了，至少你學到了很多東西，並為你的下個機會累積了大量的經驗。

跳槽 vs 死守

這年頭對公司效忠已經不值錢了，在一家公司做到老然後領筆錢退休養老的機會早已不復存在。可悲呀，現在忠誠成了一種不可取的 30/70 行為。相反的，為了獲得最大的經濟利益，你在二十多歲和三十多歲時應該每 2 到 5 年跳槽一次。

當年我在高盛做滿 2 年後轉往瑞士信貸，並非出於主動選擇，而是因為我拿不到我的第 3 年分析師合約，所以我必須找到另一個工作機會。我最終在瑞士信貸做了 11 年，損失的收入總計可能超過 100 萬美元。我之所以會知道此事，是因為在我離開職場的兩年前，我收到了來自紐約一家競爭對手開出的兩年保障底薪，比瑞士信貸高多了。

但是因為我已經對這個行業感到非常厭倦，賺更多錢並不能讓我開心，況且我也捨不得離開我在舊金山的朋友重返紐約，所以我拒絕了他們的要約。我並不後悔做了留下來的決定，但是當個忠誠的士兵讓我少賺很多錢也確是事實。

可悲的是，忠誠換來的回報往往是低於市場行情的薪資，我把這種情況稱為「忠誠度大放送」（loyalty discount）。你的忠誠沒能激勵公司跟上市場的薪酬行情，反而鼓勵他們繼續以低薪壓榨你，希望你不會注意到，直到你威脅要辭職，他們才會給你調薪。所以你如果認為自己的薪水太低，就得努力在內部推銷自己。

已故的加州大學洛杉磯分校籃球教練約翰．伍登（John Wooden）在 1948 年至 1975 年間擔任該校的籃球隊教練，年薪從未超過 3.6 萬美元。伍登在 1948 年接任教練時，他的年薪僅

6 千美元，按通貨膨脹率調整後相當於現今的 6 萬美元。[4] 伍登退休前的最後一年，亦即 1975 年的賽季，他贏得生平第 10 座 NCAA 冠軍獎盃，當時的年薪為 4.05 萬美元，按通貨膨脹調整換算大約等於現在的 18.5 萬美元，雖然這個數字還不算太差，但如果伍登早點接受其他球隊的邀請，絕對可以賺得更多。

另一方面，尼克・薩班（Nick Saban）於 2000 年效力路易斯安那州立大學（LSU）之前，曾在托萊多和密西根州立大學擔任足球教練。當他在 LSU 大獲成功後，便於 2005 年跳槽到邁阿密海豚隊，邁阿密給他 5 年 2,250 萬美元的優渥薪酬。[5] 在海豚隊待了兩年交出並不出色的紀錄後，薩班轉往阿拉巴馬大學，接受了「差強人意」的條件：8 年 3,200 萬美元。[6] 到了 2021 年，在贏得 6 座全國冠軍獎盃後，薩班談成了一份新合約，薪水暴增至 8 年 8,480 萬美元。[7]

換句話說，如果你真的很有本事，為了加薪而跳槽是有好處的。* 如果你是從基層做起，跳槽還可以重新設定雇主對你的看法。對於一些雇主來說，無論你的表現如何，你永遠是個沒有經驗的新手。這就像你明明已經是個中年大叔了，但你爸媽卻還是把你當成孩子看待。

如果你真的很優秀，而且對你現在的工作已經遊刃有餘，你就該像尼克・薩班那樣，與你的現任雇主談出更高的薪水。當你證明自己真的很有料，但你的雇主卻不付給你最高的報酬

---

* 2021 年，林肯・萊利（Lincoln Riley）教練只在奧克拉荷馬待了 5 年，便轉往南加州大學，新的合約高達 1.1 億美元。布萊恩・凱利（Brian Kelly）教練離開聖母大學去了路易斯安那州立大學，獲得一份價值 9,500 萬美元加獎金的 10 年合約。

將是愚蠢的，當雇主失去一名優秀的員工，往往會損失 3 至 6 個月的生產力。

如果你很優秀，但你的雇主既不提供退休金，也不願意用市場行情僱用你，你就不必繼續留在這裡，你應該拿到反映你價值的相應報酬。

在現今這個動盪不安、競爭激烈的商業環境中，事實證明企業會透過解僱和裁員來降低成本並安撫股東。從前身為一名待在公司 15 年的老員工會頗受器重，但現在卻只意味著你可能太貴了，而且不像以前那樣求知若渴。

我們有義務效忠付薪水給我們的公司，但是我們亦肩負著一個更大的責任，那就是效忠自己和家人。如果一家公司給你的薪水過低或虐待你，請大聲說出來，因為這是在剝奪你和你最愛之人的機會。

如果你打算長期待在這間公司，你應該至少每 2 年就要求調薪。在你的年終績效考核中，你應該提醒你的上司，你為公司做了哪些重大貢獻，更別忘了順便強調你在上半年的優異表現，畢竟一般人是很健忘的。

知福惜福是個美德，但千萬別在薪水上吃悶虧，雇主虧待你、給你的薪水過低，就等於是在掠奪你的時間。

跳槽為自己加薪

我要再次強調：你二十多歲和三十多歲時，應該每 2 到 5 年就跳槽一次。重點是你要確保每次跳槽都能把你的薪水和職稱至少提高一級，這樣到你 40 歲時，你將持續賺取市場行情的最高薪資。

那些胸懷大志的人，更應該努力工作看看自己能爬到多高的職位。趁年輕還沒有家累時，不妨搬遷到擁有最佳工作機會的地方。

如果你的年薪達到了 6 位數，至少要堅持做個 10 年，並且把稅後收入的 5 成以上儲蓄起來。最終你將可以累積出一座夠大的金山，讓你可以隨心所欲做自己想做的事情。

我每天都打從心底感謝在二十多歲和三十出頭時拚命工作的自己。

自由確實很可貴，但是大家千萬不要被那些及時行樂族（YOLO）所干擾，他們為了合理化自己不願努力工作的作為，而拚命炫耀自己過著多采多姿的生活。

理財武士道

- 你的研究領域和找工作，都要有謀略。如果你想賺更多錢，就把焦點放在報酬最高的行業。
- 不要低估公部門的工作，或任何能提供退休金的工作，在低利率環境下，退休金的價值會增加；因為 20 年後，那些有退休金的人通常會提前退休，並找到一份新的工作，如此一來他們就可以獲得 2 份收入。
- 你在二十多歲的時候加入一間新創公司，或許可以學到東西，但恐怕賺不到很多錢。等你到了三十多歲再入職新創公司，你就可以憑藉你擁有的知識和技能，在那裡賺取還不差的收入。

- 如果你真的決定入職新創公司，並看好它會成功，那你就該為自己爭取更多的股權，勝過爭取更多的現金。
- 如果你的公司在你表現良好後，拒絕付給你符合市場行情的薪水，你應該果斷離開；因為你的目標是在你的職業生涯中賺取最多收入，並在下班後或職業生涯結束後拯救世界。你的第一順位是你和你的家人，不是你的雇主。

第 11 章

賺夠錢就可退休

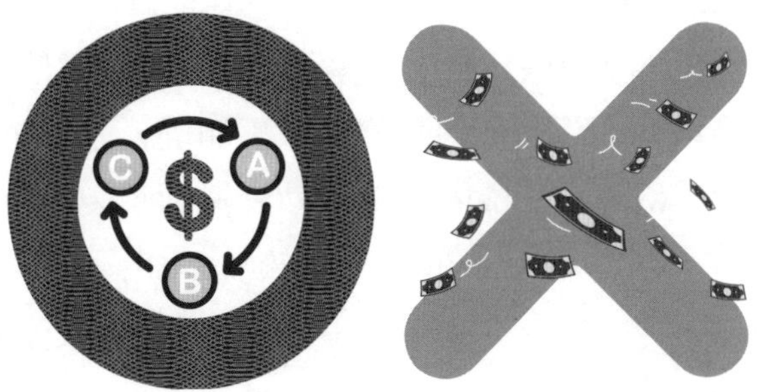

一心追求財務自由的你，很可能不想工作一輩子。

即使情況並非如此，即使你很熱愛你的工作且打算幹一輩子，但擬定一個能讓你在行業中賺取最高工資的職涯策略，總是不會錯的。

因為這年頭只會埋頭苦幹是不夠的，太多人犯了這個錯誤：以為只要自己做得好，最終一定會獲得升職和加薪，得到應有的報酬。可惜這是大家一廂情願的想法，「任人唯賢，論功行賞」的美德早就失傳了。

所以你的職涯策略應該聚焦於兩大目標：把你的工作做得極好，以及成為一位受歡迎的人。要達成這兩個目標，首先要弄清楚你在公司的地位。

二十多歲的你，對雇主來說是個無關緊要的賠錢貨（cost center），因為你什麼都不懂，大部分時間都在學習，僱用你的成本多半超過你能為公司賺進來的收入，所以你要盡可能地專注於降低公司的成本。你必須每天都比老闆早到且遲退，詢問老闆你還能再多做些什麼，以盡可能提升你的價值。

二十多歲的你沒有任何藉口可以不加班，你要把追求工作與生活平衡（work-life balance）的執念拋到腦後，趁年輕拚命工作和學習，努力成為公司裡不可或缺的角色。你要學會讓自己脫穎而出，努力成為你那一行中的佼佼者，以至於哪天你不幹了，你的主管會傷透腦筋，因為他可能需要 6 個月的時間才能僱到你的替代者，再花 3 個月的時間來讓此人達到你的工作水準。當你變得如此優秀時，公司將承受不起失去你的代價。

不要讓別人超越你的表現，如果別人每週持續比你多工作 10 小時，1 年就會比你多做 520 小時。如果有個人跟你一樣既聰明又很受人歡迎，但他的工作時間比你長，那麼你出人頭地的機會就很渺茫了。

把工作做到極好並建立和諧的人際關係，將可獲得雙重的回報：它不僅能幫助你在職業生涯中獲得加薪和升職，還能在你職業生涯結束時錦上添花，讓你獲得豐厚的離職福利。

更快獲得加薪和升職的職場藝術

大多數公司對於誰將獲得加薪和升職多半會採取共識決，要想出人頭地，成為一個有價值且受人歡迎的人是至關重要的，你在工作中要主動出擊，不能畏縮被動。

我認識的許多人（包括我自己）都很討厭自我推銷，我們情願相信單憑我們的出色表現，就能理所當然地獲得我們應有的待遇，但是當許多人參與進來時，這種想法就行不通了。出色的工作是必不可少的，但你還需要一個積極推銷自己的均衡策略。

均衡的意思是指對外和對內的自我推銷各占 50%。你對客戶越有價值（對外推銷自己），你對公司就越有價值。

如果你在公司裡擔任的並不是創造收入的角色，那麼你的自我推銷工作就更重要了；你不僅要做好分內的工作，而且至少要花 50%的時間成為你的部門中最知名、最有用、最受歡迎的人（對內推銷自己）。接下來的大部分內容都與對內推銷自己的技巧有關。

吹捧自己是個非常微妙的過程，一不小心就會適得其反。

你知道有個傢伙總是狂發郵件告訴大家他的「功績」嗎？千萬別這麼做，你可以透過以下這些做法，跟全公司的人建立良好的人際關係：

把你的老闆和同事視為客戶以禮相待

這是種有機式的（organic）自我推銷，客戶是你的搖錢樹，如果他們喜歡跟你合作，他們就會給你業務，而且還會向其他人推薦你。你對客戶待之以禮，找到方法讓客戶喜歡你，並不斷找你幫忙，因為他們把你視為他們業務中的寶貴資產。

如果你用尊重客戶的心態，來對待你的老闆和同事，你就會獲得前述的類似結果：他們會繼續給你業務；他們會想繼續跟你合作；他們會利用一切機會向其他人推薦你。但如果你把你的老闆和同事當成競爭對手，就會出現完全相反的情況。

當你把同事當成客戶來對待時，你就會創造一種共生關係而非對抗關係，這是非常難得的，尤其是在競爭激烈的行業中。我明白當每個人都在為晉升而競爭時，要成為盟友是很難的，但你沒必要同流合汙，你不能在別人背後捅刀，請以更高的標準要求自己，並把每一位同事──甚至是你的競爭對手──都當成客戶一樣以禮相待。

一旦你建成你的支持網絡，升職加薪就變得指日可待，因為公司裡的每個人都會為你的成功歡呼。

即使有人不喜歡你，他們也不能公開反對你，因為他們害怕會被所有喜歡你的人報復。反對你的人看起來就像是個愛嫉妒的同事，沒有人希望自己被當成這樣的人。在晉升問題上，千萬不要低估同儕壓力和辦公室政治！

先助上頭一臂之力

人們很少思考自己能如何助老闆或上司一臂之力，大家只會把老闆當成支持和指導他們的人，卻忘了這種需要其實是雙向的。畢竟，你的老闆或上司可能承受著更大的壓力，他也希望被升官和加薪。

建立內部支援系統是個非常有效的策略，你可以向其他人宣傳和推薦你的老闆或上司——特別是向他的老闆。多多稱讚你的老闆或上司，最終他們會感激你，並把你帶在身邊。老闆或上司也會有不安全感，所以他們也在努力工作希望能更上一層樓。你越能幫助他們升官，你出頭的機會就越大。

直攻權力核心

無論你的目標是只求能在公司裡存活下來，還是想要平步青雲，你都必須跟組織裡的最高層發展關係。當你獲得大老闆的注意時，你就成功了。

我在上一份工作的頭兩年間，認真研究了我這個部門的組織結構圖，並打定主意要跟所有的高級主管（股票、主要經紀商、衍生性商品、銷售、研究主管等）打好關係。

我發了一封電郵給他們每個人，表示我想知道自己能否在工作上助他們一臂之力，所以我想邀請他們一起喝酒或吃午餐（我請客），聽他們聊聊各自的角色和職責。他們全都欣然受邀，因為沒有人會拒絕一個只想傾聽你的心聲並且想盡力幫你忙的人所提供的免費午餐。如果你請不起某人吃午餐，那就請他們喝杯咖啡。

我在高盛工作的第一年，就和其他幾位分析師邀請不動產抵押貸款證券（mortgage-backed securities）市場的創始人之一、GS 創投公司（GS Ventures）的總裁麥可．莫塔拉（Michael Mortara）吃早餐。這是一次奇妙的經驗，它給我上了重要的一課：組織裡的小角色，跟從康乃迪克州的家中乘坐直升機來上班的精英之間，並不存在一堵牆。

其實公司裡的最高層也跟你我一樣，所以不要害怕他們，請直接跟高層建立關係。

拍對馬屁與老闆融洽相處

你的老闆喜歡的東西，你應試著喜歡，但別搞得好像你是被迫這麼做的。假設你知道你的老闆在韓國出生長大、喜歡足球、畢業於俄亥俄州立大學、太太是韓國人，那麼你最好抽空了解韓國的文化、世界盃足球賽，以及俄亥俄州立大學足球隊的相關資訊。

如果你被逮到嘲笑韓國文化、說足球是一項無聊的運動，或是你支持密西根大學的足球隊（而非俄州大），那你的職業生涯恐怕會內爆。

拍馬屁或許是職場中最不容易做得好的事情，如果你很不擅長此道，別人就會輕易看穿你在拍馬屁，為了避免尷尬，我的建議是先採取守勢：至少先搞清楚哪些事情絕對不能做。

千萬不要說或做挑釁老闆的事，譬如你明知他是個死忠共和黨，卻還告訴他你要去參加民主黨的募款餐會，那你真的太白目了。即便你不想被老闆同化，也不要處處與他的所有觀點公開對幹。

等你充分掌握防守的訣竅後，你就可以慢慢採取攻勢，一次「進攻」一個元素：他喜歡舊金山巨人隊？沒問題，你也是，因為你不僅記住了全隊的陣容，而且還能指點戰術咧。

老闆最喜歡的慈善機構是拯救鯨魚協會？哇，還真巧！你也是海洋動物救援組織的常客，而且你會定期捐款給海洋動物救援組織！老闆最愛看《絕命毒師》（*Breaking Bad*）？太有趣了，因為你已經記住了男主角華特．懷特的所有經典台詞（「史凱勒，我並未身陷險境，我就是危險！」）。簡言之，你的目標是建立你倆的共同點。

尊重菜鳥同事

最後，對人格的最大考驗來自於你會如何對待那些無足輕重的人。如果你已經幸運獲得升遷，請成為所有向你尋求幫助的初級員工的導師；別忘了，有朝一日他們也會成為資深員工，他們永遠不會忘記一路上幫助提攜過他們的人。

歸根結柢，要在職場上出人頭地必須廣結善緣，因為主管只想提拔他們信任和喜歡的人。

重返職場 vs 當個奶爸

想要獲得高薪和好看的頭銜，就是需要投注這麼多的時間和精力，要是我們不必理會外在世界的紛紛擾擾就好了。但現實情況是，人生不如意事十常八九，在面對重大的人生和工作選擇時，真的很難確定什麼才是 70/30 的最佳行動。

對在職的爸媽來說，壓力最大的選擇就是有了孩子之後是否要回去工作：有了孩子之後，是否還要繼續全身心地投入事業，你或你的另一半是否應該留在家裡全職照顧孩子？這真的是個非常困難的選擇，要當個好爸媽和好員工（或企業家），真的沒那麼簡單，魚與熊掌你只能選一樣。

我們這裡討論的是最佳選擇，而關於職業和家庭的抉擇，要考慮的事情可謂是千絲萬縷。你所做的決定將會創造一種生活，讓你本人、你的伴侶、孩子以及你的事業，能夠在最適合你們的情況下成長茁壯、欣欣向榮。

所以我們首先來考慮你和你的伴侶。在我成為父親之前，我非常懷疑以我每週超過 60 小時的工時，我真的有辦法當個稱職的好爸爸嗎。我跟很多工作時間跟我一樣長的同事們聊過此事，他們全都很感嘆這麼長的工作時間，根本沒法好好陪孩子成長，同時也聊到超長工時對他們個人造成的損害。

我也請教過多位在職媽媽，她們告訴我整天忙於工作令她們非常內疚，當我詢問為什麼不辭職，答案通常是需要這份薪水，而且她們也擔心如果自己離職了，可能會錯過重大的晉升機會。

內疚是種精神上的消耗，如果控制不好，真的會擊垮你；如果你感到壓力超大，千萬不要忽視你的心理健康。所以做決定時，你一定要優先考慮到自身的快樂幸福，如果你和／或你的伴侶打定主意要賺取高薪，那麼你們就必須接受不能花很多時間陪伴家人的情況，這是很難兩全其美的。我能理解你們的想法，應該是想趁現在拚命賺更多錢，將來才可以有更多時間陪伴你們的孩子。

現在我們從孩子的角度來思考對他們最理想的安排：在上學前班或幼兒園之前，爸媽能夠盡量陪在他們身邊。我並不是說這樣做才算是好爸媽，因為好爸媽的定義其實是非常主觀的；況且當個好爸媽既不會升官也不會加薪，你付出無盡的關懷無非是希望孩子們能享受美好的青春、學習新事物，並長大成為一個好人。

我相信大家應該都會認同：在其他條件皆相同時，我們花在孩子身上的時間越多，我們成為好爸媽的可能性就越大。

而且我們與孩子相處的時間越多，他們愛我們且成為好公民的機會就越大。

多陪孩子可以減少內疚

究竟該花多少時間在孩子身上，我們才會覺得自己是個稱職的好爸媽？要回答這個問題，我們先來看一下爸媽每天與孩子相處的平均時間。以美國的情況來說，受過大學教育的母親每天與孩子在一起的平均時間是 120 分鐘，而受過大學教育的父親，每天花在孩子身上的時間則下降至 85 分鐘。學歷低於大學的爸媽，花費的時間大約各下降了 20%。[1]

如果你想減輕自己的內疚，覺得你的育兒工作做得比平均水準好，那麼你每天花在孩子身上的時間就要高於前述的平均水準才行。

錢夠用嗎？

儘管大家希望有更多時間陪伴孩子成長，但也別忘了你的事業和你的財務自由目標，你必須有所取捨。如果我們想有更多時間專心陪孩子，但我們也想賺大錢，以便盡早達成財務自由，我們怎樣才能兼顧這兩個目標（說實話，能達成其中一個目標就謝天謝地了），且不犧牲我們的幸福呢？

多年來，我認為最好的解決辦法就是放棄我的事業做個全職奶爸，這也是我和我太太等了這麼久才決定要孩子的原因之一。我們覺得必須存下更多錢，因為我再也不打算回去工作了。我現在有點後悔等了這麼久才生孩子，因為我現在才明白，當個以家庭為重的爸媽，並擁有很好的收入，並非只能 2 擇 1，而是魚與熊掌可以兼得。這種情況在今天尤其普遍，因為許多雇主都願意提供更高的工作彈性。

所以如果你正為了選擇工作還是家庭在為難，特別是那些家中有年幼子女的爸媽，就該把握後疫情時代工作更有彈性的社會風氣。如果你覺得自己在有了孩子後的頭幾年內絕對不能離職，那就跟你的雇主協商，請他們提供一些折衷方案：例如每週有幾天讓你在家工作，這樣的安排雖然讓你一整天既要工作又要照顧孩子，但至少省下了通勤時間，讓你有更多時間用來照顧家庭和你的個人福祉。

但是再有彈性的工作也無法解決該選工作或家庭的兩難問題，因為即便讓你在家工作，你也不可能兼顧工作品質與撫養孩子。我們必須學會放手，至少暫時不要要求自己在各方面都要做得很好。

70/30 的育兒／工作組合

如果你願意且能夠從你的事業中抽身、全職照顧你的孩子，最佳的情況便是夫妻其中一人繼續工作，以確保家中經濟來源，另一人則在家全職帶孩子，讓孩子獲得最多的照顧。

如果你可以做 2 至 3 年的全職爸媽，直到孩子上學前班，這種組合對孩子和全職爸媽的事業來說，可能是理想的安排。因為在這種情況下，孩子既可在他成長過程中最重要的頭幾年裡，獲得爸媽的最大照顧，爸媽也能把愧疚感降到最低。而且離開工作崗位 2 至 3 年間，還不至於跟職場完全脫軌導致日後回不去。

大多數的全日制學齡前托兒班，都是從孩子 2 至 3 歲時開始接受他們入學。等你的孩子去上學了，你就不需要整天跟他們黏在一起，你只需要接送他們上下學即可，這時你想重返職場就會更容易些，特別是那些工作環境較為彈性、友善的職場。如果你因為工作無法親自接送小孩上下學，不妨委託家人、朋友或保姆代勞；如果真的不行，通常學校可以提供延長托育的時間。

當然啦，孩子在學前班不可能像你在家裡親自照顧他們時得到那麼多的愛和關注，但他們將學習重要的社交技能，並參加新的活動，這些都是他們待在家裡無法做到的。一個好的學前班通常是個能讓孩子開心學習的地方。

現今的世界比從前更有同理心和彈性，所以離開工作崗位 2 至 3 年，應該不會對你的職業生涯產生很大影響。如果你想重返勞動市場，工作和薪酬應該不會差太多。事實上，在這個跳槽變得司空見慣的時代，你的未來雇主說不定會以正面的眼光看待你當全職爸媽的作為；同樣為人爸媽的老闆，應該會敏銳地察覺到你的辛苦，且較能理解你遇到的育兒問題，所以選擇為那些也有孩子的老闆工作，說不定是個不錯的策略。

如果你和伴侶的公司都有提供工作彈性，而且你們並不打算離職，這時另一個潛在的最佳方案便是減少工作時間，或是錯開彼此的上班時間，這樣你們便可以輪班或分攤照顧孩子的時間。這麼一來，你們兩個人都可以兼顧工作與育兒，而且可以有更多時間陪伴年幼的孩子。

我真希望當年我在工作上做得順風順水的時候，有人能清楚地向我解釋如何妥善安排這 2 至 3 年的育兒期，這樣我就敢在 32 歲迎接家庭的新成員，而不是拖到 36 歲、37 歲並且離開工作崗位後。

孩子是爸媽的心頭肉，你會愛他勝過世界上的任何東西，並希望他們早點出現在你的生命中。如果你能說服你的雇主提供有補貼的醫療保險和帶薪育兒假，就像今天越來越多的雇主所做的那樣，那麼你說不定真的能兼顧工作與育兒，至少在一段時間內是如此。

善用自由業的彈性工時

最後我要介紹另一個強大的組合給大家參考：夫妻中的一方繼續做全職工作，另一人則兼職做自由業。各位可以根據自己的能力，以自由業的方式賺取跟正職工作一樣多的收入（說不定更多），現在這樣的機率還滿大的。

例如我曾在 2015 年以自由業的身分同時為 3 家金融科技新創公司擔任行銷顧問，每個月可從每家公司賺到 1 萬美元，一個月總共有 3 萬美元。我就是在那段期間發現當個自由業的工時非常有彈性，可惜 3 個月後我忙不過來，只得忍痛放棄其中 2 個客戶。

如果你擁有 5 年以上的工作經驗，那你應該有能力為企業提供專業的知識和技能，而企業也很樂於僱用自由工作者，因為這樣他們可以省下很多僱用正職的相關費用。如果你對自己的能耐很有信心，你可以以自由業身分獲得很不錯的收入，並且獲得更多時間陪你的孩子成長。

總而言之，你必須問自己：錯過了什麼會讓你後悔——是工作與賺錢的機會？還是沒能陪伴孩子度過他成長的第一年？這個問題並沒有正確的答案，但如果在家帶孩子會讓你更開心，我認為在孩子出生後的頭二、三年裡，讓自己保有某種程度的工作彈性是值得的，畢竟總是會有另一塊錢可以賺的。但我要提醒各位，當全職爸媽的頭 2 年很可能是你這輩子做過最困難的一項工作。

主動辭職 vs 設法被裁員

各位千萬不要被公司解僱或自己主動請辭，而應設法被公司裁員。因為不論是被公司解僱或是你自己主動請辭，你在離職時都得不到任何好處；但如果你是被裁員，你可以領到遣散費和失業救濟金。所以大家千萬不要白白放棄遣散費，好好跟公司協商，讓公司按照你開的條件，讓你口袋裝飽錢再走人。

2011 年冬季的某一天，我和一位朋友聊天，他在拿到年終獎金之前被裁員了。他超不爽的，因為我們銀行業的年終獎金通常占年薪的 20%至 70%。

雖然他錯過了至少 10 萬美元的年終獎金，但在公司待了 8 年的他，還是拿到了 24 週的遣散費，若以他的基本薪資 16 萬美元來算，他的遣散費大約為 7.4 萬美元，算是不無小補。

之前我曾多次聽聞同事和競爭對手拿到遣散費，尤其是在全球金融危機最嚴重的那段期間，但這是我頭一次意識到，我應該跟公司談妥遣散費再離開。

2012 年 2 月我問我的老闆：我是否可以拿到一筆遣散費以及全部的遞延福利後離職。而我會把我僱用的初級同事介紹給我所有的客戶，並確保在 2 個月內順利完成工作交接。

我的老闆對我的提議頗感意外，所以他說晚點再給我答覆。兩週後，他告訴我他同意了，因為他已經意識到我的心思已經不在工作上了；況且能為部門省下 6 位數的整體薪酬對公司來說很有吸引力，因為當時的經濟前景還不明確。再者，一個工作了 11 年的資深員工能在幾個月內順利完成工作交接還挺難得的，因為通常離職員工只會提前兩週通知他將投奔敵營，但我是完全離開這個行業。

當一切大工告成後，我的老東家給了我一張金額還不錯的遣散費支票，足以支付 5 至 6 年的正常生活費，而且還保留了我所有的遞延股票和現金報酬（照原訂的時間表支付）。最後我還可以保留所有員工在 2010 年被迫購買的「有毒資產」，想不到後來這些投資竟然逆轉勝，在我離職的 5 年後終於產生了回報。

在取得至少未來 5 年的生活保障後，我們夫妻倆終於可以四處遊山玩山，然後她也在 2015 年 34 歲的時候拿到她的離職金。在這段過渡期間，我開始用自己想要的方式在理財武士網站發表我寫的文章，不去考慮它是否能創造線上收入。

被解僱和被裁員的區別

被解僱和被裁員（又稱為人力縮減，reduction in force）可是差很大的，被解僱多半是你咎由自取，像是揍了老闆或騷擾了某個同事；在職場上搞到被解僱，很可能會在你的就業紀錄上留下一個汙點。但除非萬不得已，否則你也沒必要自己主動提辭呈。

意外被裁員，以及跟公司談妥一筆遣散費，兩者之間也有很大的區別。如果你能提前做好被裁員的計畫，你就能更妥善地掌控你想離職的時間、你能得到多少遣散費、何時使用你的帶薪休假（未使用的部分通常必須計入遣散費中），以及接下來該做什麼。關鍵是在你正式離職前的這段過渡期幫助你的雇主，並保持彈性。

絕大多數人會在考慮轉職、重返校園或全心投入副業時辭掉工作，因為他們不知道還有別的做法，也許有些人是害怕雙方起衝突，因為他們不知道如何處理這種場面。

如果你不想再繼續做下去，請設法說服公司給你一筆遣散費來遣散你，不要只是遞上辭呈、什麼都不做就一走了之。你為老闆提供的「起降跑道」越長越好，因為要找到一名合適的替代者就可能需要好幾個月的時間，甚至在接替者上任後，他們可能也需要幾個月的時間才能進入情況。在這段時間內，老闆需分神招募和培訓新人。

當你打算跟公司協商一筆遣散費，你必須要有很高的EQ，能夠精準判斷你的離職有可能對同事、老闆和公司產生的負面影響。

某家上市公司的執行長曾告訴我，他對於某位高級主管只提前兩週通知他要離職的做法非常生氣，如果這位高級主管能夠好好跟他談妥繼任人選的事情，這位執行長會很樂於批准數百萬美元的遣散費。

除了獲得遣散費，以下是為什麼我們最好能以裁員的方式離開公司的一些主要原因。

1. **被裁員的你通常有資格獲得政府的失業津貼**。但自己主動辭職或是被解僱，就很難領取失業救濟金。其背後的思考邏輯是，既然你主動請辭，那代表你不缺錢，那為什麼還要來領取失業救濟金？通常在你申請失業救濟金後的兩週左右，你那一州的相關部門會打電話給你，以確認你的申請是否合理（例如你是因為工作環境不安全而離職）。
2. **如果你有股票或現金形式的遞延福利，你有資格按照預定的時間獲得這些資產**。比方說吧，你的年薪當中包含一部分的股票，這些遞延的股票一般會在 3 至 4 年內授與。如果你在你們公司至少工作了 3 至 4 年，你的遞延福利加起來不是個小數目，說不定相當於一整年的薪水甚至更多。如果你主動提辭呈，很可能就拿不到任何遞延福利。但如果你是被裁員的，就很有機會按照它原本預定的授與時間表拿到所有的遞延福利。

3. **你所有未使用的帶薪假可折換成現金**。如果你是自己請辭，公司應該會（但不保證會）支付你的未使用假期。在我的離職談判中，我最大的錯誤之一就是在離職前的幾個月，用掉 5 天的假期去夏威夷玩。如果我夠聰明，我就會請病假讓自己疲憊的心靈休息一下。因為在一定的額度內，每一天未使用的帶薪假，可以換算為一天的薪資，因此我白白錯過了額外多領 5 天薪水的機會。
4. **被裁員不會在你的就業紀錄留下負面標記**。自己請辭應該也不會在你的就業紀錄留下負面標記，只有因故被解僱才會留下負面標記。但誰都不敢保證你的離職是否令雇主不開心？所以最好雙方能夠通過協商好聚好散，這樣萬一你未來的潛在雇主打電話向你的老東家打聽你的在職狀況時，你的老東家比較可能會幫你說好話。
5. **你在離職期間仍可持續獲得健保**。從法律上講，在員工離職後的 18 個月內，公司必須提供 COBRA 的保險方案，但這意味著前員工必須按照雇主協商的團體費率繳交全部的保費。[2] 所以你的離職談判應請公司繼續承擔你的健保費用，我的離職方案就包括 6 個月的全額補貼醫療服務。

   這筆錢可不是個小數目，不應掉以輕心，因為無論你想嘗試什麼樣的新事物，都不能保證你一定會成功。要是你很會談判，你的老東家說不定願意全額支付幾個月的健保費。

如果你打算離職，想辦法要到離職金

跟公司談遣散費需要勇氣，也要知道這個程序是如何運作，而且要對你的老闆和同事的需求有同理心。你越清楚公司的需求，且越能靈活地幫忙公司達成這些需求，你的雇主就越有可能給你一筆離職金。

如果你是個工作表現很好的優秀員工，你就可以像我太太一樣，在 2015 年跟公司協商出一筆雙贏的遣散費。

當時我太太的經理提出一個協議，讓她每週只工作 3 天（而非 5 天），但繼續領全薪，直到他們找到人來填補她的空缺。這等於我太太在未來半年內，得到了 67%的加薪，而且工作壓力大減。

等到接替她工作的兩名新員工到職後，她又花了幾個月的時間培訓他們，直到達到公司滿意的程度，然後便帶著總價值超過 10 萬美元的離職金離開了。

如果你想真正了解離職談判策略的細節，我寫了一本叫做《如何靠裁員發筆小財》（*How to Engineer Your Layoff: Make a Small Fortune by Saying Goodbye*）的電子書，教大家如何建立成功的遣散費談判架構。更棒的是，讀完本書後，你連請律師的錢都省下來了。

理財武士道

- 光是做好分內的工作是不夠的，你還要懂得對內推銷自己，就像你會對外推銷自己一樣。
- 如果你想減輕身為在職爸媽的內疚感，那你就要比一般人花更多時間陪伴孩子（受過大學教育的媽媽平均每天陪孩子 120 分鐘，受過大學教育的爸爸每天平均花 85 分鐘）。
- 即便你決定當個全職奶爸，也不一定要永遠這樣，你可以在家帶小孩二、三年後重返職場，應該很快就能找到一份類似的工作，而且薪水也差不多。
- 千萬不要自己主動請辭，而應跟公司協商一筆遣散費後被裁員，反正你都決心要離職了，那麼就算最後談不成也沒什麼損失。

第 12 章

積極開創副業

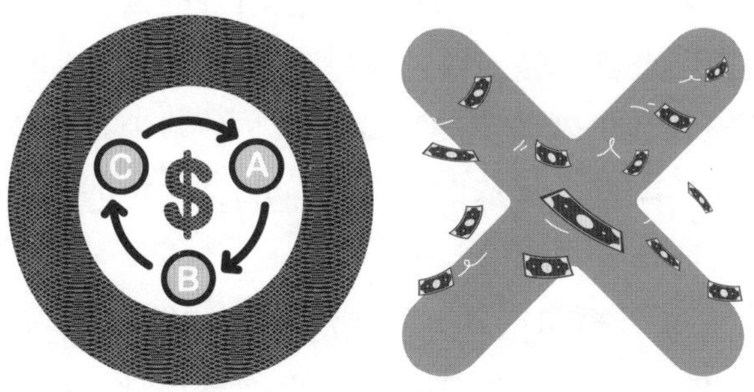

在別人睡覺的時候工作，這樣你最終可以在別人工作的時候遊山玩水、享受人生。我希望各位在努力實現財務獨立時，都能記住這句話。唯有經歷過艱辛困苦，你才會懂得輕鬆悠閒的好。

如果你想更快實現財務自由，那麼你必須找到能夠賺更多錢的方法。很多人的主要收入來源是其正職工作，但現今的工作已經不像從前那樣有保障，所以你只能設法讓自己升職加薪、從正職工作賺取最多收入，同時最好能開創副業再多賺點外快，這時就得仰賴你的 X 因素發威啦。

你的財務自由計畫中的 X 因素就是你的副業。

我每隔一段時間就會到舊金山百老匯大街的太平洋高地豪宅區慢跑；我特意選擇這裡，是因為看到這些漂亮的房子會激勵我，這裡的房價都在 1,000 萬到 8,000 萬美元之間，而且屋主大都是企業家。

繞著豪宅慢跑是激發我投資和創辦理財武士網站的原因，因為我意識到光靠正職工作，我是不可能買得起這種豪宅。

雖然現在我仍然買不起那些豪宅，但我很感激它們曾經激勵我開創我的副業。從零開始打造並開創出可能具有重大價值的資產，這種感覺真的很美妙。

你的副業規模可大可小，端看你的雄心而定。目標是創造一個新的收入來源，以便你不想再從事正職工作或是有需要時，有這份收入可用。最重要的是，副業能為你喜歡做的事情提供一個出路。

如果你跟每個人做一樣的事情，你就不可能做出非同凡響的事。而且你不一定要永久從事一項副業，你不妨把它看成是一個暫時的機會；把副業當成正業那樣拚，有可能會令人疲憊，特別是那些有孩子的爸媽。其實美國人的每週平均工時已經連續數十年在下降，所以開創副業的阻礙相對較低。因此大家最好從今天就開始投入副業，畢竟隨著世界競爭的日益激烈，事情有可能會變得更加困難。

圖表 12-1　美國人的每週平均工時

資料來源：美國普查局（資料：11 月 21 日，發布：12 月 21 日）

一早就發光發熱

正如同個人理財的重要法則：先存錢才有錢花，一早就把重要的事情先處理好，接下來的心情就會很輕鬆。

同理，不要等到你忙完正職工作且精疲力盡的時候，才去關心你的副業計畫和想法，而應在你上班前就做。

如果一般人的鬧鐘定在早上 7:00，你不妨試著在這一年內每天早上 5:00 就起床，開始做你熱愛的事情，然後再試一年。當初我就是花了 2 年半的時間、每天比別人早起 2 小時，讓我能夠把理財武士網站發展成一個粗具規模且有收入潛力的網站。

事實證明：一年比別人多工作 700 小時，任何人都可以變得很有生產力；你不需要比別人更聰明，你只需要做其他人不願意做的事。

如果你不是個晨型人，那就改成在晚上做你的副業。那些財務成功的人，每週的工時很少低於 40 小時，不論是企業家、千萬富翁，甚至是億萬富豪，每週至少工作 60 小時。而且這種「比別人更拚」的生活至少要過個 10 年，他們才願意放緩腳步以享受他們的勞動成果。

拜網路之賜，現在是有史以來最容易開創副業來打造更多賺錢引擎的時候。不過對大多數人而言，最困難的部分其實是堅持下去，但這點根本難不倒理財武士，因為他們深諳「有恆為成功之本」的道理。

本章除了說明為什麼要做副業，也會聚焦於如何做副業。本章將探討零工經濟的商機、線上業務、現今社會不需取得許可的特質，以及抱持副業心態讓你不會感到匱乏。各位將明白你需要先做到哪些事情，才能從主業退休並全心投入副業，以及如何同時經營多種副業。

有些人的才華不如你，教育程度和經驗也不如你，甚至不像你那麼投入工作，但他們之所以比你更成功，是因為他們有勇氣「逼自己一把」，而你做不到。

天生我才必有用，千萬不要妄自菲薄！除非你放膽一試，否則你永遠都不會知道自己有多厲害。

武士的副業

以下是一些在副業大放異彩的真實案例。

航空工程師轉戰網路，年薪 9 萬美元變 100 萬美元

首先是我的朋友哈利．坎貝爾（Harry Campbell，The Rideshare Guy 網站的創辦人）的故事。哈利二十多歲時在波音公司擔任航空工程師，最高年薪約 9 萬美元。

哈利在 2014 年就體認到未來兼差當個 Uber 和 Lyft 司機將大行其道，所以他開始在工作之餘賺取每小時 20 至 40 美元的副業收入。

但之後隨著越來越多司機加入，他的時薪開始下降，於是哈利決定轉戰網路。他不再為了賺取 160 美元而開車 8 個小時，而是成立了 The Rideshare Guy 網站，只要有人透過該網站的連結註冊成為 Uber 和 Lyft 駕駛時，他就可以獲得 100 至 1,000 美元的報酬。靠此法賺錢的祕訣是精心撰寫關於為 Uber 和 Lyft 開車的文章，並且有機地顯示在網路搜尋引擎上。

嘗到甜頭的哈利乾脆一不做二不休，毅然決然地在 2015 年 28 歲的時候辭去了他在波音的工作，這時距離他成立 The Rideshare Guy 網站才滿 10 個月。辭去正職前的哈利，不但每週要做 40 小時的正職工作，而且每週還要花 20 至 30 小時在他的網站副業上。

今天 The Rideshare Guy 已成為規模最大的共享經濟資訊網站之一，服務內容甚至包括雜貨配送和微行交通（micromobility，指總重低於 500 公斤、時速低於 25 公里的交通工具）。該網站每年產生的收入超過 100 萬美元，且擁有數名特約員工。

幫人遛狗，每月多賺 500 美元

現在我們來認識一下來自舊金山的雪莉，26 歲的雪莉白天在會計部門工作，年薪約 85,000 美元。雪莉會在下班後和週末幫別人遛狗來鍛鍊身體。

剛開始她是使用 Rover app 幫人遛狗，雪莉每小時收費 15 美元，Rover 從中抽取 20%。沒多久雪莉每月就能多賺 300 至 350 美元，因為她每個月會花 23 至 27 個小時幫人遛狗。

經過 3 個月努力累積正評建立口碑，雪莉開始收取每小時 20 美元的費用；她偶爾會避開 Rover 自行接案以免被抽成，她每個月的收入很快就成長到 500 美元以上。

6 個月後，她的一些客戶開始要求她提供家政服務，一個晚上 8 至 10 小時的工作可以帶來 240 至 350 美元的收入。

經營副業 1 年後，雪莉的客戶名單增加到 30 多人，現在雪莉除了每月 7,000 美元的正職薪水外，還會獲得 2,000 至 3,000 美元的副業收入。

在副業資金的幫助下，雪莉在 2018 年以 50 萬美元的價格在檀香山買了一間 2 房的公寓，後來房價升值了至少 20%。她把房子出租給長期租戶，扣除開銷後每月可獲得約 500 美元的收入。

雪莉計畫在 40 歲時付清公寓的房貸，而且每個月會有 2,200 美元以上的被動租金收入。當時機成熟時，她就不必再這麼拚命掙錢了。

光靠賣浴缸，年薪超過 50 萬美元

你認為靠賣浴缸和游泳清潔藥品能賺多少錢？10,000 美元？25,000 美元？50,000 美元？

大家來認識一下麥特・喬瓦尼西（Matt Giovanisci）吧。麥特從 13 歲就開始在泳池用品業工作，他的第一份暑期工讀是在紐澤西州的一家泳池用品商店負責把貨品上架。由於工作勤奮，他的職位節節高升，25 歲便成為該公司的行銷總監。

沒有大學學位的麥特，在 2008 年年薪達到了 4 萬美元，於是他開始做起副業：他成立了「游泳大學」（Swim University）部落格和 YouTube 頻道，專門教屋主如何維護自家的游泳池和浴缸。2011 年麥特被公司裁員，他索性全職經營自家網站，希望這份收入能取代原本的薪資。到了 2021 年，游泳大學網站的收入已超過 50 萬美元，營業利潤超過 45 萬美元，造訪網站的人數也多達 5 百多萬人。

成立網站賺得比正職還要多

最後跟大家分享我自己的故事。我是在 2009 年 7 月決定開始我的副業「理財武士」網站。當時我並不敢奢望這個網站能賺到任何錢，我只想跟志同道合——想從金融混亂中理出頭緒——的人建立聯繫。面對時局的恐懼、懷疑和不確定，我沒有借酒澆愁，而是踏踏實實地開始撰寫個人理財建議。

2011 年 10 月的某天，我跟我太太一起在聖托里尼島上徒步旅行，那天陽光明媚氣候宜人。我們走了幾個小時後，我太太還意猶未盡想四處逛逛，我則決定在位於崖頂上的一間酒吧裡休息片刻。我點了一杯 8 歐元（約新台幣 260 元）的 Mythos 啤酒坐在室內欣賞風景，順便用酒吧裡的 Wi-Fi 查看我的電子郵箱，看到倫敦有個老牌廣告商出價 1,000 美元，想在理財武士網站上刊登廣告。

我根本不敢相信我的眼睛，但還是佯裝鎮定地回覆對方：「好喲！」我隨即發布廣告，對方通過貝寶匯款給我，一切在 30 分鐘內搞定。當下我便明白，我終於可以離職了，於是我又點了一杯貴的要命的 Mythos 啤酒，愉快地沐浴在暖陽中。

到了 2017 年，理財武士網站的營業利潤已經超過我之前的正職工作的薪資；但更棒的是，經營網站遠比從事金融工作要有趣得多、也輕鬆得多，而且只要連得上網路的地方，我就可以運行網站。

時至今日，我仍透過撰寫本書來經營我的副業。當企鵝蘭登書屋旗下的 Portfolio 出版社編輯聯繫我，並提出出版本書的想法時，我其實受寵若驚，卻再次故做若無其事地回應：「好喲！」

一旦開始從事一項副業，只要你能堅持夠長的時間，你就會遇到意想不到的契機，好好把握這些機會吧！但關鍵是要能持之以恆。

理財武士的副業心態

在我心目中，哈利、雪莉和麥特是理財武士副業心態的最佳代表。此一心態結合了勇氣、毅力與創造力，幫助你超越那些遲遲不願開始行動的人（nonstarters）以及半途而廢的人。為了幫助各位開始行動並持之以恆，請牢記以下原則：

快加入可以自由創業的新社會

我們每天都會聽到很多發家致富的故事，這些人並不具備傳統社會看重與要求的文憑，所以你不一定要走弄個漂亮的學位找份科技業工作的老路子，你只需要懂你的技術就行了。

在個人理財領域，一些非常成功的部落客來自各行各業，例如醫師、記者、工程師、廚師和老師，他們並不具備金融背景，卻仍能發揮創意建立一個網站並獲得成功。

同樣地，你並不需要擁有廣播經驗也能成為一名播客。

你並不需要擁有表演經驗或知名經紀人，也能在 YouTube 或抖音開個頻道。

你並不需要一個大學學位就能成功。

正如我們之前討論過的，網路上並沒有守門人，沒有「負責管理」的人，此一情況對長期以來一直被邊緣化的群體特別有利。

你不需要等待任何人才可以開始發表你的知識，現在就開始做吧；在許多情況下，經營副業真的不需要成本。

現身並堅持下去

我剛剛的說法不完全正確，經營副業當然有成本：你的時間和努力，要持續創作出好作品並不容易。

而這正是你能脫穎而出的原因！因為別人缺乏持之以恆的毅力。

在別人未出現的時候現身，隨著時間的推移，你的技藝會越來越好。

別人睡覺玩樂你仍工作

你會在不知不覺中超越他們。每天早上 5:00 就起床，花 2 個小時做你的副業，只要持續一年就會有 730 個小時的產出。與其在週日花 3 個小時看足球賽，不如當個生產者而非消費者。

弄假直到成真

很多人會在剛開始創業的時候把自己的作品或產品免費送人，因為他們沒有信心有人會願意為這些東西付錢，這種做法完全 OK。事實上，這是創作者常用的策略，且事實證明它是有效的。很多人推出自己的網站針對某個主題長年寫作、錄音和錄製影片不輟，以累積他們的專業知識，等到他們建立了自己的權威性後，就可以開始銷售作品和產品了。

做你沒錢也願意做的事情

最棒的副業是就算無償你也甘願做的事情，因為你真的很喜歡做這項工作，而越喜歡做的工作，就能堅持得越久。

願意做出犧牲

所謂的副業心態是指：為了做你的副業，你願意比別人早起 1 小時或晚睡 1 小時，或是不惜錯過想看的 Netflix 特別節目，或是利用週末全力衝刺某個想法，而非和朋友一起出去玩。還包括拜託你的伴侶：「你能不能每週日多花 2 小時照顧孩子，好讓我可以做這個專案？」你並不需要一直抱持副業心態，只需在年輕時充分利用你的時間和精力，以便你年老力衰的時候可以減少工作。

承擔風險和適應

副業心態是指願意走出舒適區冒險嘗試自己的想法，哪怕失敗了也無怨無悔；好奇自己的努力會產生什麼樣的因果關係，以及作用與反作用力。副業心態會幫助你養成學習的習慣，讓你在不斷前進的過程中變得越來越好。

成為一名擁有副業的理財武士，你將擁有令人難以置信的強大力量——全力做你自己選擇的事，並全力發揮你的潛能。當你努力創造一個產品，發明前所未見的東西，你其實就是為自己開創了一個新的收入管道。

任何年齡開創副業都不嫌晚

開創副業的最佳時機，其實是在你擁有一份穩定的正職工作時，而非沒有收入的時候。把你努力孵育副業的頭兩年，當成是沒有什麼風險的孵化期，看看你是否喜歡創業過程。

被動收入是財務獨立的核心部分，但是你經營副業的最初幾年可能是非常「主動」的，因為這是件你必須親力親為的事；哪怕你每天只能抽出 1 小時，或是只能利用午休時間做個 30 分鐘，或是在長週末奮力衝刺。

你必須經常思考你有多少時間可以付出以及何時能付出。

這就是為什麼趁年輕的時候開始第一個副業是最理想的，但即便現在才開始也永遠不嫌晚。無論你的生活處於什麼樣的境況，你目前的階段和經驗都可以提供一些借鑑。但如果你害怕自己已經錯過了大好時機而始終按兵不動，則是最不可取的 30/70 行動。現在就讓我們一起來看看，在不同的人生季節開始做副業的好處吧。

20 歲出頭（如果能更早更好）

這時候的你應該把 50％以上的閒暇時間投入副業中。你的時間很充裕，而且活力滿滿，何不好好利用週末，打造你真正想要的人生！當然啦，你肯定想在正職工作上表現出色，也想擁有自己的生活。所以我明白勸你搞個副業聽起來有多累人，坦白說，確實很累人；但如果你真想追求財務獨立，那麼及早建立你的副業，日後將會為你帶來巨大的紅利。大多數人在回首過往時，都會為自己在年輕時浪費了大把時間和機會而後悔不已，所以大家還是盡可能早早就開始努力工作吧。這真的很累人，你有時可能會累到懷疑人生，所以該休息的時候就讓自己休息一下。但要記住：磨練只是暫時的，當你實現目標時，你的努力將帶給你巨大的回報，一切的辛苦都是值得的。

如果你還未準備好從事副業，那就請你趕快進入副業心態。把你的正職工作當成副業，想辦法多做一些額外的工作，以便更快獲得升職加薪。你可以參加一些訓練溝通的課程，讓自己成為一個更有說服力的演講者和作家。如果你無法有效表達你的觀點，那你的工作做得再出色也是枉然。你還可以把積極學習新技能當成副業，讓自己有更強的實力來跳槽。

26 至 39 歲

美國人大多在 30 歲左右就有了孩子。孩子是爸媽的心頭肉，養育小小孩堪稱是個大工程，而且所費不貲。

孩子既是幫助我們努力實現財務自由的理想動力，但也可能是妨礙我們實現財務自由的最大障礙。一般而言，有了孩子之後，你可以用來經營副業的時間就會大大減少。

到了三十多歲，即便還沒生養小孩，你也可能為了工作疲於奔命、在事業上步步高升、承擔更多責任、管理部屬、努力達成上級交待的目標等。工作上的每件事你都得親力親為，想要經營副業變得難上加難。

但我還是得鼓勵你發展副業，因為我自己就是在 32 歲生日後設立理財武士網站；身為執行董事的我每週工時已達 60 小時，還得抽空經營副業真的不容易，況且我直到 39 歲才有孩子！但是拜全球金融危機之賜，失去工作的恐懼終於催化了我開始從事副業。所以我希望大家不要等到感覺自己沒有退路時才搞副業，應該在之前就開始行動。

40 歲

這時的你火力全開，而且更有信心、更有效率，說不定還有得力的部屬可以幫你分憂解勞。

但你也可能跟我一樣，體力開始走下坡了：我 45 歲的時候，晚上 10:30 之後幾乎睜不開眼睛。回想我二、三十歲的時候跟條活龍似的，一週 5 天日日熬夜到凌晨 1:00，然後早上 6:00 之前就起床繼續幹活，完全不成問題。如果你一路走來一直有著經濟上的壓力，這種壓力很可能使你過早衰老和疲憊不堪。

不過你的疲憊也有其光明的一面：經驗，當你更有經驗後，就很難再容忍慣老闆和蠢同事的廢話，這時你創造一個成功副業的機會將會大大增加。

50 到 60 歲

前面提過的說法，同樣適用於 50 歲，甚至是 60 歲的你，怎麼可能會不行呢？你有孩子的話，他們應該已經長大成人、獨立在外面過日子了，所以你又有了大把的自由時間和一間安靜的房子，而且你的開支也減少了！

當然啦，你的精力也可能在減退，但你沒有理由不開始做個副業做為新的收入來源。未來 10 年裡，你打算做什麼好讓自己活得更有目標？

如果你已經實現了財務自由，經營副業將讓你繼續參與社會，並為你帶來生活目標；如果你還未實現財務自由，那麼副業將成為你重要的收入來源之一。

超過 70 歲

到了這個時候，但願你已經不需要再拚命賺錢了。你人生的主要目標應該是保持活躍，只做那些能為你帶來生活意義的事情。

我 75 歲的父親為了保持精神上的活躍，自 2015 年以來開始編輯我的大部分部落格貼文和電子報，而我則付給他一筆不算優渥的薪水，雖然我想給他更多錢，但他拒絕了。我父親的副業使我們父子間的關係更加密切，因為我們每週都有新的話題要交流。

嘗試新事物永遠不嫌晚。

線下 vs 線上副業

副業有兩種主要類型。

首先是「零工經濟」型的副業，這是你在正常工作時間之外進行的第 2 份工作，或是約聘或特約工作。

這類工作有些是在線下的實體店面進行的實體工作，它的數量會受限於你所在地區的商店或客戶數，所以你能做的事情有一定的限制。

這類型的副業像是在麥當勞上夜班、在星巴克上早班、當 Uber 司機，或替亞馬遜送包裹。其他的例子還有幫人遛狗、當看護、做家教、當保姆、教網球，以及幫不在家的屋主看家。

除了前述這些實體型工作，還有大量的線上兼差，例如為新創企業設計識別標誌、為網站擔任特約撰稿人、做語音工作、教鋼琴，或幫人編輯播客內容。雖然你仍會有個老闆或客戶需要討好，但你的工作時間安排會有很大的彈性，這就是為什麼線上副業如此受那些白天有正職工作的人歡迎：只要你順利完成工作，沒人在乎你是在凌晨 3:00 還是什麼時間做的。

如果你是從事這樣的副業，那真的很恭喜！你會有 2 個收入來源——你的本職工作和你的第 2 份工作或零工。這份副業還能讓你拓展人脈關係、與人會面交流，還能擴大你的視野——你積極參與了外面的世界，而這些交流會讓你充滿活力，並讓你的財務狀況持穩，說不定你的副業最終會變成一個收入更高的全職工作呢。

不過前述這些副業都是在替別人打工，你可能沒法創造自己的獨門品牌、內容和產品，而這些卻是能夠為你帶來好處的東西。

所以如果你的目標是財務自由，那麼你最好的長期副業並不是幫人打零工；當你還有精力時，打打零工或許還不錯，但隨著你的年齡增長和體力衰退，打零工就沒那麼好了。

第二種是比較好的一種副業：從頭開始創造你自己的獨家產品；你的品牌能把你與競爭者區分開來，自創產品是獨一無二的。所以在思考做哪種副業時，最好能考慮一些可以擴展的東西。

例如相較於在網路上一對一教鋼琴，不如打造你自己的品牌，創建專屬於你的獨家鋼琴教學課程。當你創造了自己的產品，你不需要做更多工作就可以把它賣給很多人。

在 1990 年代之前，你不可能這麼輕鬆就在網上創建一個副業並且擴大規模，但現今的網路就能辦到。對我來說，創造自己的東西是最棒的副業，因為這樣我就可以做自己喜歡的事，而且是在我喜歡的時間，跟我喜歡的人一起工作。

開創副業跟所有美好的事物一樣，你必須投入你的努力。我要告訴各位，那些才華洋溢的內容創作者（部落客、YouTube 頻道主、抖音網紅、播客等）會獲得多少的潛在經營利潤，讓他們願意每週生產 3 次或更多的獨特內容。以下是我認為 70%的嘗試者有可能實現的目標：

第 1 年：1,000–10,000 美元
第 2 年：10,000–30,000 美元
第 3 年：30,000–50,000 美元
第 4 年：50,000–100,000 美元
第 5 年：100,000–250,000 美元
第 6 年：150,000–350,000 美元
第 7 年：200,000–500,000 美元
第 8 年：300,000–600,000 美元
第 9 年：400,000–800,000 美元
第 10 年：500,000–1,000,000 美元以上

從以上情況可以看出，時間、努力和金錢三者之間存在著高度的關聯。很多內容創作者在第 1 年就放棄了，把他們在這個過程中付出的所有努力一筆勾銷。但一個經營到第 5 年的內容創作者，其收入有可能超過那些找到最高薪工作的頂尖大學畢業生，成功的祕訣就是持之以恆絕不放棄。

從理論上講，理財武士網站有可能透過搜尋引擎、口碑、

有機推廣和廣告，在網路上接觸到超過 47 億人；我的意思當然不是說世界上每個有網路連接的人都會造訪我的網站，而是他們可以，但並不是世界上每個人都可以走進你的零售商店或餐館或酒店。

現今擁有自己的網站比史上任何時候都更有價值，因為它不會被關閉；而且你也不會像很多人那樣在疫情期間丟了工作。你可以把你的網站看成是一份動態的簡歷，你可以在這裡向全世界講述你的故事。

你的目標是，無論經濟形勢好壞，你都不會關門大吉。

如果你無法關閉一個事業，那麼它的收益就更有防禦性；如果它的收益更確定，那整個事業就更有價值。

事實上，線上事業確實是當今最強大的資產類別之一。所以許多私募股權公司、上市公司和大型媒體集團，都試圖買下最具現金流潛力的網站。如果你不想創建自己的網站，你也可以購買現有的網站，然後從那裡開始發展；關鍵是打造一個能幫助你脫穎而出且大家能認得出來的品牌。

此外，心動就馬上行動，不需要等到你變成專家後才開始。其實我在 2006 年便萌生了創立理財武士網站的想法，但我一直等到 2009 年才真正推出這個網站，因為我認為我應該先擁有 10 年的金融經驗。

要是我從 2006 年就開始，現在網站的規模肯定會更大，而且我還可以提前一年離開我的正職工作。很多人都是在完全沒有相關經驗的情況下在 YouTube、抖音、Instagram 和他們自己的平台上賺大錢。關鍵是要開始做啊，只要你開始做了，你就知道自己打算推出什麼樣的品牌。

何時把副業轉正

正如我們曾討論過的，副業一開始的時候，多半規模小、不賺錢且不會讓你發光發熱。經營副業需要強大的意志力和紀律，因為你通常在一年甚至更長的時間內都看不到任何進展或回報。但一旦氣勢起來後，它的發展會越來越順、越來越快，當它到達某個境界時，你就會開始思考是否可以把這份副業提升為主業。

做這個決定的架構很簡單，你的副業必須要能：

1. 滿足你的基本需求
2. 你真的很享受做這件事

傳統的正職工作提供很多額外的好處，比如公司提供的健康保險、401(k)、認識一群同事，說不定還有配股和認股權。所以你要全盤考量，想清楚離職後你會有哪些損失，並確保你的副業能夠滿足你的基本需求和快樂。

我計算過，你的副業／生意需要比你的正職工作的薪資多出 30％到 60％，才能完全彌補你原本享有的薪資和福利。圖表 12-2 會說明其中原因。身為一個年薪 10 萬美元的受僱者，你得到的價值遠不止 10 萬，而且付出更少的代價就能維持生活。

圖表 12-2　創業或從事自由業需要賺多少錢才能取代原本的正職收入

當上班族時的薪資福利	價值	附註
薪資所得	$100,000	底薪不含獎金
退休福利	$10,000	401(k) 相對提撥 + 分紅（如果有的話）
健保補貼	$6,000	單身或家庭
帶薪假	$5,770	每年 3 週的帶薪假
人壽保險	$500	壽險保額 = 薪資的 5 倍
短期和長期殘疾福利	$7,000	6 個月以上的帶薪育嬰假和殘疾福利
持續的員工培訓	$1,000	進修教育課程
最低幅度的自動調薪	$2,000	至少要跟上通貨膨脹
小計	**$132,270**	
當員工時不必支付的費用	**價值**	**附註**
雇主付的 FICA 稅	$7,650	雇主為勞資雙方各付 7.65%
各州的特許經營稅	$800	加州企業每年應付的最低稅金
會計師	$1,500	導正你的財務
簿記	$1,500	專人幫你整理所有單據
資本支出	$5,000	電腦、手機之類的輕資產
差旅費	$4,000	出差拜訪客戶和參加會議
餐飲費	$3,000	你和潛在客戶的餐飲支出
辦公室	$7,200	你的家庭辦公室或共用工作空間（co-working space）
行銷費用	$3,000	幫你打知名度
小計	**$33,650**	

創業者必須比正職收入多賺 30%至 60%才能彌補兩者的收入差距。

資料來源：理財武士網站

請注意，如果你為了經營副業而放棄你的正職工作，你的收入來源就又只剩一個。比方說吧，你的正職工作為年薪 10 萬美元，而你的副業收入也差不多──多到你想把自己從正職工作挖角過來。

你的情況可能像這樣：10 萬美元（正職）+9 萬美元（副業）=19 萬美元的總收入。這時你要確保你的生活方式還沒有跟著你的總收入而水漲船高──因為要是你已經開始過著 19 萬美元水準的生活，那麼當你放棄正職工作後，你的總收入瞬間掉回到 9 萬時，你恐怕會陷入由奢入儉難的困境。

副業收入 vs 正職收入在總收入的占比

為了進一步思考如何以及何時把副業轉正，我們要分階段看一下你的副業收入。下面的基準顯示的是你的副業收入占你全年總收入的百分比。

占全年總收入的 10%：如果你的副業收入還不到你全年總收入的 10%，千萬不要隨便離開你的正職工作。

占全年總收入的 25%：你的副業氣勢起來了，這有可能是一個早期指標，代表你應該兼顧正職工作並花更多時間在你的副業上。

占全年總收入的 50%：你真的做出一些成績了，事情正變得越來越好。你可以給自己訂下一個目標──在 6 個月內把副業收入拉高到全年總收入的 75%。

正如我在本書一開始時提到的，我的一般儲蓄建議是至少將稅後年收入的 20% 儲蓄起來，並且最終要把稅後收入的

50％以上儲蓄起來。因此，如果你的副業收入占你全年總收入的 40％至 50％，那麼你光靠副業收入就足以過上正常生活了。如果你決定離開你的正職工作，你只需要接受在一段時間內沒有儲蓄的情況即可。如果你非常看好副業的發展，那麼你很快就能重新再開始存錢。

占全年總收入的 75%：如果我們有個明確的計畫，能夠把副業收入提高到全年總收入的 100％，而且這個計畫奏效了，那些很敢承擔風險的人就會在這個時候決定放手一搏。如果你的正職工作已經做了一段時間，而且你有能力談到一筆不錯的遣散費，那麼你離職的風險就會大幅減輕。

如果你還沒準備好跳槽，那你就再給自己 6 個月的時間做準備，並在日曆上圈出這個日期。如果到時候一切看起來還不錯，那就是你離開正職工作的時候了。

占全年總收入的 100％：當副業收入達到全年總收入的 100％時，即使是生性比較保守的人，這時候也敢放心把副業轉為全職工作了。能做到這個地步，你很可能在工作時想的全是自己的副業，要是你能談到遣散費並順利離職，真的要感謝你的同事，你欠他們一個人情。由於努力和回報之間有很強的關聯性，所以你的正職工作有可能阻礙了你賺取更多的收入。

現在，我們已經討論完辭去正職工作後的財務預期，接下來要討論把副業轉為主業議題的第二部分 —— 你對副業的熱愛程度。

以下這個快速測試是要了解你是否熱愛你的副業：

1. 你做得很開心嗎？
2. 即便沒拿錢你也願意做這件事？
3. 你能看到一條可持續成長的康莊大道嗎？

如果你的答案是肯定的，那麼你的副業就是所謂的「生活方式企業」（lifestyle business，生活方式企業是以個人熱情為主的公司，它能產生足夠的利潤，讓創業者可以在任何地方工作和生活，並按照自己的方式賺取收入），這表示你已經找到理財武士的金子：這門生意能讓你過著收入豐厚與充實的生活方式，而且你可以自己作主不必聽命於人，你的回報與你的努力息息相關。

如果你的答案是否定的，那也沒關係。很多副業是因個人的需求或野心而萌生的，而且你願意接受磨練，因為你知道你能完全掌控方向和收入。如果你在從事這樣的副業，請考慮給它設定一個時間表。

我還想給大家提個醒，為了最快累積下最多財富，各位最好盡可能在正職工作做得久一點，因為它通常是你最大的收入來源；況且如果你並不是真的很喜歡做你的副業，那就沒必要把它「扶正」，就讓它繼續當個能提供一份額外收入的次要工作吧。

我對工作有個最大的發現，那就是當你不必工作的時候，工作就會變得很有趣！這種感覺很像你剛升高三就開始進入申請大學的過程，由於你的未來已經確定，於是高中生活突然變得開心又有趣。

所以如果你能容忍你的老闆和同事，請繼續待在你的正職工作上越久越好，說不定當你從副業賺到的錢越多，你會發現你的工作和同事其實沒那麼討人厭。況且正職工作的收入可以幫助你建立更多的應稅投資組合，這可是攸關你的財務能否自由的重要因素。

追求人生 vs 賺大錢

某天晚上我跟朋友聚在一起玩德州撲克時，我們又聊起了經常談論的話題：創業。坐在牌桌上的 10 個人中，除了我以外，有 4 個人在新創公司工作，3 個人在谷歌工作，1 位是高科技律師，1 個是 CNN 的醫學記者。

這晚我已經輸了大約 185 美元，我開始感嘆這些錢要做多少副業才賺得回來？最起碼也得花個幾小時，害得我開始認真計較起輸贏來了！

由於我滿腦子想著副業的事，所以我便詢問同桌的撲克大亨們：

你寧可每天只工作 2 至 4 小時、1 個月能賺 15,000 到 30,000 美元；還是你願意在 2 年內每天都要工作 12 至 18 個小時，卻只能賺取最低工資，但有 25%的機會能以 1 億美元的價格出售你的生意，為自己賺進 2,500 萬美元；但也有 75%的機率，除了賺到經驗之外一無所獲？（對了，25%的機率其實是我隨口胡謅的，真正的機率可沒這麼高。）

我刻意用開放式的問題提問，是想聽聽大家會怎麼回答，大夥隨即開始算了起來：以一般人的預期壽命來看，每月

15,000 至 30,000 美元的資本化價值，與將來可能大賺一筆的預期價值相比，究竟哪個比較有利。這可難不倒大夥兒，因為我們在玩的德州撲克，就是在計算預期價值。（順帶提一下，經營生活方式企業的現實價值介於 400 萬美元至 2,000 萬美元之間。）

但我鼓勵牌友們不要靠計算結果做決定，而是聽從自己的直覺，因為即便把真實的數字擺在我們眼前，我們這些學不乖的人類還是會根據自己的希望、運氣、野心、機會，甚至是徹頭徹尾的妄想來做出直覺式的決定。

令人驚訝的是（但其實在我的預料之中），這群牌友們全都選擇了後者：押寶在未來的巨大潛在回報。其中幾個創業者甚至已經悄悄在心裡許下了將來要把自己的事業用 1 億美元賣掉的遠大目標。

隨著夜幕的降臨，當某人的順子（straight）在 3 人決戰、總賭金 2,600 美元的牌局中慘輸八百多美元後，終於改口說他選前者。

「每天只工作幾小時，1 個月就有 3 萬美元，其實也不算太差嘛，我想我會選擇這個。」

我在心裡暗自竊笑著，我知道他們終究會想通的，他們一向如此。

說到底，你從事副業的主要目的，是為了追求更美好的生活方式；況且追求高額回報是個漫長的過程，途中難免遭遇失敗。但是話又說回來，如果你很清楚創業成功的機率其實並不高，這樣即便你失敗了，也不會特別沮喪，而且會很高興自己曾經勇敢嘗試過。再者，若你引用我的 70/30 哲學，即便你開始覺得自己做了錯誤的行動，但你仍然有高達 3 成的機會可以扭轉頹勢，懷抱希望乃是做出改變的強大動力。

各位要知道，很多非常成功的創業家，他們其實並不比普通人更快樂，因為巨額的財富往往伴隨著巨大的責任，當你的一舉一動牽動著成千上萬員工的生計，你真的自由嗎？

所以各位要確保你的副業與你想要追求的生活方式是一致的，我相信對於大多數人來說，選擇經營生活方式企業而非追求潛在的巨大財富，才是最好的 70/30 決定。

理財武士道

- 開創副業可以幫助你建立額外的收入管道，讓你有更多錢儲蓄和投資，而且說不定有一天它能取代你的正職工作收入。但除非你開始嘗試，否則你永遠不會知道答案。
- 別等到你成為專家或是一切都很完美時才開始做副業，你可以邊做邊學。
- 一旦你的副業收入足夠應付你的基本生活費用，你就有了底氣可以把正職工作拋到腦後。但正職工作其實是個避風港，讓你有本錢在工作之外承擔更多風險。
- 媒體往往只報導那些成功上市或是幸運被天價收購的新創企業，其實大多數新創企業的員工最終並沒有發財。各位不妨選擇開創一個生活方式企業，看看它能否為你帶來收入、自由和自主權，如果你的野心不止於此，大可以隨時擴大你的事業版圖。

- 把週末看成是充電的時間，也是用來打造嚮往生活的時間。你的努力將會帶來美好的結果，讓你不必辛苦一輩子。

Part 4
聚焦人生中最重要的事

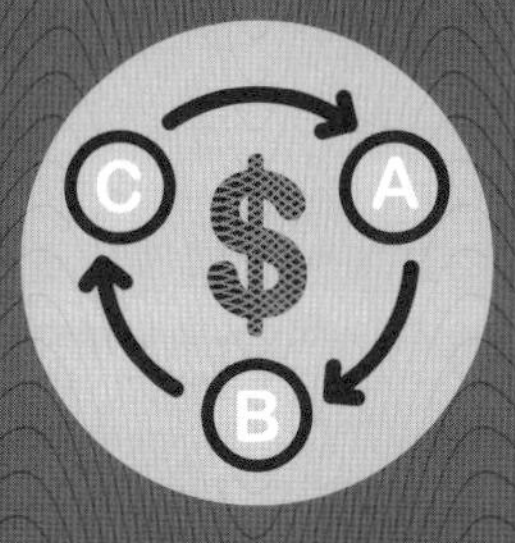

選對行業並且正確投資，只是理財策略中的一部分，理財的最終目標其實是活出最精采的人生，而金錢只是達到這個目標的一種手段。

你這輩子所做的選擇，包括你就讀的學校、你的人生伴侶、是否要生小孩、照顧家庭成員，甚至是你日常三餐的飲食方式，都會影響你的財富潛能和人生的整體滿意度。

一旦你走上了通往財務獨立的正確道路，你的目標就是優化息息相關的每件事。

所以接下來我們將開始探討試算表之外的生活，會如何影響你的財務自由夢想。

第 13 章

教育投資不能省

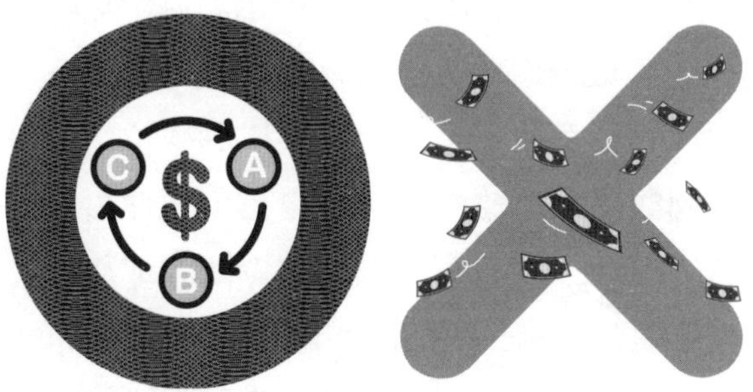

我認為有句話非常、非常、非常重要：教育將使你自由。

這個道理不僅適用於財務自由，還遍及人生的每個面向，因為教育會賦與你能力做出更好的選擇：讓你想清楚該做哪一行、該把錢投資在哪裡、如何選對人生伴侶、如何建立一份事業，以及如何成為一個更快樂的人。教育讓你能了解和同理（empathize）不同的文化和不同的思維方式，你受的教育越多你就越有信心。

但我要在此聲明，我所指的不只是正規教育；想要獲得財務自由，根本不需要砸大錢攻讀一個傲人的學位，甚至不需要任何學位。擁有學士學位能讓你獲得更多的就業機會，它確實算是一個可以提高你實現財務獨立機率的 70/30 選擇，但它並非必要條件。所以我非常高興現在網路上有這麼多免費的網課，上這些網課的門檻很低，大多數頂尖大學都會把教學大綱公布在網路上，而且還有很多其他的免費或費用低廉的學習選擇，例如部落格、播客以及公立圖書館提供的各種課程。

我遇過一些最憤怒的人皆是教育程度最低的人——我要再次強調，我說的教育並不是指名牌大學的學位，而是能讓你看見並理解不同觀點、能給你自尊和自信，讓你對自己的生活選擇感到滿意的任何一種教育，例如透過閱讀或旅行接觸到不同的文化，或是願意花夠長的時間傾聽那些與你相左的意見。

開放的心是很強大的，向那些與你意見不同的人學習，可以讓你不斷精進。

爸媽能送給孩子的最佳禮物之一，就是教育——不只是把他們送去學校上課，而且要盡可能花時間陪伴他們學習，向他們解釋萬事萬物的道理。

教育也是我們能送給自己的最佳禮物。但是如何在教育上花對錢的選擇，很容易令人感到困惑，尤其是從實現財務獨立的視角來看。如果你選擇從小就讓孩子進私立幼兒園並一路念到名門大學，這筆學習花費是沒有上限的；但其實有些教育選擇，可以免費提供給我們相同水準的知識。所以本章的內容將聚焦於：「何時值得為教育花錢？」這個問題。

我明白讀者會在不同的人生階段閱讀本書，我希望我的建議能夠幫到那些正在思考如何對孩子的教育做出最佳決定的爸媽，並幫助他們指導自家的青少年期子女選擇適合自己的學校。我還希望本書能幫到工作受挫的朋友，教育是幫助你走出事業困境的最佳工具之一。

當各位繼續閱讀下去，試圖找出你的最佳選擇時，請記住，最好的 70/30 行動是永遠保持學習，無論是哪種形式的教育。要相信學無止境，你能累積多少的知識和技能，與你能否獲得更高的收入和更多的機會息息相關。

莫不惜一切代價念名校

我想強調一件事：在你工作的頭幾年，根本沒人在乎你是否出身名校，或任何一所大學。

好吧，我收回這句話。確實有兩種人很在乎：你爸媽，這樣他們出席社交活動時就可以向親友們「晒娃」，以及幾乎沒有任何工作經驗的社會新鮮人。

當你剛畢業時，人資主管會注意你畢業自哪所大學，因為那是他們能掌握的主要資訊。記住，剛入職的基層員工是公司的成本中心，所以你必須讓他們明白，錄用你是個低風險的舉動；而出身名校且成績優異，便是個強烈的信號，顯示你會是個可靠的員工。但是在你得到第一份工作後。名校光環就不管用了，之後你的僱用潛力將完全取決於你能做什麼，以及你與他人合作無間的程度。

這意味著頂尖學校的學位，確實能讓你在畢業後獲得更多的工作面試機會，如果競爭者之間的其他條件相同，學校排名較高且學業成績最好的人，通常較有機會脫穎而出獲得錄用。

某些行業會更加看重學校的排名，例如銀行、科技、企管顧問等行業，以及大型律師事務所，他們會以招聘排名前 25 的學校為主。如果你或你的孩子想在這些行業中工作，那麼你們在選擇學校前，最好先聯繫學校的就業辦公室，了解哪些公司會到該校招聘。

當然也有例外啦，我們都知道有些人上的是公立學校或排名不在前 25 的學校，但在大學畢業後照樣獲得很好的工作，甚至是在我剛才提到的那些行業中工作，而我正是其中一人。

我畢業於威廉和瑪麗學院，這是維吉尼亞州的一所公立大學，它並非投資銀行業鎖定的目標學校。但是我畢業後的第一份工作卻是在高盛公司做金融分析師，高盛的辦公室前端工作職缺（front-office job）的錄取率一向只有 5%左右，到現在仍是如此。

我既沒有任何特殊的優勢，也不是靠內部員工推介而被錄取，我只是持之以恆地用功念書以獲得好成績、每天認真研究市場，然後一大早 6:00 坐上巴士去參加在華府舉行的招聘大會，而其他同學卻還在呼呼大睡。

我一到現場，招聘人員就開始考我，他問我聯準會在過去幾年裡調整利率多少次、我認為市場將走向何方，以及我對各種公司的前景有何看法。這是個相當痛苦的過程，我以為我搞砸了，沒想到一個月後，我又被邀請去參加更多的面試；我總共經歷了 7 個回合、55 次面試，最後終於獲得這個工作機會。

我隨即就會深入討論花錢去讀一所昂貴的名校是否值得，但現在我要強調，擁有名校的學位並非決定你成功與否的最重要因素。

如果你不去念頂尖學校，你仍可以做好其他事情來提高你畢業後找到工作的機會，像是搭上那班「早的要命」的求職公車、投更多履歷、參加更多就業博覽會、建立更多人脈關係、拿到全優的學業成績，或是在你想從事的領域開創副業／生意。即便你念的是一所普通學校，你也不會因此就走投無路，你只需要認真優化履歷表上的其他部分，讓雇主知道僱用你的風險並不大。

當你工作二、三年後，你的就業潛力便完全取決於你的工作能力以及你的人脈；與其把大學想成是致富的保證，不如把大學看成你投保的一份就業險，它並不保證一定有回報。

所以究竟該怎麼做呢？**在你負擔得起的範圍內接受最好的教育**，因為選擇念哪所學校，最終的目的都是為了讓你找到第一份工作。等你獲得了最好的機會，剩下的就看你如何展示自己的能力了，只要你能順利完成工作，更多的機會便開始滾雪球而來。

選擇你負擔得起的最好機會，是個重要的限定條件。為了提高畢業後獲得熱門工作的機會，而讓自己陷入6位數的學貸債務是不值得的。如果你決心在一個重視名校學歷的行業工作，而你又無法獲得獎學金，不妨考慮進一所較便宜的學校念一、二年，取得驚人的好成績，然後再轉到一所等級較高的學校。或是念一所你負擔得起的二流大學，用極其優異的學業成績以及令人印象深刻的社團表現把招聘人員征服，並好好利用寒暑假取得相關的工作經驗。

至於處在職業生涯的中期並且感到欲振乏力的人，則可以利用教育提升自己的實力。你可以去讀研究所，或是從某個特定領域的頂尖學校獲得證書，然後轉到新的行業重新開始。如果你很清楚自己想做什麼，且能得到這方面的認證，那麼線上證書是個很好的替代方案，取代昂貴的4年制學位與研究所課程。

最重要的是，追求名校的光環加持，絕不該是你接受教育的主要目的。

私立學校 vs 公立學校

別以為只有你一個人念不起私校，根據教育數據倡議（Education Data Initiative）的資料顯示，全美有78.9%（1,380萬）的大學生念的是公立院校，念私立院校的則占21.1%。[1]我就是那78.9%中的一員，我只申請了一所私立院校——巴布森學院（Babson College），因為我對創業很感興趣；可惜我既沒有聰明到可以獲得高額的獎學金，也沒有富裕到可以支付全額的學費。

不過我在亞洲生活時，倒是念過私立的國際學校（因為我的爸媽在外交部門工作，所以學費由美國政府支付）；但是在美國則是念公立高中和大學，我發現我念的私立中學和公立高中之間的教育品質差距不大。

我從威廉和瑪麗學院畢業後，便非常認真地工作、儲蓄和投資 13 年，最終在 34 歲達到中等程度的經濟獨立。從公立大學畢業後生活算是一帆風順，它的投資回報率是巨大的，因為威廉和瑪麗學院每年的學費只需 2,800 美元，但當時同等級的私校學費則要 22,000 美元。

學校的排名一直在變化，因為各機構正在調整如何評估一所學校的地位，所以公立學校的排名也開始攀升。《富比士》是帶頭的機構之一，它改變了 2021 年至 2022 年的大學排名標準——看這所學校是否願招收付不起高額學費的清寒學生，《富比士》現在甚至連學生的成績都列入排名標準。

根據《富比士》的新方法，[2] 幾所公立大學在 2019 年與 2021 年間的排名急速上升（2020 年未做排名）；例如加州大學伯克萊分校的排名一舉從第 13 位躍升至第 1 位；加州大學洛杉磯分校則從第 38 位升至第 8 位；加州大學聖地牙哥分校從第 79 位竄升至第 15 位；佛羅里達大學從第 70 位躍升至第 25 位。與此同時，哈佛大學則從第 1 名下降到第 7 名。

我們都知道，不論你念的是私立大學或是一般的大學，這所學校的排名高低都不能保證你會有特殊的表現。

如果你送孩子去念私立學校並且支付全額學費，它只能保證一件事：這可不是筆小錢。

所以我要暫時放下我對公立學校的偏愛，只透過簡單的數學計算來客觀分析該念公立學校還是私立學校。

我知道許多家長把孩子送到私立學校是出於宗教信仰，或希望孩子在小班教學中獲得更多關注，或因為孩子有特殊需求必須上量身訂製的課程，這些都是合理的。如果你家孩子真有念私校的需求，那就去念吧，畢竟你才知道怎麼做是最好的。

當然啦，有些人可以透過獎學金或其他支持計畫，免費或減免部分學費念私立學校，這真是太棒了！這樣的好機會大家一定要多多利用。上任何特定學校的可能情況和理由五花八門，我們就不再贅述了。

我的目的是要幫助那些很難做出抉擇的人：如果選擇念私校，他們家勢必要長期投入大量的金錢，以及如果家長或孩子的需求，其實在公立學校也能獲得相同（或差不多的）滿足。我提出的計算方法可適用於學前班到大學的各級學校。

以下各種群體也不妨來做這道習題：

- 學生：想弄清楚自己受教育的真實成本，以及爸媽為了讓他們從事更好的職業所做的犧牲
- 家長：掙的錢多到無法獲得財務援助，卻又沒有多到可以輕鬆負擔私校的學費
- 羨慕同學能念私校的孩子，以及沒能送孩子念私校而難過的家長

如果你正在考慮送你自己或你的孩子念私立學校，不妨透過這個簡單的算式確定你是否負擔得起：**你們家的總收入至少**

要是學費的 7 倍，才有本錢考慮是否要念私校。

換句話說，如果私校 1 年的學費是 2 萬美元，而且你只有 1 個孩子，那麼你們家的收入應該要有 14 萬美元。如果你的孩子每年可以獲得 8,000 美元的獎學金，那麼你家的最低收入至少要有 8 萬 4,000 美元。而且私立學校的學費往往會隨年級而變貴，所以你家的收入最好也能跟著成長，或是你的孩子能繼續獲得獎學金，以降低學費支出。千萬別忘了，你仍然是要積極儲蓄和投資，好為你的財務自由建立被動投資收入。

如果根據我的 7 倍學費指南，你能輕鬆負擔私校學費，那就放心地送孩子去吧，如果事後你覺得私立學校不適合你的孩子，你大可隨時轉到公立學校並省下大筆學費。正如我先前所說的，在你負擔得起的範圍內接受最好的教育，因為你選擇念哪所學校是為了獲得生平第一份工作的機會；而第一次的入職機會越好，就越會像滾雪球一樣，在以後帶來更多機會。

如果你正在考慮要不要送孩子念私立的學前班，它提供的關鍵機會是直升私立小學；如果你正在考慮要不要送孩子念私立高中，那它的關鍵機會在於它是否是某些排名很好的大學的「直屬學校」（feeder school）。

私立與公立孰優的爭論，對於那些沒法讓孩子擠進公立幼兒園的爸媽來說尤其重要。許多城市的學前班大都是私立的，而且不便宜，如果昂貴的私立學前班是你的唯一選擇，那麼在其他條件相同的情況下，你絕對要選擇評級最高的學校，因為它們的申請費和學費其實差不多。

且讓我們把討論的重點放在念私立或公立學校的實際成本上，因為即使你負擔得起念私立學校的學費，但重點是花這筆錢值得嗎？如果沒有適當的決策架構，將很難找出答案。

所以我們先來計算一下，送孩子念私立幼兒園一路念到高中畢業加上大學 4 年的費用總共是多少。圖表 13-1 顯示的是舊金山華美國際學校念到 8 年級，然後進舊金山大學附屬中學從 9 年級念到 12 年級，再加上念普林斯頓大學 4 年的學費。[3] 此外，念私立小學每年需要額外支付 500 至 5,000 美元的捐款、書籍費、旅遊費用等。這些費用與紐約、波士頓、洛杉磯、西雅圖和華府這些大城市差不多，且預估每年的學費將以 3%至 6%的速度持續上漲。

總而言之，如果你打算從 2022 年開始，把你的小孩送到舊金山的私立幼兒園念到大學畢業，你最終將花費至少 745,660 美元的學費。但如果你把這些錢用於投資，並獲得保守的 5%複合年收益率，那麼 17 年後它將變成大約 1,131,000 美元。

因此假設完整的私立學校教育之總成本超過 100 萬美元是非常合理的（尤其是圖表 13-1 中並未計入不斷上漲的學費或捐款）。

現在讓我們來看看念大學的潛在經濟效益，根據喬治城大學教育和勞動力中心的研究人員在一份題為「投資回報率的首次嘗試：全美 4,500 所大學的排名」（A First Try at ROI: Ranking 4,500 College）的報告中提出這樣的總結：「念私立非營利性大學的經濟收益為 838,000 美元，公立大學則為 765,000 美元。」[4]

圖表 13-1　私立學校學費的總額

年級	學費*	校名
幼兒園	$33,900	華美國際學校
1 年級	$33,900	華美國際學校
2 年級	$33,900	華美國際學校
3 年級	$33,900	華美國際學校
4 年級	$33,900	華美國際學校
5 年級	$33,900	華美國際學校
6 年級	$33,900	華美國際學校
7 年級	$33,900	華美國際學校
8 年級	$33,900	華美國際學校
9 年級	$54,130	舊金山大學附中
10 年級	$54,130	舊金山大學附中
11 年級	$54,130	舊金山大學附中
12 年級	$54,130	舊金山大學附中
大一	$56,010	普林斯頓大學
大二	$56,010	普林斯頓大學
大三	$56,010	普林斯頓大學
大四	$56,010	普林斯頓大學
總計	**$745,660**	
年化投報率 4%的投資所得	**$1,038,000**	
年化投報率 5%的投資所得	**$1,131,000**	
年化投報率 6%的投資所得	**$1,235,000**	
年化投報率 7%的投資所得	**$1,350,000**	
年化投報率 10%的投資所得	**$1,776,000**	

資料來源：理財武士網站

* 截至 2021 年至 2022 年的學費金額，且學費每年上漲 3% 到 6%。

換句話說，這些資料顯示在普通人的職業生涯中，念私立非營利性大學的價值比念公立大學的價值高出 73,000 美元，約 9.5%。這樣的差異算大嗎？這很難說，因為決定一個人在大學畢業後之財務狀況的變數很多，但我們至少可以拿 73,000 美元的投報率差異與實際成本的差異做比較，來幫助大家做出一個更明智的決定。

有趣的是，如果按生活成本調整後，其實紐約、舊金山、檀香山、西雅圖和華府這些生活成本高昂的城市，私立小學的學費算是相對便宜的。如果你對於是否要送孩子去念私立小學猶豫不決，請先諮詢校方是否有提供哪些財務支援。

想像你可以用 100 萬美元做什麼

我希望所有正在考慮要念私立學校的家長和學生都能做這個練習。想像一下，如果你的爸媽在畢業派對結束後對你說：「恭喜你從大學畢業啦！這是我們給你的 100 萬美元支票，你可以自由追求你的夢想，住在你想住的地方，買間房子，甚至是結婚成家。」那你就高枕無憂了！

如果你 22 歲畢業，把這 100 萬美元全部拿去投資，每年再儲蓄和投資 2 萬美元，並獲得 5.4%的年複利回報，到 40 歲時你將擁有 319.2 萬美元。能在 40 歲之前輕鬆實現財務獨立真的很不錯，但其實最讚的部分是剛成年沒多久就能自由做自己想做的事。

當然這麼年輕就擁有 100 萬美元，也可能讓你變成一個遊手好閒的魯蛇。但另一方面，擁有一張財務安全網可以使你成為有史以來最大的成功者，因為你可以承擔巨大的風險。看看比爾・蓋茲和馬克・祖克柏，他們之所以能毫無後顧之憂地從大學輟學，正是因為他倆皆出身富裕之家。

要確保孩子擁有理財頭腦的關鍵，是定期跟他們討論創造財富的各個面向。在孩子的成長過程中，你們越常談論各種金融話題，當你遞上一張 100 萬美元的支票時，他就越懂得善加利用。如果你覺得你的孩子還不夠成熟，你就不要一次把一大筆錢交給他，而是視場合分批把錢給他。

22 歲的我會拿 20 萬美元當做頭期款，買下紐約一間價值 100 萬美元的房產。然後我可能會很愚蠢地拿 10 萬美元買輛拉風的汽車和摩托車，我開始工作的第一年就是這麼幹的。然後我會拿 60 萬美元投資股票，10 萬美元投資債券或定存。當年的 100 萬美元到今天可能會增值為 400 萬美元，因為光是紐約的房產就飆到 250 萬美元了，不過，這全都只是我的事後諸葛罷了。

如果你並不打算在孩子大學畢業時給他 100 萬美元，那就想想這 100 萬美元可以為你的退休生活做些什麼。如果每年提領 10 萬美元的生活費，那你至少可以提前 10 年退休。至於每年平均開支接近 20 萬美元的天龍國居民來說，能提早 5 年逃出工作地獄，也是可喜可賀的天賜大禮。

意外之財最難能可貴之處便在於它能讓人少奮鬥幾年，畢竟人的壽命過一年就少一年，各位不妨試想：你願意拿多少錢換回時光倒流，或是過上悠閒自在的生活。

想送孩子念私立學校的爸媽需要慎重考慮：要是你花了大筆銀子栽培孩子念私立學校，但孩子最終卻跟那些上公立學校的人做著一樣的工作時，那該怎麼辦？再者，你為了讓孩子念私立學校，卻使自己晚了好幾年才獲得財務自由，你的成年子女會做何感想？隨著孩子日漸成熟懂事，他們最終應該會感謝你為他們做出的犧牲吧。

如果你把孩子送進私立學校，你對他們的期望將會變高。此外，如果你的孩子有很強的自覺力，那他也會對自己抱持更高的期望。當年我選擇就讀威廉和瑪麗學院的原因之一是它的費用不高，即便我回去麥當勞「重操舊業」，賺每小時 4 美元的工資，也付得起每年 2,800 美元的學費。少了畢業後必須還學貸的壓力，讓我得以更開心地享受大學生活。

請大家務必記住，**幸福 = 結果 – 期望**，你為某件事情付出的越多，你對它的期望就越高。

如果你家的年收入超過孩子每年學費的 20 倍，那你對孩子的要求可能就比較寬鬆。打個比方，你送孩子去念康乃爾大學，每年光學費就要 61,000 美元，結果他畢業後卻只是在商場做一份最低工資的工作，你可能也不會太失望，因為你們家每年的收入超過 122 萬美元。你甚至還會自我安慰，覺得讓孩子吃點苦是件好事，畢竟他這輩子一直過得很爽！

所以究竟要不要送孩子去念私立學校的重點是：如果你家的年收入是每個孩子每年學費的 7 倍以上，那你儘管送孩子去念私立學校，特別是當地的公立學校系統不夠好的時候。但如果你們那裡的公立學校評價很好，而且你的孩子可以進入一所很好的公立大學，那我會建議讓他念公立學校，然後把省下來的錢拿去投資。

留意孩子是否在學校裡被霸凌

當年我在維吉尼亞州費爾法克斯縣的麥克林公立高中念書時，曾遇到很多麻煩且受到不少負面影響。雖然我們那個學區也有排名不錯的學校，但我偶爾還是會遭到霸凌。

某天我在位子上繫鞋帶時，一個大孩子過來推我，他已經騷擾我好一陣子了，所以最後我忍不住朝他的側臉揮了一拳，並打碎了他的眼鏡，結果我倆都被停課幾天。幸好從此以後他不再騷擾我了。

還有一次，有個不良少年帶著一把蝴蝶刀來學校，威脅要砍我和其他擋在他面前的人。由於他的肌肉孔武有力，我們每個人都很怕他，不敢惹他生氣。

還有另一個愛惹事生非的孩子，他會把身材瘦小的孩子推到別人看不見的地方，然後搶走他們的午餐錢。這傢伙後來竟然還上了《傑瑞．史普林格秀》（*The Jerry Springer Show*），曝料他們家的所有問題。

這些霸凌者有個共同點，就是原生家庭很有問題，他們的父親多半棄家庭於不顧，或是會虐待家人，有些則是家境貧寒。這些霸凌者在家裡的日子很難過，所以他們就把自己的痛苦發洩在學校裡的其他孩子身上。

現在回想起來，我經歷的暴力事件竟然都發生在我上學期間，雖然這讓我發展出臨機應變的街頭智慧（street smarts），但家長務必要把孩子送到一所絕對不容忍暴力行為的學校，讓孩子在安全和有紀律的環境中安心學習。而且家長們要建立牢固的夥伴關係，家長的參與度越高，學校就越有可能成為一個安全、有教養的學習環境。最重要的是要問問你的孩子，他們上學時是否感到安全。

該不該利用 529 帳戶儲蓄孩子的大學學費

用 529 帳戶儲存孩子念私立小學和大學的學費是一定要的啦，能把你的錢存進具有節稅功能的投資工具並且專款專用真的很棒。529 帳戶類似於「免稅」的羅斯 IRA 退休計畫，因為存入 529 帳戶的錢是稅後的，只要提領的錢是用於支付孩子的合格學雜費，就不必繳所得稅，而且戶頭裡的投資成長（利息、分紅或資本利得）也是免稅的。

由於 2019 年通過了《為每個社區設置退休計畫》的 SECURE 法案（Setting Every Community Up for Retirement），529 帳戶的功能從 2020 年開始獲得了提升，529 帳戶現在可以用於以下情況：

- 符合資格的大學學雜費（包括學費、雜費、書本費、文具用品以及住宿費等）。
- 從幼兒園到 12 年級的合格學雜費用，每年最多 1 萬美元。
- 支付學徒計畫（apprenticeship program）的相關費用。
- 為 529 帳戶受益人的每個兄弟姐妹支付合格的學貸攤還

款，最高 1 萬美元。

多了前述這些好處後，用 529 帳戶為孩子儲存教育基金就更有意義了。凡是政府提供的稅賦優惠，大家一定不要錯過，這樣才能讓你的錢發揮最大的效用。天曉得政府向我們這些勤勞的公民徵收了多少稅金！

但是存進 529 帳戶的金額也不宜過多，否則反倒有可能未有效分配你的有限資源。因為你存進 529 帳戶的每一塊錢，都意味著你的退休金、購屋基金或是跟朋友的環球之旅基金少存一美元。（不過往好處想，存太多的話最終還是可以把錢傳給後代子孫。）

決定 529 帳戶該存多少錢並不容易，以下是你應該考慮的一些事情，以便算出最適當的金額：

1. 確認想念的學校目前和歷年來的費用

假設你想讓你的女兒上威廉和瑪麗學院或加州大學伯克萊分校，這兩所公立大學的校譽極佳且學費合理。你可以進入這兩所學校的網站，熟悉一下目前和歷年來的入學費用。

算清楚歷年來的學費上漲幅度，就可以用它來計算將來你女兒要念這所大學需要準備多少錢。然後再算出你需要賺多少錢，以及該存多少錢到 529 帳戶。

許多閱讀理財武士文章的讀者都建議，家長應累積足夠的資金來支付你們那一州最頂尖學校的學費。我很認同這種做法，因為等到你的孩子要選擇念哪所學校時，這會是個重要的金錢話題。

2. 切實評估你會有幾個孩子

當你克服重重困難，終於老來得子時，你仍有足夠的時間為他們的未來儲蓄和投資。因為你家的開支並不會在孩子一出生後就從零暴增至上萬美元，所以你仍有足夠的時間能存錢。

3. 仔細觀察孩子的認知能力和興趣

要客觀評價自己的孩子，幾乎是個不可能的任務，因為自家的孩子肯定是最可愛、最聰明、最漂亮、最善良的。但奉勸各位還是要盡量客觀，把自家孩子的進步情況以及各種里程碑，跟同齡孩子做比較。

千萬要避開達克效應（The Dunning-Kruger Effect）——妄想和高估自家孩子的能力，否則你會給他們一種虛假的安全感，這種安全感會在現實世界中被擊得粉碎。你應讚揚孩子的努力而非結果。

並不是每個人都必須或應該上大學，更不是每個人都必須或應該念私立小學或私立大學。如果你的孩子明明不喜歡念書，寧願靠修車維生，那送他去念技術學校還比較適當，況且技校的學費和修業年限都比大學少，所以你沒必要在 529 帳戶中存那麼多錢。

你應讓孩子接受符合他興趣的教育，不要假設你的孩子會去上大學或獲得獎學金。

4. 注意 529 帳戶的法律和政治

雖然 SECURE 法案已經通過，但是在我們真的從 529 帳戶領錢之前，沒人敢打包票情況會是如何。所以如果某天我打算提領 10 萬美元，卻因為我忘了考慮相關的法律而無法提取，我完全不會感到意外。

況且在未來 20 年內，免費就讀名校的機會將越來越多，關於學貸應被取消的討論也持續進行。所以各位家長在決定該為孩子儲蓄多少教育基金時，要隨時留意相關的政治談話以及事情的發展趨勢。

5. 確保你為自己存夠了退休金

無論誰掌權，確保自己的財務狀況走在正確的軌道上絕不會錯。

為人父母者要實現財務自由會困難得多，因為我們不僅要為自己存退休金，還要為孩子提供教育資金，想要提前退休或實現財務自由難多了。

但請記住，你的財務狀況應該放在第一順位，畢竟如果你連自己都照顧不好，怎麼可能照顧好孩子？所以，那些具有稅賦優惠的退休計畫一定要用好用滿，同時還要建立應稅投資帳戶。

試想一下，如果每個孩子都能在一個財務穩定的家庭中長大，讓財務壓力較小的爸媽，有更多時間陪孩子成長，社會將會變得多麼美好。

6. 投資報酬率的假設要切合實際

沒人知道我們的 529 帳戶未來幾年的投資績效，但我們確實知道，自 1926 年以來股票的平均投報率約為 10%，而債券的平均投報率約為 5%。但我們也都知道，股票和債券是會下跌的，我們從歷史投報率得知，一個 60/40 的投資組合可能會有 8%的年複合投報率。

變更 529 帳戶的受益人

如果你在 529 帳戶中存入太多錢，你可以隨時變更它的受益人，例如給有孩子的親戚提供一些幫助。最壞的情況是，如果你把資金用於不合格的項目，那麼你的投資收益必須被扣 10%做為罰款；而且你的投資收益還需繳納所得稅，說不定還需要償還你之前曾經申請過的任何州所得稅扣除額。

對於那些遺產價值可能超過遺產稅門檻的人來說，我強烈建議把 529 帳戶視為一種代際財富轉移工具（a generational wealth transfer vehicle）；換句話說，你不僅應該為剩餘的錢變更受益人，而且還可以考慮為多名家人和親戚提供 529 帳戶。

例如你可以連續 5 年每年存入 1 萬 6,000 美元到你孫子的 529 帳戶，就不用讓這 8 萬美元被扣 40％的遺產稅，像這樣設立一個能節稅的家族教育捐贈基金（family education endowment），是確保你的家族能代代相傳的好方法。

該念個 MBA 嗎？

身為加州大學伯克萊分校 MBA 的我，本該大力支持商學院，但因為學費暴漲，實在很難證明念個 MBA 學位花費的成本是合理的。以 2022 年來說，美國排名前 10 的 MBA 學位每年的學費在 64,000 美元至 80,000 美元之間，70,000 美元占大多數。[5] 如果再加上食宿生活費，一年的費用就超過 100,000 美元。學生不僅少了 2 年的工作經驗，而且還少了 15 萬至 30 萬美元的中位數年收入損失。

只有當你已經很有錢、大學成績一塌糊塗、想休個長假（且不缺錢）、喜歡學習、獲得一筆不錯的獎學金，或者討厭你的工作想轉職，你才應該考慮花錢念個全職的 MBA 課程。MBA 課程不像念科學或人文學科的研究生可以獲得獎學金，商學院很少免費送錢給學生。

如果你正考慮攻讀 MBA，請先向你的雇主查詢，看看公司是否提供學費報銷計畫，這是公司的營業支出，也是用來招聘和留住優秀員工的工具。如果你打算自己支付全部的費用，那就研究一下如何在報稅時扣除學費。譬如你入學那年的收入低於 8 萬美元（已婚者則為 16 萬美元），你所有的學費和相關費用說不定可以全數扣除。請上 irs.gov/publications/p970 查看更多的學費扣除資訊，並向會計師查詢。

綜上所述，獲得雇主資助的 MBA 學位才算是 70/30 的決定，哪怕學校的排名不高也 OK，因為這麼做不但可以大幅減少你的開支，還提高了你未來的收入能力。如果公司允許你轉為兼職就可以繼續工作，不必在上學期間損失 2 年的收入。

我是在 2003 年至 2006 年期間，進入加州大學伯克萊分校念 MBA，當時的學費 1 年約 28,000 美元。我覺得這是個沉重的代價，所以我申請了非全日制課程；幸好我的雇主願意支付 80%的學費，條件是我畢業後至少再待 2 年。

這 3 年的「半工半讀」真的非常辛苦，我平日都在上班，週六從早上 9:00 到下午 5:00 都在上課，週日則學習半天。但是這番辛苦很值得，我學到了能應用在生活各個面向的實用技能，包括如何成為更高明的談判者和溝通者，以及如何正確分析現金流量表和房地產交易。

但我在商學院學到的最重要事物是自信，我從一個會被資深經理嚇倒的二十多歲年輕人，變成了一個敢與百億基金經理人對談如流的人。我終於明白他們在相關會議上所說的一切，拜這張文憑和 3 年半工半讀的經驗之賜，我終於開始覺得自己是金融圈的一員了。

儘管讀 MBA 的費用高得離譜，但你應該不會後悔你經歷過的一切。你會遇到有趣的人、參加令人難忘的校外旅行，並永遠成為某個社群裡的一分子。最有價值的是過程。

所以究竟要不要念 MBA ？只要你確保畢業後至少還可以工作 10 年，或是在你停止工作前至少能賺回 10 倍念 MBA 的總成本，那就去念吧。畢竟讀 MBA 的目的是使你的投資獲得最大的回報。

一個頂尖的 MBA 學位，能在實質上帶給你更多的選擇和更多的人脈網絡。你在商學院遇到的人，之後大多會找到好工作，有些人甚至可能創辦成功的公司。10 年後，你的人脈網絡將會更加強大，所以務必跟同學和師長建立良好的關係並保持聯繫。

切記，無論你選擇什麼，讀 MBA 都是為了讓你的投資獲得最大的回報；千萬別讓你的 MBA 課程淪為一場昂貴的兩年假期，相反地，要把它當成你一生中最重要的投資之一。

理財武士道

- 別讓名氣的誘惑影響你的判斷，著名私立學校的確能幫助畢業生獲得第一份工作的面試機會，但它們絕非一個人最重要的成就。如果念私校的學費需要你犧牲其他的重要財務目標，那麼這筆錢通常不值得花。
- 念小學的目標是給孩子一個能認真學習的環境，它應讓你的孩子感覺自己受到保護和重視。如果你能在公立學校找到這樣的環境，這就是一所理想的學校；如果不行，那就去找私立學校吧。好的學校通常會有很強的家長參與。
- 當你家的收入超過每個孩子 1 年學費的 7 倍，你就可以認真考慮把他們送到私立學校，特別是你們當地的公立學校系統管理不善。不過最理想的情況還是把孩子送到管理良好的公立學校就讀，並把你原本打算花在私立學校的學費拿去投資。你最了解你孩子的需求，如果你能找到一所更適合的學校，即使你家的收入不到學費的 7 倍，可能還是值得花這筆錢。畢竟教育支出早晚都會回本。
- 就像你的稅賦優惠退休計畫必須用好用滿，你也應透過 529 帳戶為孩子預存學費。即使你投入的資金太多，你也可以變更受益人。如果你的遺產有可能超過遺產稅的起徵門檻，那就為多個家人或親戚設立 529 帳戶，以降低你的遺產總值。
- 由於念 MBA 的學費高昂、畢業生的供應增多，以及要投入的時間不短，念 MBA 成了一場越來越大的賭博。要是你的雇主願意補貼你的學費，那就值得去念。

- 保持開放的心態。無論採用何種教育形式，隨時都會有新的事物需要學習，閱讀本書這樣的財經書籍，說不定是你最好的教育投資之一。

第14章

成家學問大

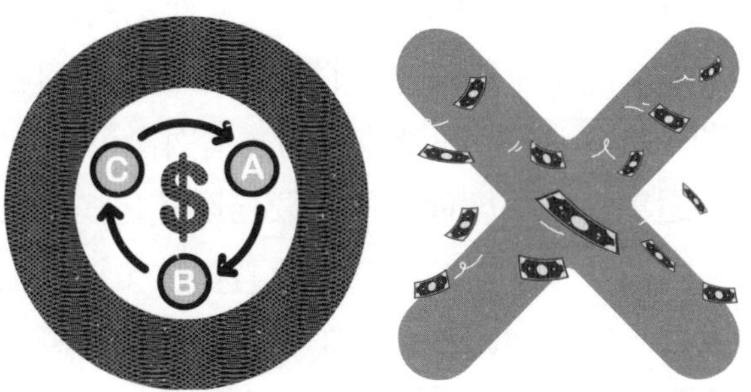

你會選擇富有但孑然一身，還是寧願貧窮但有愛人相伴？

不要回答，這是個陷阱題，其實哪種情況都是次優。

獨自過活太不值了，沒人與你分享，擁有那麼多錢又有何意義？把錢花在伴侶和孩子身上所得到的快樂，往往超過把錢花在自己身上的快樂，把錢花在最需要的人身上也是如此。

我們需要彼此，但我們也需要錢，那些說他們寧願貧窮也要和所愛之人相守在一起的人——並且真的這麼做了——很快就會發現這種日子有多難過。你們生活的每個面向——小至基本的飲食起居，大到你想追求的夢想——幾乎全都會受限於窘迫的經濟。

如果你想成家，你會擔心自己能否養得起孩子；等你們真的有孩子了，你又會為自己無法提供給他們的機會而感到壓力超大。沒能為孩子提供一切，常令爸媽備感挫折，數據顯示36%的離婚導火線是經濟問題。[1]

幸好愛情和金錢並非只能二擇一，你絕對能同時擁有兩者，愛情與事業兩得意是最棒的情況；這也是為何我們應該投注同樣多的時間和心力，呵護我們的愛情與優化我們的財務。

如果你還單身，那麼你的優先要務應該是找到人生伴侶。我們很容易因忙於工作而忽略其他所有事情，導致沒有人與你分享你的成功。如果你已經有意中人，那你就該每天花時間培養你們的感情，千萬別把經常陪在你身邊的人視為理所當然。

養孩子雖然要花不少錢，但這只是我們一部分的責任，他們很快就會長大成人並且自己做出財務決定，為人爸媽的工作就是讓他們為此做好準備。

我對愛情和金錢的核心信念是：**如果我們愛某人，就該幫**

助他在財務上獨立，對配偶和孩子皆是如此。經濟不能獨立，你就無法隨心所欲做自己想做的事，最糟的話則是什麼事都做不了。

如果各位也打算追求一個充滿愛和家人相伴的人生，就讓我們一起探討你這一路上要如何做出 70/30 的最佳選擇。我們這一生中，朋友和家人將帶來最多的快樂與煩惱，所以我們不能只顧著為金錢奔忙，還要付出同樣多（或甚至更多）的時間，來培育我們的家庭關係。

結婚 vs 同居一輩子

我們將單從數字來探討這個問題，如果從財務的角度來檢視結婚好還是同居比較好，要看兩個關鍵因素：稅負和社會福利金。*

高收入的已婚者（綜合所得在 50 萬美元以上），在納稅方面非常不利，感覺形同受到處罰，所以有人會為了節稅而選擇同居不結婚。

用稅務政策中心（Tax Policy Center）的婚姻計算器計算後得知，[2] 若一個年收入 50 萬美元的人與一個年收入 8 萬美元的人結婚，每年將比單身時多繳 13,000 美元的稅金，20 年下來累計的多繳稅金高達 26 萬美元！如果把這 13,000 美元拿去投資，且複合年投報率為 8%，20 年下來你將擁有約 642,000 美

---

* 本文指的是美國的納稅和社會福利制度。

元。各位可以仔細思考兩種情況的差異，然後決定是否值得合法結婚。

由於相關的法令不時會改變，而你的納稅總額將取決於你個人的多項因素，大家可以諮詢你的稅務顧問，並使用免費的線上婚姻稅計算器算出大概的數字，看看結婚的額外成本會是多少。最重要的是，請與你的伴侶討論這些影響。

但其實有個更重大卻經常被大家忽視的因素是社會福利，等到你們可以領取社會福利金的時候，已婚會帶來更多的經濟利益，特別是當其中一方的收入低於另一方的時候。美國社會安全局允許配偶的福利金可以達到收入較高之配偶的一半，而且雙方可以各自選擇領取較高的福利金：按自己的收入計算的福利金，或是領取配偶福利金的一半。[3]

舉個例子說明，假設蘇珊按自己的收入計算的社會安全福利金是每月 3,000 美元，而按她丈夫馬克的收入計算得出的福利金是每月 1,000 美元；如果馬克選擇在屆齡退休（而非提早退休）且蘇珊已經開始領取她的社福金後，他才開始領取社會福利金，那麼他每月可以領取 1,500 美元的配偶福利金（蘇珊福利金的 50%），而非領取他自己收入的 1,000 美元福利金。

結婚的另一個巨大好處是，若配偶其中一方死亡時，仍在世的配偶可繼續領取已故配偶的社會福利金。如果你們只是同居但一直沒有正式結婚，即便你們已經在一起生活了幾十年，只要伴侶往生了，其社會福利金也會終止給付。政府承諾給你的福利金是否會付給你選擇的親戚或朋友？不會，如果你在屆齡退休前死亡，你這些年繳納的 FICA 稅便全數歸國庫。

所以對於收入較低、淨資產較少的人來說，結婚才是

70/30 的最優做法，因為可以讓你獲得更多的財務安全。如果你的伴侶真的愛你，他會努力讓你在婚姻中實現經濟獨立。

對於收入較高、淨資產較高的人來說，要不要結婚的決定就比較困難了。大家經常引用的統計數字顯示，約半數的婚姻是以離婚告終。此外，正式結婚需繳納更多的稅金，聽起來很不划算。所以儘管這麼做不浪漫，但 70/30 的做法是在簽訂婚前協定的情況下結婚，或是同居。

結婚很容易，只需要支付一點費用和簽署一些法律文件就完成了。但結婚也是個巨大的法律承諾，當雙方的收入和財富水準差異很大時，便需要仔細規畫。有鑑於半數的婚姻都失敗了，即便雙方都不是很富裕，但簽訂婚前協議仍是理性的做法，當你們達成了協議，會更容易邁出婚姻幸福的下一步。

而且說實話，婚前協議並不一定對較窮的一方不利，反之，大家不妨把婚前協議看做是婚變時，為較窮的一方提供一個實現經濟獨立的途徑。我有個朋友，身價約 2,000 萬美元，與身價 –200,000 萬美元的人結婚。婚前協議規定，如果 5 年後因不可歸責於任一方的過錯而離婚，較窮的一方將帶走 200 萬美元，以 5 年的回報來說，還不賴喲！對較富裕的那一方來說，若這樁婚事最終沒成功，其淨資產也只受到 10%的打擊。

雙方財力「門當戶對」的婚姻算是比較理想的，我祝願你們齊心協力共創財富。夫妻白手起家，一起打拚出可觀的財富，不但會帶來滿滿的成就感，哪怕最終還是離婚了，但只要資產對分，相信雙方都不會覺得自己吃虧了。

最後，如果你想保持簡單，那就同居吧。你們還是可以辦場婚禮，然後像一對已婚夫妻一樣共同生活下去，卻不必受到法律的約束。你不需要一紙結婚證書來證明你對伴侶的愛，行動才是最好的證明。

為愛結婚 vs 為錢結婚

在各位讀者因為我建議大家為錢結婚而氣得怒甩本書之前，且讓我們運用邏輯分析此一問題。跟你結婚的人，最後會成為你的理財神助功還是豬隊友，取決於你選擇跟誰結婚。

雖然我們應該為愛而結婚，但千萬不要不惜一切代價為愛結婚，你應該要跟一個能讓你的生活變得更好而非更糟的人結婚。此人將成為你這輩子最好的朋友，但是光有愛情並無法支持你們的婚姻白頭到老。

在你決定與某人共度一生之前，要先考量此人的經濟狀況、智力，以及人生信念。如果此人有大筆卡債，而且工作 10 年了卻沒有積蓄，這些狀況都暗示你與此人在一起的財務前景不樂觀。即使你的財務狀況處於最佳狀態，但如果你的配偶老是扯你後腿，你還會心甘情願地一肩挑起賺錢養家與儲蓄投資的重擔嗎？

先想清楚你打算怎麼做，然後盡早跟對方「打開天窗說亮話」。情侶剛開始約會的頭幾年，很容易被強烈的化學反應沖昏頭而忽視對方的缺點。越早確認雙方的金錢觀是否一致越好，然後一起設定財務目標；你與伴侶在金錢觀上的契合度，會對你們的共同生活產生不小的影響。

我知道我待會要說的大實話會令一些人感到不快，但我真心認為：在其他條件皆相同的情況下，選擇跟一位你愛且經濟富裕的人結婚，乃是上上之策，好過跟一位你愛但經濟困頓的人結婚。跟經濟富裕的人結婚，你不但可以少奮鬥 30 年，而且出人頭地的機會也更高，因為你會有更好的人脈關係，與更多的經濟保障來承擔更多風險。更重要的是，將來你們的孩子也會享有更多的機會。

說到底，愛情其實是一場數字遊戲。所以請大家拿出勇氣尋愛，你見識過的人越多，找到合適人選的機會就越大。比方說吧，如果你找到靈魂伴侶的機會有 1%，那麼你至少應該嘗試見過 100 個人之後，再來考慮是否要放棄追尋。

如果你找不到一位你愛且家境小康的人，那至少要跟你愛且門當戶對 —— 你們的教育程度、財富和理想皆不相上下 —— 的人結婚，這樣你們也會有最佳的機會攜手打造成功的人生。許多人之所以加入一些公私立組織，其實就是在為自己製造機會，去認識適合牽手相伴一生的人。

錢不多也並非一無是處，因為從正面的角度來看，你會有更大的上升空間！每次遇到挫折我都會試著往好處想：腳踝扭傷了？幸好沒有骨折；投資虧錢了？幸好我沒狂買水餃股。

我跟我太太從大學就認識了，我倆都是窮學生。我們從她 2001 年畢業後便同居，2008 年的全球金融危機爆發時，我們的經濟雖然已經比較寬裕了，卻仍遭到不小的衝擊。但我卻在那時向我太太求婚，因為我清楚知道，即使我失去所有的錢，我也不想失去我太太。

辦場奢華的婚禮 vs 把錢省下來

少花點錢吧，朋友們！

根據婚顧網站 The Knot 的調查顯示，[4] 2021 年美國人的婚禮平均花費為 22,500 美元；如果你們住在曼哈頓，平均花費接近 77,000 美元，而舊金山的婚禮花費約為 40,000 美元。

美國人口普查局的資料顯示，[5] 美國家戶所得的中位數約為 69,000 美元，花 22,500 美元舉辦婚禮其實有點「過分」，因為 22,500 美元將占 69,000 美元稅後餘額的 4 成，這根本是種瘋狂的行為。

婚禮一般只持續一天，但是沒把這筆錢拿去投資你們的新未來，此一機會成本造成的財富損失卻可能超過 10 萬美元。我算給各位看：如果把 22,500 美元拿去投資，在年投報率 8% 的條件下，20 年後你將擁有 104,872 美元。

沒有人帶著將來會分手的想法走入婚姻，但離婚卻司空見慣。所以請容我在此提出一些關於婚禮支出的簡單原則，讓大家有 70% 以上的機率做出最佳的婚禮花費決定。

哪怕你只遵循其中一條原則，我相信跟不遵循任何原則的一般美國人相比，你的婚姻將持續更長的時間，而且未來你將擁有更多的財富。即便後來你們因為某種原因離婚了，或是你們的家庭淨資產低於同齡人的平均水準，那你們大可把所有的過錯歸咎於對方！

如果你希望花費適當的金額辦場婚禮，請務必參考以下的原則（符合其中之一或二亦可）。

婚禮支出原則 1：不超過婚後新的家庭總收入的 10%

這是最簡單且最實用的婚禮支出原則。如果準新人的年收入分別是 60,000 美元和 80,000 美元，那麼他們的婚禮花費就不應超過 14,000 美元。換句話說，想要在婚禮上花費 22,500 美元的準新人，你們兩人組成的家戶所得至少要達到 225,000 美元。以前述的家戶所得中位數 69,000 美元來說，最多只能在婚禮上花費 6,900 美元。以這樣的預算，你們只能租一個不太昂貴的場地，而且只能邀請至親好友到場。

婚禮支出原則 2：花費不超過你們稅前退休計畫總價值的 3%

舉例來看，準新人中的一方在 30 歲時，其 401(k) 帳戶裡已經存到理財武士網站建議的 15 萬美元，或是在 35 歲時，其中一方的 401(k) 已達到理財武士網站建議的 30 萬美元；那麼這對準新人最多可以在婚禮上花費 13,500 美元（見圖表 14-1）。

當這對準新人的注意力被吸引到他們的退休儲蓄計畫上時，自然就會有所節制，因為多花錢便意味著更晚退休。大家永遠要牢記的致富心法：算算金錢可以買到多少年的時間。

圖表 14-1　從（享有稅賦優惠）的退休金來計算可運用的婚禮支出

年齡	工齡	已存下的退休金	婚禮花費（儲金的 2%）	婚禮花費（儲金的 3%）
23	1	$10,000	$200	$300
24	2	$30,000	$600	$900
25	3	$50,000	$1,000	$1,500
26	4	$90,000	$1,800	$2,700
27	**5**	**$100,000**	**$2,000**	**$3,000**
28	**6**	**$140,000**	**$2,800**	**$4,200**
29	**7**	**$150,000**	**$3,000**	**$4,500**
30	**8**	**$170,000**	**$3,400**	**$5,100**
31	**9**	**$220,000**	**$4,400**	**$6,600**
32	**10**	**$245,000**	**$4,900**	**$7,350**
33	11	$280,000	$5,600	$8,400
34	12	$300,000	$6,000	$9,000
35	13	$310,000	$6,200	$9,300
40	18	$500,000	$10,000	$15,000
45	23	$750,000	$15,000	$22,500
50	28	$1,000,000	$20,000	$30,000
55	33	$1,500,000	$30,000	$45,000
60	38	$2,000,000	$50,000	$75,000

截至 2022 年，美國女性結婚年齡的中位數約為 28 歲，男性約為 30 歲

資料來源：理財武士網站

根據此一原則，一對務實的美國夫妻，其婚禮花費應介於 4,000 至 10,000 美元，而非 22,500 美元以上。

婚禮支出原則 3：不超過你們的副業總收入的 50%

這是我最喜歡的現代婚禮支出原則。假設某對夫婦的 W-2 表上的應稅薪資總額為 120,000 美元，他們在網上 Etsy 商店銷售 T 恤和小飾品，每年可賺進 24,000 美元，那麼這對夫婦可用在婚禮的花費為 12,000 美元。

但小夫妻倆一想到這 24,000 美元的副業收入，是他們一整年在工作之餘擠出 260 個小時賺來的，哪捨得為了區區 8 小時的歡樂，一口氣用光 130 個小時換來的辛苦錢！

身為資深的副業經營者，他們打算擺攤賣東西，把一部分的婚禮支出用商業支出報銷掉。這就是經營副業者的職業習性：滿腦子都在想著如何使收入最大化與支出最小化。各位在做出任何稅務決定之前，請先諮詢你的會計師。

婚禮支出原則 4：支出不超過年度被動投資收入的 10%

如果這對新人在 8 年內積極儲蓄和投資，每年可產生 30,000 美元的被動收入，他們就可以自由地在婚禮上花費 3,000 美元。

現在我們就來做個現實查核（reality check），依照本原則，如果一對準新人打算花 22,500 美元辦場婚禮，他們需要每年獲得 225,000 美元的被動收入。想要獲得 225,000 美元的被動收入，以年投報率 4% 來算，需要投資 562.5 萬美元的資金。所以這條婚禮支出原則是所有原則中限制性最強的一個。

但是提前退休或實現財務獨立的關鍵，是產生足夠的被動收入，來支付你過上嚮往生活的開銷。所以我很喜歡這個婚禮支出原則，因為它能讓準新人注意到他們該為未來做投資。如果遵循這條原則是不可行的，那就選擇我的另一條原則吧。

對於已經累積較多資本的準新人來說，把婚禮開銷限制在不超過你們每年被動收入的 10%，應當是最完美的金額了。

婚禮支出原則 5：
照雙方家長的意願想花多少錢就花多少錢

如果你倆很幸運擁有富裕的爸媽或岳爸媽，而且他們願意負擔婚禮的所有費用，那就接受他們的好意吧。（但別忘了，所謂拿人手短吃人嘴軟，拿了長輩的錢可能會產生心理負擔。下次當他們要求你去做你不想做的事時，你最好乖乖照做，否則就會顯得忘恩負義。）

如果你的爸媽或公婆並不富裕，那麼請考慮他們的經濟前景。他們可能是天底下對你最慷慨的人，但身為他們的孩子，你應該幫助他們最終也要實現經濟獨立。你們可以接受他們的適度饋贈，例如支付婚禮彩排晚宴、鮮花或烤麵包機的費用，但請不要接受會嚴重延遲他們退休的金額，我相信他們會感謝你們的體貼。

只要遵循我的婚禮支出原則——哪怕只採用其中一條——就能讓賢伉儷的婚姻有個更理想的財務開端。有了這個堅實的財務後盾，你們的生活壓力會減少很多，也比較不會出現理財歧見。

至於我們夫妻的婚禮，是在檀香山的某處海灘舉行的，因為我爸媽和親戚都住在那裡，出席的賓客一共 16 人，全是至親好友。這次婚禮總共花費了 3,100 美元，包括兩張從舊金山的來回機票，以及在我最喜歡的韓國烤肉店 Camellia 舉行的午餐。我穿上我最愛的夏威夷衫、長褲和涼鞋，我太太則穿著在 Target 購買的 60 美元洋裝。真的太棒了！

訂婚戒指該怎麼處理？

關於一個人應該在訂婚戒指上花多少錢，有一些有趣的「原則」。我聽過幾個常見的原則包括：3 個月的薪資總額原則，以及年齡原則（如果你的伴侶是 32 歲，就買個 3.2 克拉的鑽戒給她）。

求婚總會讓人聯想到金光閃閃且興奮的場面，這也造成人們在訂婚戒指上超支。千萬別讓廠商的行銷伎倆和社會的壓力影響你！根據婚顧網站 WeddingWire 2021 年的資料顯示，[6] 美國人的訂婚戒指平均支出為 5,500 美元，不過也有 18%的人花費超過 1 萬美元。

關於該花多少錢買婚戒，各位可以參考婚禮支出原則前 4 條中的任何 1 條；但計算的依據不是雙方的收入總額或稅前退休餘額或副業總收入或被動收入總額，而是拿負責買戒指的那一方的收入來計算即可。

雖然一般人對真鑽或方晶鋯石戒指可能傻傻分不清楚，但是用一枚玩具戒指充數也太不成體統。不要為了沒能準備夠好的東西而耿耿於懷，如果被旁人問起，就大大方方地解釋說，你們是為了共同的財務未來在攢錢。

沒有任何一條法律規定你必須要買一枚鑽石訂婚戒指。你大可以等到攢到夠多的財富時，再「升級」成更棒的婚戒，屆時可利用這個機會重申你對老婆大人的誓言。

共同帳戶 vs 獨立帳戶

天底下恐怕沒有比財務獨立更棒的禮物了。我說的不是結婚後就把錢全部交給配偶，而是支持你的配偶在為家庭財富做出貢獻的同時，也能賺取自己的財富。最佳的做法是開設一個聯合帳戶，且各自擁有一個獨立的銀行帳戶，以減少摩擦。

畢竟財務獨立的定義包括彼此不在財務上依賴對方。我想很多人應該都還記得成長過程中，必須開口向爸媽要錢的那種羞怯感，身為一個沒有自己銀行帳戶的成年人，也會有相同的感受。事實上，身為一個受過教育且有工作能力的成年人，花錢還必須得到別人的允許，這種感覺也太糟了吧。

我有個讀者是位全職媽媽，她原本是位化學工程師，在第一個孩子出生後離職，她說因為自己沒有收入，所以即便只是花點小錢小小的「放縱」一下，她都要考慮個老半天。她家的財務全由在科技公司上班的丈夫一手掌控。

她說：「我好懷念以前自己賺錢，然後花錢不必向我丈夫解釋的感覺。比方說吧，因為我每晚都要花 1 小時把最小的孩子哄入睡，所以雙手和背部都痛得要命，我真的好想去給人按摩一下。但我不敢用我們的信用卡刷卡 120 美元，因為他會檢查每一筆支出，我只敢花 20 美元現金在商場的電動按摩椅按摩，因為我怕他會抱怨說他能替我免費按摩！我並不討厭我丈夫的節儉，但他的按摩技術根本比不上專業的手法嘛。」

這些年來，有超過 100 個人告訴我，他們希望有自己的錢可以自由花用，不必擔心被配偶指責。許多全職主婦／主夫或是收入較低的一方都曾向我訴苦，對配偶的經濟依賴令他們感到困窘和憤憤不平。如果你不相信獨立的銀行帳戶是必要或值得的，請再多想想我提出的這些理由。

為什麼夫妻都該擁有自己的帳戶？

理由 1：釋放壓力

夫妻之所以都想擁有自己的銀行帳戶，是出於對獨立的渴望，天底下再沒有比隨心所欲用自己的錢做任何事更爽的了。因為夫妻雙方不可能在生活上的每一方面都達成 100％的共識——也不該這樣——當配偶在某項支出的意見不一致時，擁有自己的銀行帳戶便提供了一個壓力釋放閥，少了這個釋放閥，發生爭執甚至最終搞到離婚的機會就會增加。

理由 2：保險

獨立自主只是夫妻都該擁有自己的銀行帳戶的原因之一，畢竟兩人在相遇之前，應該都各自享受了多年的財務獨立，所以必須擁有自己專屬財務帳戶的另一個理由是保險。

假設你的配偶發生了不幸的事情，而且明明已經立了書面遺囑，但法律系統卻還是要對他們的遺產進行遺囑認證，或是你們的保險公司決定不理賠你們繳了 15 年的保單。沒人能預知在不幸事件發生後，會出現什麼莫名其妙的烏龍事件，畢竟這種情況屢見不鮮。

如果你擁有自己的獨立帳戶，就可以好整以暇地等待風暴結束，讓法律系統還你一個公道，換句話說，你個人的銀行帳戶是你遇到難關時的救命索。知道我太太有她自己的銀行帳戶，能讓我比較安心地撒手人寰，因為我知道即便我不在了，而且她暫時無法動用我們累積的財富，至少她還能過得下去，反之亦然。

理由 3：財務培訓師

就像健身時有個夥伴能幫忙激勵你再多做一組動作或少吃一片披薩，你的配偶可以幫忙激勵你賺更多錢並存下更多錢。從各自獨立的財務帳戶，可以清楚看到你們彼此的財務狀況，激勵你們挑戰看誰先達到某個儲蓄數額。又如果你們的起始金額相差很大，你們可以根據增加金額的百分比跟對方一較高下。你們可以進行各式各樣的挑戰與設定五花八門的目標，來提高你們的收入。

最終的目標是激勵對方展現最佳的財務績效，並建立一個財務更穩健的生活。如果你倆的資金混在一起，就很難準確地展現出你對家庭的貢獻有多少。你的貢獻越模糊，就越容易失去打拚的動力。

到目前為止，我已經討論了雙薪家庭的配偶如何各自擁有獨立的財務帳戶，那全職主婦或主夫要如何賺錢呢？答案其實很簡單。

全職主婦或主夫至少值你們那個城市的收入中位數；事實上，全職主婦或主夫的工作通常比正職工作要難得多，因為在孩子出生後的頭幾年，這份工作很可能是全年無休。

如果你不信，就把全職媽媽每天的工作時數，乘以保姆的時薪，這就是她們應得的「薪資」，也是她們原本可以賺取、花用、儲蓄或投資的錢，這就是她們對家戶所得的有效貢獻。

如果你相信幸福快樂，那麼你就會認同配偶應有平等的財務獨立；如果你相信財務獨立，那麼你就不該反對夫妻各自擁有一個獨立的銀行帳戶和一個夫妻聯合帳戶。

結婚的最終目標是共同創造家庭財富，並確保配偶雙方能繼續保有自身的自由。

趁年輕趕緊生 vs 等有錢再生

孩子將是你在這個世界上最寶貴的資產，再多的錢都無法與之相提並論，所以你肯定希望早點有小孩，這樣今生你們相伴的時間會更長久。而且等你想抱孫子的時候，你可能會後悔當年沒早點生孩子。

生孩子並非有錢人的專利，雖然他們確實有更多養孩子的本錢。孩子是天賜大禮，所以有些爸媽即便財力不雄厚也想擁有很多孩子，我也是直到自己為人父母後才理解這份心情，這就是所謂的養兒方知父母恩。

我們夫妻之所以等這麼久才敢生孩子，主要是因為我忙著拚事業，我一直覺得除非我的工作穩定，而且經濟緩衝夠大，否則我真不敢生小孩。我被那些養孩子很花錢的宣傳嚇到不敢生，不希望有了孩子卻沒法好好照顧他們，我們的孩子應該過得更好。

所以我們夫妻一直等到我們覺得資金儲備足夠了，卻沒想到我太太的肚皮一直沒動靜，結果這一等就是 3 年。據說沒有不孕問題的普通夫妻，每一次的做人嘗試約有 15%的受孕機會，所以準確追蹤排卵期的普通夫妻，需要嘗試 7 次才會成功，懷孕後保住胎兒則是另一大挑戰。

創造更支持孕婦的職場

説到生小孩，不論是在職場還是在家，當事人都需要得到支持，隨口問人家：「什麼時候生孩子呀？」或「什麼時候再生一個呀？」這些看似無傷大雅的問題，卻有可能勾起傷心事。

我們已知懷孕後流產的機率約 10%至 25%，[7] 所以被你隨口問問的人，有可能曾流產，或正在努力處理不孕的問題，也可能她們不打算生孩子或是再多生一個，或正在打聽複雜的代孕或收養過程。沒人需要向別人交待他們家的家庭計畫，除非對方主動提起，否則最好對別人的生育問題保持沉默，因為你永遠不知道別人經歷了什麼，或他們是否想和你談論這個問題。

如果你是名主管，請對懷孕的同事多加體諒：她們必須去產檢、開會中途離席去上廁所，或是在休完育兒假回來復工後，需要抽出時間去擠奶。懷孕害喜不但非常難受，還會對睡眠造成負面影響；由於需要每隔 1 至 3 小時給嬰兒餵奶，產後時期也極具挑戰性。荷爾蒙崩潰確實會發生，這有可能導致憂鬱症的發生。此外產婦在分娩過程中有可能身體受到創傷，特別是剖腹產或是難產。雖然婦產科醫師已經提出：「女性花 9 個月的時間懷孕產子，產後需要 9 個月的時間療癒。」但美國卻沒有聯邦法令提供帶薪產假。

當你想清楚要做哪一行時，盡可能找到一家支持夫妻雙方至少有 1 個月帶薪育兒假的公司（1 個月絕對不夠，只是最起碼的）。許多幸福企業會給爸媽雙方提供 3 至 4 個月的帶薪育兒假，在新生兒出生後的頭 12 個月內使用。

分娩後的頭 3 個月最需要花錢請人幫忙照顧嬰兒，新手爸媽需要僱用一個夜間奶媽來幫忙抽母奶、餵奶、清潔，好讓產婦獲得充分的休息，但這種過夜護理當然不便宜。

生孩子的最佳年齡要參考兩大變數：生物學和經濟情況。從生物學的角度來看，越年輕生孩子越好，因為年輕夫妻懷孕、保胎和生下健康寶寶的可能性較高。

女性到 28 歲時，約有 23％會出現卵子染色體異常（基因不正常）的情況；到 38 歲時，此一比例增至 48％；到了 42 歲，這一比例更飆升至 83％。[8] 染色體異常是年長女性較難懷孕的主要原因之一，且流產的機率也會變高。

年輕爸媽的體力也比較好，這在嬰兒出生後的頭幾個月裡是很有幫助的，因為那時候新手爸媽能睡眠的時間很少。等嬰兒長大成了學步期的幼兒，他們會開始爬上廚房的檯面，或是在你一不留神的瞬間舔拭電源插座。

我現在是兩個孩子的父親，他們一個上幼兒園另一個才 2 歲，才 45 歲的我，每次彎下腰去抱小孩時，都會感覺自己真的老啦：我不但腰疼，而且有時候膝蓋還會卡住直不起來。真希望變回 25 歲啦！但仔細想想，我們這種老來得子的爸媽，至少不會像一些年輕爸媽那樣承受很大的經濟壓力，事情總是有利有弊的。

所以我就直接公布生孩子的最佳時機吧：**只要你們夫妻的財務和情感夠穩定，就可以生孩子啦**。具體而言，從生物學和財力的角度來看，生孩子的理想年齡範圍是 30 至 34 歲之間。因為在這個年齡段，你們可能已經累積了一定數量的財富，也知道自己想要做什麼。此外，在這個年齡段，你們的生理機能說不定還很好。若硬要我說個數字，那我認為生孩子的最佳年齡是 32 歲，當然這也是以生物學和財力為基礎的。

接下來我們要更深入探討生養孩子的經濟問題。養小孩真的很花錢，根據美國農業部的資料顯示，[9] 2015 年養育一個孩子從出生到 17 歲的成本約為 23.3 萬美元。若再加計通貨膨脹，成本會增至約 28.4 萬美元。然後再加上大學學費、食宿費，這個數字很容易就飆至約 50 萬美元，要是你打算把孩子送到私立學校，則遠遠超過 100 萬美元（參見第 13 章的圖表）。

所以在生孩子前，先把家中的財務狀況搞好是很重要的，因為撫養孩子確實是最困難的事情之一，你常會感到疲憊、擔心和壓力。在孩子出生後的頭幾年，你的日常幸福感可能會急劇下降，因為你的自由時間消失了，你的能量被消耗了。但隨著時間的推移，情況會日漸好轉，你會覺得有子萬事足。

若是拿我初為人父的頭 3 年在家當奶爸的生活，跟每週在銀行上班六十多個小時相比，後者的工作相對容易多了，而且全職爸媽的風險也比較高，稍一不留神就可能鑄下遺憾終生的傷害，要是還得再煩惱錢的問題，保證會給你們夫妻的關係和幸福帶來壓力。

在有孩子之前，我和我太太很少吵架，就算有些口角，多半也是些雞毛蒜皮的小蠢事，例如：「去參加各帶一菜的聚會（potluck）為什麼要準備足夠 15 個人吃的分量？要是這 15 個人每個都準備 15 人份的食物，那豈不是要 225 個人才吃得完！」但有了孩子之後，一些無關緊要的小事都會惹得我們焦躁不安，因為我倆的身心經常疲憊不堪，這就是為什麼我一直強調要在生孩子之前存夠錢。

生孩子前要先考慮好的工作和財務準則

有句老話：「孩子生了，錢財自來。」這是因為當了爸媽之後，大多數人都會想盡辦法來供養孩子，但生養孩子不僅花錢，還要付出大量的時間和精力。

所以我在此列舉出一些大家在生孩子之前必須考慮清楚的財務準則，請注意我假設賢伉儷的關係相當穩定，如果你倆目前的婚姻有狀況，千萬別試圖靠生孩子來解決問題，因為那有可能不會成功。

你的事業里程碑

生孩子會不會「害」你的工作偏離正軌，要看你所處的職場是否會歧視孕婦，以及是否提供產婦必要的休養期。然後你就可以考慮在第 3 次升職後生孩子，第 1 次升職並不重要，因為你只是從職場菜鳥變成低階的基層人員而已；但是第 3 次升職，你顯然已經為你們公司創造不少價值。升職 3 次以上通常不會是出於僥倖，所以此時你應該對自己的工作和賺錢能力很有自信，就算失業了也大可放心，因為你已經擁有扎實的技能，其他公司肯定也會想僱用你。

適當的收入目標

普林斯頓大學的經濟學家安格斯・迪頓（Angus Deaton）與知名心理學家丹尼爾・康納曼（Daniel Kahneman）的研究指出，當年收入達到 7.5 萬美元時，即便收入再增加也不會提升幸福感。[10] 他們二位與蓋洛普公司合作，在 2008 年和 2009 年調查了 45 萬名美國人。而此一收入水準經通貨膨脹調整後，在 2022 年將接近於每年 10 萬美元。

我個人則認為，住在舊金山或紐約這種生活成本高昂的雙薪夫妻，當他們的總收入接近 25 萬美元後，幸福感就不會再增加了。根據美國住房與城市發展部在 2018 年的資料顯示，住在舊金山的一個 4 口之家，年收入若「僅達」11.7 萬美元即被視為是「低收入」，符合申請住房補貼的資格。[11] 所以各位設定的年收入目標應按居住地區劃分：非沿海城市的家戶所得達到 8.5 萬至 10 萬美元，或是沿海城市的家戶所得達到 20 萬至 30 萬美元，才算合理。因為你們夫妻必須達到這樣的收入才買得起房子、能輕鬆負擔生養孩子的費用，且至少可以將薪水的 20%存起來供退休之用。

但即便你們的收入未達前述水準，當然還是可以生養小孩，因為根據統計，大多數人都是這樣。只不過用這樣的收入生養孩子壓力會大些，當一對夫婦的家戶所得越高，離婚率就會略微下降。

FlowingData 網站的主筆 Nathan Yau 指出，[12] 根據美國人口普查局在 2019 年發布的社區調查報告顯示，當你家的收入達到 20 萬美元的中位數時，離婚率就會下降到 30%並持穩；當家庭總收入達到 60 萬美元時，離婚率才會再下降至 25%左右。

如果你想做出成功機率超過 70%的最佳婚姻決定，努力提高你家的總收入是個合理的途徑，特別是在有了孩子之後。

你的淨資產目標

在生養孩子之前設定一個淨資產目標，會是激勵你們努力累積財富有趣又有效的方式。因為你越想早點生孩子，就越有決心努力增加你的淨資產。

我剛進社會就設定了一個目標：存夠 100 萬美元就生孩子。我記得當初之所以會設定這個目標，是效法同事史岱頓的目標。史岱頓畢業於耶魯大學，他被分派到獲利較高的美股櫃檯工作，現在則是一名對沖基金經理。我倆的成長經歷截然不同，但後來卻成了同事，那時我還只是個很容易受人影響的年輕人，所以我也跟著訂下了 100 萬美元的目標。那就像史岱頓把一個想法植入我腦中，猶如電影《全面啟動》（*Inception*）中的男主角柯比對他的妻子茉兒所做的那樣。這個想法牢牢扎根在我腦中，讓我始終無法改變主意。

為了達到這個目標，我在過去的 10 多年裡一直專注於我的事業、儲蓄和投資。在我二十多歲到 30 歲出頭的時候，根本沒時間考慮成家。

但現在我很清楚，生孩子前必須備妥 100 萬美元淨資產的目標完全是沒必要的，尤其是我在有了孩子之後還會繼續累積財富。我的爸媽也沒有成為百萬富翁就順利把我跟我妹妹養大，真搞不懂當年我為什麼會認為需要 100 萬美元才能當個合格的父親？

答案是：同儕壓力，以及想在一個生活成本高昂的城市裡過上舒適生活的必要成本。我從大學畢業後，整個職業生涯就只住過紐約和舊金山，這是全美生活成本最高的兩個城市。所以各位要非常小心莫讓別人的生活方式影響你自己的生活方式，這裡所說的「別人」當然也包括我的看法！

其實只要你的淨資產達到**總收入的 2 至 3 倍**，而且你也達到你的職業里程碑和收入目標，就能為孩子提供足夠的穩定性。換句話說，若你們夫妻每年的收入加起來有 10 萬美元，那麼只要存到 20 萬至 30 萬美元的淨資產，就能養育一個新生命。關鍵是你們要處於正確的財務軌道上，只要擁有正確的理財習慣，你們的財富多半能隨著時間的推移而不斷增加。

無論你覺得什麼年齡開始生孩子是最理想的，都請在這個理想生育年齡的前一年開始備孕，因為一對夫妻即便沒其他問題，平均也需要 7 個月才能受孕。

你肯定不希望一直拖到你在經濟上百分之百準備好了才要孩子，到時候卻發現身體狀況已經無法配合而生不出孩子，要是這樣你恐怕會遺憾終生。記住，在考慮生孩子這件事時，我們只需遵循 70/30 的架構，讓自己有最好的機會做出正確的決定，且不必浪費太多的時間。

如果你現在必須 100％專注於你的事業，你可能不想成家，但隨著年齡的成長，你可能會有不同的感受。成家需要認真的規畫，了解生物學方面的統計資料，並擬定財務目標。定期跟你的伴侶溝通，跟時間對抗是場穩輸不贏的戰役，所以越早準備越好。

購買人壽保險的最佳時機

很少二、三十歲的人會想到要買份人壽保險，但如果你打算成家並且用房貸買房，那麼購買一份人壽保險是負責任的做法。

購買人壽保險的最佳年齡是 30 歲左右，而最適合的壽險類型是 30 年的定期保單，因為在這個年齡段購買這種產品，就像是在歷史最低點鎖定了一個 30 年的固定房貸。你買人壽保險的時間越往後延，保費通常越貴。

一般人在 30 歲以後的生活通常會變得複雜些、可能債務變多、有小孩需要撫養，而且你的配偶有可能離職回家照顧孩子。你們說不定還需要撫養雙方的爸媽，要是在你們收入最高的時期失去其中一個收入來源，情況恐怕會相當悲慘。

你的壽險保單若能涵蓋所有的債務，並為你的家庭提供足夠的生活資金、直到你的孩子成為經濟獨立的成年人，那是最理想的。要是你在購買壽險保單後能夠更快還清債務或累積更多的財富，你可以隨時取消保單。

我犯的一個錯誤就是在 2013 年 35 歲時只買了一份 100 萬美元的 10 年定期險。因為我當時還沒有孩子，所以我決定買一份跟我的主要房貸攤還期相同的保單。我天真地以為，等我有了孩子以後，還是可以用類似的利率再續保 10 至 20 年。

但 2017 年有位過分熱心的睡眠醫師診斷我患有嚴重的睡眠呼吸中止症。那家睡眠中心剛開張，非常需要業績，我決定做醫師推薦的所有治療，因為保險幾乎支付了所有的費用。在多年不看醫師和支付高額保費之後，我的保險終於派上用場了。

沒想到因為我看了睡眠醫師，當我在 2017 年決定續保時，保險公司竟一口氣把保費調高 11 倍！當初我以每月 40 美元的合理保費購買的那張保額 100 萬美元的 10 年期保單，如今若要續保，保費將暴漲到每月 450 美元。保費的增加有一部分是年齡的原因，但最主要的原因還是睡眠呼吸中止症。

奉勸各位在為了不危及生命的健康問題去看醫師之前，請先鎖定一份你負擔得起的人壽保險單，因為在你最需要人壽保險之前就買好買滿，這樣會比較經濟實惠。況且當你知道即便發生最壞的情況，你家人的生活仍將得到照顧，你晚上才能安心入睡。

繼續金援成年子女 vs 兒孫自有兒孫福

2005 年我在舊金山買下我的第一間房，某天有位鄰居停下來跟我寒暄。他是這一區的「教父」，早在 1970 年代初期就買下他的房子，他向我介紹了所有鄰居的情況，其中有位鄰居的情況特別引起我的注意。

他說我家對街的那戶房子，比我家早一年被一個家庭買下，那家的兒子在加州大學赫斯廷法學院上學，爸媽便買間房給他住。當時那間 3 房 3 廳近 60 坪的房子賣價是 145 萬美元。

這位好命的兒子每一季至少會辦一次喧鬧的派對，其他時候這間房子還算滿安靜的，兒子在法學院畢業後繼續住在這間屋子裡。

10 年來那兒子不僅免費居住，而且還向他的兩個室友每人收取至少 1,000 美元的房租。他念法學院的學費 12 萬多美元全由爸媽支付，他還開著一輛 6 萬美元的奧迪 S4。

最後他「辭退」室友，並以超過 200 萬美元的價格賣掉房子，然後拿這筆錢給自己在太平洋高地買了一套更漂亮的房子，那裡是舊金山最貴的社區之一。他從爸媽那裡得到這麼多金援，真的令朋友們羨慕不已，他們大多只能在昂貴的舊金山租房。聽完社區教父的說明我也非常羨慕，因為單憑我的收入是絕對住不起太平洋高地的。

是否要繼續金援成年子女是個棘手的問題。一方面，你希望你的孩子一生平安，擁有最多的機會；但另一方面，你不想把他們寵壞，使他們失去養活自己的動力。

剝奪孩子工作的尊嚴，會對他們在未來的生活造成負面的影響，比如缺乏自尊、感覺自己是個失敗者，或是缺乏生活目標等。我在 2014 年買下一間較小的房子，新鄰居的兒子在大學畢業後，搬回家和爸媽一起生活。頭一、兩年裡，這不失為一個省錢的選擇，而且因為他的生活開銷不多，所以他決定把打零工賺的那點錢全花在汽車和摩托車上。

雖然他父親曾說他打算重返校園取得碩士學位，但他從未真的這麼做。今天這個兒子已經 32 歲了，仍然住在他爸媽的房子裡，不知道自己該幹啥。我們這些當爸媽的，都希望我們的孩子能過好他們自己的人生。必要時我們當然會對成年子女伸出援手，但未來總有一天我們必須切斷他們的「臍帶」，讓他們自己生活，不管我們心裡有多痛苦！

力爭上游

我生平第一份工作是在麥當勞煎漢堡，每小時的工資是 4 美元，這份經歷使我從不把任何機會視為是理所當然。我最害怕的下場就是回到麥當勞，每天被一個大權在握的店經理痛罵我工作不夠盡心盡力。這種害怕開倒車的恐懼，促使我不斷努力工作，並且積極投資與開創副業。

能夠從基層做起並靠自己的努力一路往上爬其實是種幸福，這樣的經歷讓你不會把你擁有的機會視為理所當然，所以把所有東西都給你的成年子女，他們就會失去此一重要的視角。如果你的第一輛車就是爸媽買給你的全新 BMW，以後其他車恐怕很難入你的法眼，將來如果你自己買不起一輛 BMW，那麼當你想買一輛新車時，你可能會感到非常沮喪。

雖然金援成年子女有前述種種弊端，但也並非一無是處，前提是他們的頭腦必須是清醒的。有一點非常重要，無論你提供的是食物、交通，甚至是房子的頭期款，都絕不可以讓你的成年子女認為這些是免費的，而是必須在特定期間內償還的一筆貸款。所以你要向他們收取合理的利息，而且至少要略高於無風險收益率（10 年期債券收益率），這樣當他們最終還錢給你時，他們會感到很自豪，這時你就可以決定是否要免除這筆貸款。

若你的成年子女願意接受你的金援，請利用這個機會強調你穩健的財務理念，並確保他們明白永遠不要炫富的道理，特別是他們的財富全來自於你。要是你的成年子女把先天的優渥家世，當成是自己努力得來的成就，肯定會氣跑身邊的朋友。

如果你是個財力雄厚的爸媽，累積的財富超過了遺產稅的門檻，那你趁還活著的時候金援你的成年子女就更合理了，為超出遺產稅門檻的錢支付最高達 40%的繼承稅（death tax）未免太「浪費」了，讓你的錢真的幫到人會令你很開心。

關鍵是要培養出有理財腦的孩子，能明白金錢的價值。如果你從小就不斷教他們認識金錢，並讓他們努力工作賺錢，那麼孩子就會擁有理財腦。

最佳情況

- 如果你認為你的成年子女懂得金錢的價值，就在經濟上幫助他們，但別讓任何人知道。
- 拿錢幫助你的成年子女，但要嚴格規定何時還錢、利息是多少，還要嚴格規定還錢的時間，若屆時未還你將切斷你的金援，這樣你們雙方都可以為最終的斷絕——你的離世——做好準備。

- 如果你的成年子女從不在意金錢，就不要幫助他們，除非是遇到生死交關的情況才出手相助，否則你會助長他們不重視金錢的習慣。就先讓他們過過苦生活吧，這樣他們才能理解金錢的價值。

為孩子樹立好榜樣

我的父親是個節儉的人，我的許多用錢習慣和理念，都源於他在我小時候為我樹立的榜樣，他給我上的最重要一課，來自於一件非常小的事情。

我們全家外出用餐時，他從不允許我們點飲料，我爸說那太浪費錢了，我們應該點免費的檸檬水就好，況且檸檬水比含糖汽水更健康。這是一件很小的事情，但我至今依然牢記不忘，我爸爸並沒有因為節儉而不帶我們外出用餐，而且還找到了兩全其美的方法，讓此事不至於太破費。況且事實證明，檸檬水的確很不錯。

我還記得我念初中的時候，某天早上我倆坐在餐桌前，他教我如何閱讀股票行情，這是我頭一回知道投資這件事，並讓我對金融和經濟產生了巨大的興趣。我父親那麼早就教我認識投資這回事，不但激勵我從大學就開始投資，畢業後更從事金融工作，最終還創立了理財武士網站。

看著我父親按照他自己的一套金錢原則生活，幫助我理解個人財務的基本原理。當他教我投資和複利概念的時候，我了解到如果我想在口袋裡有 100 美元，我必須先賺 120 美元，因為我們的收入必須繳稅。

此外，在麥當勞每小時只賺 4 美元的現實，讓我意識到一雙 120 美元的 Air Jordans 的真正成本：大約得在熱煎檯旁工作 36 小時不停製作滿福堡（其實只需要工作 30 個小時就夠了，因為我當時的收入還不到繳稅門檻）。

但如果我把錢拿去投資而不是花掉，根據 10％的複合年回報率，這 100 美元很有可能每 7 年翻一倍。我在 1999 年獲得我的第一份全職工作時便運用了這種思維，並在接下來的 13 年裡將我稅後收入的 50％至 80％用於投資。如果不是因為我爸媽從小對我的用錢教育，我不可能在 34 歲時便成功談到一筆遣散費，為我脫離上班族身分提供亟需的財務緩衝。

我的母親也同樣節儉，從小要是我沒吃完碗裡的每一粒米，她絕不讓我下桌。但現在她卻成了一位慷慨的祖母，某天她對我解釋說：「我寧願在活著的時候就看到我的錢用來幫助別人，而不是等到我死後。」

跟你的孩子談論金錢是非常重要的，而且你要以身作則。當你身體力行本書中的理財原則時，請以適合你孩子年齡的方式讓他們在你身邊觀摩。關鍵是要向他們解釋事情為什麼會是這樣的，並讓他們明白時間就是金錢的道理，那他們既不浪費錢也不浪費時間的機會就會更大。

當你成功用低利率房貸買到新房時，給你的孩子看看你們家的房貸攤銷表，讓他們明白它的重要性。當他們用信用卡購買藍牙耳機，卻在帳單到期時無力還清，請立刻教育他們這些藍牙耳機的真正成本。並適時給他們來個機會教育：如果他們把錢拿去投資，複利會產生什麼樣的巨大好處。

我父親的身教雖然為我日後的財富累積打下良好的基礎，

但它確實有個缺點：這20年來，我很難花用和享受我賺的錢，而且直到今天，我仍不敢過上我明明負擔得起的生活。我身上總有一股力量拽著我節儉度日，以便攢下更多錢去投資。

雖然有時候我的節儉會贏過我的理智，但我還是非常感謝我父親早早教會我要在財務上負責，我也很感謝我的母親，她教我知足常樂的道理。所以我立志要盡力把這些觀念傳遞給更多人，最重要的是教育我的孩子，這是我為人父的使命。現在當我們全家外出用餐時，我們有時甚至會點加兩片檸檬的水，它既好喝又不含卡路里。

不愛了就離婚 vs 死不放手

有人說離婚之所以昂貴是因為它值得。沒有人在結婚的時候，會想到自己有一天會離婚，但是近半數的美國夫妻最終會離婚，離婚率是全球第6高。[13] 所以如果你正在考慮離婚，要知道你並不孤單，而且想離婚過自己的生活沒啥好羞恥的，離婚就跟選錯股票一樣正常。

雖然離婚會讓你的家人和朋友覺得你搞砸了而且很失望，但你要改變自己的心態，如果你曾努力挽救你的婚姻——透過干預、婚姻諮商、給過彼此第3次或第4次機會——但仍然不成功，那麼繼續待在一段已經沒有愛的婚姻中，便是陷入了沉沒成本的謬論（the sunken cost fallacy）。

沉沒成本指的是已經發生且無法回收的成本，換句話說，由於你的婚姻已經無法修復，你最好是「認賠出場」繼續前進。你越早鼓起勇氣慧劍斬情絲，你就越不會被一段破碎的關係困住。

別讓糟糕的婚姻阻止你自己一個人（或與其他人一起）尋求幸福，否則你只會令「親者痛、仇者快」。留在糟糕的婚姻中，也會阻止你的伴侶在其他地方獲得幸福。世上有數以百萬計的人在尋找愛情，你肯定能和其中一小部分人合得來。

太多人受制於他人的評判，不敢做自己想做的事；有位女性讀者表示，她不愛她的丈夫，但還是勉強和他在一起，因為她害怕離了婚會被人瞧不起：她的爸媽和朋友會怎麼看待她的失婚？當初她們在豪華度假村舉行的 20 萬美元奢華婚禮豈不泡湯了？當時可是來了四百多位賓客哪，為了「不讓這筆錢白花」，她們至少要一起生活 10 年吧，這就是沉沒成本的謬論。

她對這樁不幸福婚姻的解決方案，竟然是偷偷與其他男人見面以滿足她的情感需求。畢竟拜這樁婚姻之賜，她能住在一間漂亮的房子裡，經常上高級餐廳用餐，以及出國旅遊度假，但其實她跟丈夫兩人都沒有得到滿足。

你越盡力挽救你的婚姻，即便你們最終還是離婚了，你的內疚感會越少。所以，請盡力使這段婚姻關係維持下去，但設定一年的修復期，如果一年後情況仍未好轉，就勇敢做出改變吧。

離婚最棘手的是孩子的問題，如果爸媽願意愉快地住在一起，直到孩子長大離家才離婚，倒也不失為理想的情況。要對你們的孩子隱瞞日益成長的不滿情緒並不容易，但我的朋友皮特卻真的做到了，他在兒子上大學的第一年決定離婚並再婚。那時皮特和他的前妻都覺得他們已經為現年 20 歲的兒子做了最好的事情，現在該輪到他們各自與新伴侶一起追求幸福了。

要說有什麼明顯的跡象顯示養育孩子是很困難的，那就是夫妻在有了孩子之後離婚是相當普遍的。雖然一個充滿愛的雙親家庭是最理想的，但是當夫妻間的關係變得難以忍受時，他們還是會離婚。孩子是歡樂的泉源，但同時也會給婚姻帶來巨大的壓力。

你有權利獲得幸福，就像你有權利獲得財務自由一樣，不要讓任何人告訴你該怎麼做。

沉沒成本謬論還是理性的決定？

明蒂、基婭、瑞秋和韋斯緊急迫降在太平洋的一個小島上，這幾天全靠椰子和芒果充飢。某天大霧突然散去，視力很好的基婭告訴大家，她看到約 48 公里外有塊陸地。

經過一番爭論，意志最堅定的明蒂成功說服大家游去那裡，因為島上的芒果和椰子幾乎全被吃光了，她們必須另謀生路。況且水面很平靜，水溫也超過攝氏 26 度，所以她們全都下水了。

經過 13 小時的長泳，而且數度與鯊魚擦身而過，她們終於能看清海岸的細節，瑞秋為了鼓勵大家，大聲喊道：「再 30 分鐘我們就可以重獲自由了！」

但就在離岸邊只有幾分鐘的時候，韋斯莫名其妙地告訴同伴：「妳們先走吧，別管我，我太累了，沒法繼續游。」說完韋斯轉身游了 13 個小時回到荒島。

當你想做出最佳決定時，務必要弄清楚你花了多少時間和金錢來達到你的目的，繼續堅持下去的遞增成本又是多少，以及你是否享受最終的結果。儘管你可能已經在你的目標上花了很多錢，但如果實現它將使你的情況變得更糟，那麼最好的辦法就是放棄它並且重新開始。

在剛剛的案例中，韋斯似乎應該繼續游到岸邊，但韋斯有可能是名被通緝的逃犯，所以他死都不想被抓住並在監獄裡度過餘生，這就是他為什麼寧可冒著被鯊魚吃掉的風險也要往回游，因為「不自由，毋寧死」！

理財武士道

- 朋友和家人為我們的生活提供了最多的快樂和心痛，因此花更多時間和精力來培養你們的關係是值得的。
- 挑選一個經濟上有保障的人生伴侶，不僅你自己會過上更舒適的生活，而且你的孩子也可能會。但如果要你在這兩者中做出選擇：對方沒錢但你愛他，另一位很有錢但你對他只是喜歡，我的建議是：只要你們倆的金錢觀差不多，那就選擇你愛的那位吧，畢竟真想賺更多錢的話，總能找到方法的，但錯過此人你可能再也沒有機會和那個特別的人在一起了。

- 如果你相信自己能財務獨立，你就該相信你的配偶也能財務獨立；所以夫妻應擁有各自獨立的帳戶以及一個聯合帳戶是合理的，因為這麼一來夫妻既可以依照自己的想法花錢，同時又能一起努力打造一家人的財務安全。
- 生孩子的最佳年齡是由生物學和經濟狀況決定的。在高中或大學畢業後，經過大約 10 年的工作，你應該已經打下一定的財務基礎，也弄清楚自己想要什麼。所以如果你想擴大家裡的人口，請在 32 歲左右生下你的第一個孩子，因為懷孕和保胎的難度從 35 歲以後開始增加。
- 如果你覺得你的成年子女懂得金錢和努力工作的價值，就在經濟上幫助他們。但一定要收取利息，並設定還款日期。當他們認真還錢時，你再決定是否要免除這筆債務，不要奪走他們靠自己的力量還清借款的自豪感。
- 不要讓沉沒成本的謬論讓你繼續待在不快樂的婚姻中，你可以盡力挽救，去接受治療，並尋求朋友和家人的建議，但如果一年後仍無改善，就該離婚繼續前進，離婚已經不再是禁忌了。

第 15 章

活出理財武士的精采人生

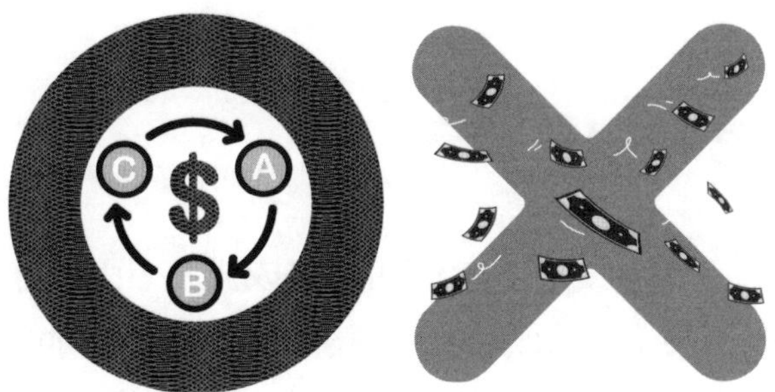

我們在為財務自由努力打拚時，往往很容易迷失在數字中，而忘記了做這一切的意義何在。記住：財務自由的重點不在金錢而在自由，因為當我們財務自由時，我們最寶貴但最有限的資源——時間——才真正由我們自己掌控。

我有些朋友的身價高達數億美元，卻不比普通人快樂，因為他們「人在江湖，身不由己」，不能自由地去做自己想做的事情——他們要顧及股東的擔憂、員工的生計，以及永遠無法卸下的重擔。身旁的噪音淹沒了我們為什麼要追求財務自由的初心。

而且我們常禁不起名聲和社會地位的誘惑，把錢花在我們根本不關心的事物上，以獲得那些不重要的人的認可。

所以各位在追求財務自由時，務必記住你的核心價值。來做個全面檢查吧，以確保你專注於對自己真正重要的事情，無論處於哪個人生階段，都不要被名利和地位愚弄。

名人富豪 vs 隱形富豪

如果你未加留意，名氣有可能變成詛咒，因為你一旦嘗到了一點甜頭，可能會沉迷於多巴胺衝擊，最終使你的內心變得麻木不仁。與其想要名氣和財富兼得，不如只聚焦於財富，這樣你才可以按照自己的意願過活。

一旦你出了名，你最寶貴的資產——時間——就會迅速縮減，因為總會有人有求於你。相反地，當個不為人知的富翁，你可以在社會上來去自如不被任何人注意到。既然你的最終目標是財務自由，理當同時擁有時間自由才算名副其實。

不幸的是，你的錢越多名氣越大，你就越可能招來批評，而最常聽到的酸言酸語就是「沒有人是白手起家的啦」以及「那些財產又不是你賺來的」。雖然大富確實由天，但誰受得了自己付出的努力被人隨口一筆勾銷，不過真的沒必要浪費你寶貴的生命能量不斷替自己辯護，被人質疑時，點個頭繼續前進就行了。

所以你的最佳應對方案就是施展「財富隱身術」（Stealth Wealth），讓自己像個隱身大師般大隱於任何環境中，躲開閒雜人等的注意。而且，隨著你的財富不斷成長，你要更加謙虛低調。

以下是財富隱身術的十大招式。

財富隱身術第 1 招：切勿開豪車去上班或前往任何公共場合

因為開豪車最容易引來別人的批評，開一輛安全又省油的車，這樣同事遇到你時，絕不會懷疑你是有錢人，或者搭乘大眾運輸工具上班也行。千萬別開著賓士車上班，要是被你的老闆看到，他們會想既然你過得這麼爽，那就沒必要再發獎金給你了。

出席調薪會議卻開著賓利車去對你沒好處；房東每次有事情過來找你時都會看到你的豪車，他會做何感想？開輛安全且省油的車才是上上之策。

當員警擠在警車裡準備去吃早餐，想著要給哪輛車開張罰單時，你認為他們會選擇開了 10 年的豐田車，還是簇新的藍寶基尼？

開輛不招搖的車就是最簡單的財富隱身術。

財富隱身術第 2 招：別隨便把住家地址給別人

人們很喜歡在網路上對別人家的房子品頭論足，他們不僅看得出來你家的房子值多少錢，而且還知道買這房子是賺到還是虧了。所以不要把自家的確切地址告訴別人，只要大致交待是哪條路的交口，以及房子的簡單描述，例如：我家就在傑克遜街和泰勒街的轉角，一間棕色的木屋，挺好找的。

其實只要對方注意，終究會發現你家究竟在哪裡，你只能盡量推遲對方取得此一資訊的時間。房子是你的神聖居所，應盡可能保護好它的隱私。我建議各位上 Zillow、Redfin 和其他平台找出你的房子，然後刪除房子的所有照片，或上傳不同的照片，讓愛看熱鬧的人和不法之徒無機可乘。你甚至可以少報臥室和浴室的數量。

你肯定不希望房產稅估價員以為你家是座大豪宅吧，我清楚記得在全球金融危機期間，房產稅估價員無視於房價走低的明確跡象，仍然持續提高房產價值。我為了這件事連續 3 年跟舊金山市的房產評估處抗爭，以阻止他們繼續提高我的房產稅帳單。結果你猜怎麼著？每次上訴我都贏了。市政府每年對人民的財產進行公平的估價，那不是很好嗎？不要指望它，在經濟低迷時期，市政府多半會進一步提高財產稅收入。

房子是最容易讓你的財富隱身術失靈之處，千萬要留意。

我跟大家分享個故事，說明為何要保護好你家的住址。有位讀者的小孩被某幼兒園錄取後，校方便向所有家長發送了一封電子郵件，說學校會請人把一個歡迎入學禮袋送到他們家，這位讀者和他太太都覺得校方的舉動真貼心。

殊不知校方其實是透過實地造訪新入學學童的住家，來比對房屋的實價與它在 Zillow 和 Redfin 上所列的價值是否一致。換句話說，負責送禮的人其實是在評估房屋的價值，這樣日後園方向家長投遞募款信時，學校可以準確劃分募款等級，以提高收益。

我那位讀者的住家價值 300 萬美元，所以被要求捐款 2,500 美元，而另一位住在公寓的家長，則被要求捐款 500 美元。由於兩人是朋友，並且互相看了對方收到的募款信，才發現其中玄機。

從募款的角度來看，學校按家長的財力區分捐款數額是非常高明的，但是身為被偵察對象的你，恐怕很難接受這種做法。如果不想被別人品頭論足，因應的對策是只給對方一個郵政信箱。

財富隱身術第 3 招：
不要炫耀你的珠寶首飾

無論是沛納海手錶、愛馬仕柏金包、亞曼尼西裝，還是路鉑廷（Louboutin）的鞋，如果你不想讓別人知道你買得起這些名牌的正貨，就把它們放在家裡，隱形富豪從不炫富。

要忍住炫富的衝動，你買這些高檔貨是為了討自己歡心，假裝你不認得名牌貨，或是東西的售價，你可以對外宣稱你只是覺得它們好看才買的。

財富隱身術第 4 招：
永遠不要透露你的全部收入或資產

永遠別讓外人知道你多有錢，只有那些缺乏安全感的人、拜金的人，或是想教你如何賺錢來賺你錢的人，才喜歡炫富。一個人喜歡炫富的程度，恰與其財富的多寡成反比。別忘了，你可是個隱形富豪啊！

如果你的收入特別高，當你與中低收入者相處時，更是切忌炫富。根據美國人口普查局的資料顯示，2020 年全美的家戶收入中位數為 67,521 美元。[1] 如果你的收入高於你那一州家庭收入中位數的 2 倍，你就會逐漸受到攻擊。

喜歡吹噓自己收入的人，其實是自尊心最低的人，他們顯然想藉此獲得別人的關注，以彌補他們在家裡得不到的關注。

財富隱身術第 5 招：
將資產分散投資於數類

不要成為你們社區中的大地主，也不要成為私募股權交易中最大的股東，除非你真的相信它會成功。

把你的資產分散投資於各種資產類別，這樣人們就無法看出你有多少資產，分散投資還能確保你的財富在經濟嚴重衰退時不會受到打擊。

富豪們最厲害的財富隱身招術是分割他們的資產，並投入不同的有限責任公司，而且他們通常會僱用一名律師擔任一家有限責任公司的代表。

財富隱身術第 6 招：學會謙遜自持

不是每個人都能獲得父母的全力栽培、念名門學校、很有能力、出生在已開發國家，或有突然暴富的超級好運。要是你中了其中一項，要明白自己多麼受到上天的眷顧，更要懂得謙遜自持。

如果你有機會造訪其他社群，你或許就會意識到，雖然你的確也很努力，但不可諱言的，你確實比大多數人幸運。你對他人的了解越多，你就越不會淪為一個傲慢無禮的勢利眼。把握一切機會到國外旅行、學習另一種語言，並在國外生活。

如果有人當面挑釁，你就虛心以對，把你的成功或財富歸功於運氣。這世上有很多人和你一樣努力，卻沒你那麼幸運，如果你肯不居功，他們就不會再咄咄逼人了。你甚至可以進一步與他們搏感情：請他們喝杯酒，詢問他們的狀況，以表達你的關心，其實許多人只是渴望有人傾聽他們的心聲罷了。

財富隱身術第 7 招：讚美他人的成功，常提自己的失敗

對於別人的階段性成果，請給予鼓勵和肯定，缺乏安全感的人往往也是最喜歡自吹自擂的人。當你積極主動地強調別人的成功，不僅對方會欣賞你的愛心，而且你也會被視為一個自信和體貼的人。不管你有多成功，都不要擺出高人一等的姿態，把榮耀送給別人，為他們的表現喝采，永遠不要貶低他們的成就，多多表揚幫忙完成目標的團隊。

別老提你的勝利，要多講講你的失敗，它能拉近你與別人

的距離，因為一般人的人生充滿了失敗，你卻一味地誇耀自己的成就，只顯得你的情商（EQ）很低。

財富隱身術第 8 招：
奉獻你的時間

當你擁有很多錢的時候，捐點錢沒啥了不起的，你捐再多錢，大家仍會認為你捐得不夠多，或是沒有捐給對的單位。所以除了捐錢，還要捐出你的時間，如果你願意為那些需要課業輔導的孩子當他的大哥哥或大姐姐，這樣怎麼會有人看不起你？你明明沒必要這麼做，但你做了，就表示你很關心他們。

財富隱身術第 9 招：
妥善安排好後事

在你的大限到來之前，最好盡早把後事安排妥當。設立可撤銷的生前信託（living trusts），是保護財富的一個好方法。你肯定不希望你的繼承人們，為了自認為應得的財產而鬧上遺囑認證法庭（probate court），這麼做既花錢又耗時間。信託可以讓你留下遺產，且別人無法染指你的事業，我建議你把公司放在別人的名下（代理人，通常是律師），或放在信託的庇護下，讓好奇的人無從猜測。信託中的信託，就像夢中夢。

如果你不願意聘請遺產規畫律師來設立一個可撤銷的生前信託，那你至少要寫一份遺囑，這樣你的繼承人們就會知道你的意願。遺囑可附加一封指示信，詳細記載你的線上密碼、祕密檔案、需要聯繫的勤務工（handyman）等具體細節。各位可到書尾的延伸閱讀了解關於遺產規畫的文章。

財富隱身術第 10 招：
當個識相的人（read the room）

不同的環境需要不同的存在模式。如果這屋裡的氣氛是嚴肅的，你卻不斷開玩笑，未來恐怕不會再受邀出席重要的腦力激盪會議。處於快樂的社交環境中，就別當個掃興的討厭鬼。

你必須懂得察言觀色並採取相應的行動，練習控制你的表情，別把心裡的感受全寫在臉上。

不著痕跡地避開聚光燈

我能理解被人認可與被愛的感覺很好，但應讓其自然發生不宜強求，當你做好分內的工作自然會獲得讚賞。把追求名氣當成主要目標是個極不可取的 30/70 舉動，你不僅有可能因為求名失敗而心生不滿，你說不定還會發現當個名人其實沒你想像的那麼痛快。

話說某天我和肖恩．利文斯頓（Shaun Livingston）在奧克蘭某家小酒館共進午餐，他為金州勇士隊效力期間，勇士隊曾 3 度奪得 NBA 冠軍。這位身高超過 200 公分的長人很難不引起人們的注意，當我倆坐在戶外用餐的 2 個小時裡，大約每隔 20 分鐘就會有個陌生人過來和我們打招呼，並分享他們自己打籃球的故事，有幾位球迷甚至願意用友情價提供保鏢服務和大麻！

這是我第一次體驗到名人的生活：一方面，你會很高興那麼多球迷過來感謝你曾為灣區帶來這麼多的快樂；但另一方面，名氣也會奪走一個人的自由，讓你無法安靜地吃頓飯。但肖恩始終以和善和尊重的態度，面對每一位過來打招呼的球迷，他是個貨真價實的專業人士，也是我認識的朋友當中最勵志的人之一。肖恩從傷病中奮起直追，助球隊多次贏得冠軍，退休後重返球隊擔任主管，我敢打賭他有一天會成為一位了不起的球隊總經理。

大多數人真正想要的其實不是名聲，而是被他們最重視的人讚賞，像是被愛挑剔的父母認可，或是密友對其工作表現的讚賞。*毋尋求陌生人的認可，因為他們最終並不重要。*

高價車 vs 平價車

我之前曾說過，買輛安全且實用的汽車是當個隱形富豪最簡單的方式，現在就讓我們仔細探討買車的最佳選擇。

早在 2009 年我便觀察到，政府推出的「汰舊車換現金」（Cash for Clunkers）專案居然一舉「促銷」出 69 萬輛新車，平均每輛車的售價為 24,000 美元。政府為了鼓勵民眾拿明明還很好的「破車」去換購新車而祭出 4,000 美元回饋金（rebate）的計畫，非但沒有幫到民眾，反而損及他們的財務狀況。當時美國家庭收入的中位數才 50,000 美元左右，而且還在不斷下降中，用 24,000 美元換輛新車顯然花太多了。[2] 當年如果民眾拿 24,000 美元投資標準普爾 500 指數，到現在資金起碼增加 2 倍。

買一輛自己明明負擔不起的車，正是一般人最常見的 30/70 決定之一。況且除了買車的錢，你還得支付保險費、維修費、停車費和交通罰單。當你把它們加總後，擁有一輛車的真正成本要大多了。

在此我要再度強調我在第 4 章中簡單提過的買車十分之一法則，現在就讓我們來仔細檢視它。該原則規定，**你的購車花費不應超過你全年總收入的十分之一**。不論是買新車還是舊車，是用現金購買還是租賃，這都不重要，重點是汽車的買價不得高於你全年總收入的 1 成。只要購車的總值低於你全年總收入的 1 成，你想買幾輛車都行。

換句話說，如果你的年收入是 65,000 美元，那麼你的購車預算便不能超過 6,500 美元。如果你渴望買輛價值 70,000 美元的豪車，那你就得想辦法一年賺到 700,000 美元。如果你想買輛 12,000 美元的小型車和一輛 40,000 美元的轎車，那麼你的目標就是 1 年要賺到 520,000 美元。荒謬嗎？也許吧。但我提出十分之一原則的目的，既想防止大家過度消費，同時也想激勵大家賺更多錢。

今天一輛新車的價格中位數已超過 40,000 美元，但一般人的收入遠低於 400,000 美元。[3] 所以重點來啦，如果你想創造更大的財富，就不能像一般消費者那樣盲目。

如果你已經買了太多車，我會建議這兩種選擇：（1）繼續擁有它，直到它的價值成為你年收入的 10%，或者（2）賣掉它，如果你在汽車上的花費超過了你全年總收入的 3 成，我建議你趕緊賣掉它。因為當你試圖游向財務自由時，它會扯你的後腿。即便這下你可能會蒙受一些經濟損失，也得把車賣掉。不要把它賣給經銷商，因為你會被騙，你可以試著在 Craigslist 這樣的免費平台上刊登售車廣告。

為了幫助各位切實了解擁有汽車的財務狀況，我製作了圖

表 15-1，說明購車支出在家庭收入的占比。

圖表 15-1　理財武士的買車十分之一原則

（買車的費用不得超過全年總收入的 10%）

買車金額占總收入百分比	分析
10%以下	肯定能財務獨立的理財英雄
11%–25%	懂得避開消費主義的智者
26%–50%	在正確的軌道上，但還可以做得更好
51%–75%	很難提早退休
76%–100%	太在意形象，有可能已負債累累
100%以上	財務崩潰的風險很高，消費成癮需要幫助

資料來源：理財武士網站

擁有一輛價值低於 10,000 美元的汽車並不丟人，除非它不安全。我曾用 8,000 美元買了一輛 Land Rover Discovery II 的二手車，價錢還不到我收入的 3%。然後我一開就開了 10 年，雖然它的價值掉到 2,000 美元以下，但我的收入卻不斷增加。這是輛滿載著我們全家歡樂的好車，它的儀錶盤上確實有些燈會頑固地亮著，但只要貼點遮蔽膠帶就搞定了。當年我把買二手車省下的錢，勤奮地投資於股市，10 年後這筆錢成長了 160% 以上。

把面子放在一邊，這樣你就能擁有真正的財富：世間所有的自由。當個時間的超級富豪吧！

按照我的「十分之一法則」買車，請把新車的使用目標訂為 10 年左右，這不僅能讓它發揮最大的價值，同時也可盡量降低車齡太老而出現的任何安全風險。如果你想買的是二手車，那就找一輛車齡 3 至 5 年的車，並爭取開個 10 年。

這兩種方法都是為了讓你把車開到 10 到 15 年，2021 年奔馳在美國道路上的車子平均車齡是 12.1 年，[4] 你將處於價值和安全的甜蜜點，且與許多車輛並駕齊驅。

在個人理財領域，我們追求的是物盡其用以減少浪費。

不過擁有一輛車齡 15 年以上的汽車並不值得誇耀，且為了安全起見，如果你有錢，你應該在 10 到 15 年後再找輛新車。我明白有些人會為了省錢把車子開到車輪脫落為止，但如果車輪真的在你開車時掉下來，那就完蛋了。

衡量你的風險，並用十分之一法則當做指導原則。如果只花收入的 1 成絕對買不起一輛安全可靠的汽車，那就多花一點錢，並牢記十分之一法則。如果車價未超過收入的兩成是比較理想的。事實上，只有為了安全需求才可以花這麼多錢購車。如果你真的做不到不超過 2 成的限制，或許你該好好想想如何透過正職和副業賺更多錢了。

開破車好處多

雖然我父親在美國大使館工作，是名外交官，但他總是買老車（beater）從不買新車。多年來，住在政府提供給我們的舒適住房，卻開輛老車真的很不相配。

1986 年至 1990 年間我在馬來西亞的吉隆坡上中學，他開的是一輛 1976 年出廠的 Nissan Datsun，它已經掉漆，而且 4 個輪轂蓋（hubcap）缺了 3 個。我記得有一天我偷偷開著它載朋友出去兜風，當時我們才 13 歲，卻不巧碰上暴雨，把僅存的那個輪轂蓋也給弄了下來，並且迅速滾進約 1 公尺深的下水道。當我下車想把它找回來的時候，它已經不見蹤影了。

我以為我爸爸會殺了我，我跟朋友們在半夜 2:00 偷偷把車開回家，我祈禱爸爸不會注意到輪轂蓋不見了。第二天早上他如常開車去上班，什麼也沒說。丟失的輪轂蓋再未出現過，直到十多年後我才提起此事。

就在那時我才明白擁有廉價物品的好處：去雜貨店停車時把車子撞了個凹痕？沒問題；一坨番茄醬濺到你的舊鞋上？這樣看起來很有個性。

最重要的是，我爸爸不是小氣，他不喝汽水、不買新車，全是為了省錢用來投資，如果你也想加快你的財務自由之路，不妨考慮這樣做。

自己做 vs 外包

我在本書的開頭提到，我們大多數人在成長過程中得到的財務建議都是聚焦於儲蓄，這種想法的「問題」在於會讓我們養成匱乏的心態，若我們能改採富足的心態，在累積財富方面反倒會做得更好。

雖然我先前曾強調「存錢存到會痛」，但這並不表示要不惜一切代價地存錢。譬如說吧，我們大多數人從小就被洗腦：認為自己在家做飯最省錢，但真的是這樣嗎？其實大家忘了計算在家做飯的所有成本──尤其是你要投入的時間成本。

先算出你工作 1 小時能賺多少錢，如果你每小時可以掙 50 美元，花 1 小時做飯，1 小時採買價值 30 美元的食材，那你這頓飯最好要值 130 美元以上。除非你真的很喜歡做飯，否則結束一整天的工作回到家，還要花 1 小時做飯可能沒啥意義。你大可利用這段時間放鬆自己，和孩子們一起玩，或者從事你的副業。

當你考慮到所有的成本後，每週訂幾次外送可能算不上放縱，況且現在外賣 app 如此普及。這些外送平台得到投資金主的大量補貼，進而幫顧客省了不少錢，大家不妨利用此一優勢為自己爭取更多時間。

大家還可用相同的邏輯來判斷下述這些工作是否值得自己動手，或者該將它們外包：打掃房子、洗衣、整理草坪和庭院、游泳池維護、鏟雪。許多人認為把自己就能做的日常工作外包很浪費錢，但別忘了，自己做並不代表它是免費的，你的時間和壓力都是有代價的。此外，如果你在過程中受了傷，則是另一個需要考慮的成本。

某天我切芒果時不小心切到了我的左手食指，這道傷口不僅很疼，而且讓我兩週都不能打網球和壘球。還有一次我決定挖一條溝，好在屋前種上一排灌木，結果我的腰痛得要命，讓我好幾天都沒法抱起我兒子。早知道花錢請別人代勞，我既可以做自己最喜歡的活動，又不會受傷。

你沒有親自做某件事的機會成本，可能是最大的成本，你何不把每週要自己動手做雜役的那幾小時，用來擬定你的致富策略，思考如何在工作上出類拔萃，或者架設你一直抽不出時間做的網站。經過一段時間之後，你做的這些行動可能產生驚人的好處。

在決定是該自己動手還是外包某項任務時，70/30 的最佳決策取決於兩方面：（1）確定此事是否會給你帶來快樂，如果你喜歡做飯，那就自己做飯吧；（2）算出兩者的真正成本，如果你並不喜歡做這件事，而且它的真正成本其實很高，那就把它外包吧。

為生活工作 vs 為工作而活著

芬蘭、冰島和丹麥這幾個北歐國家，儘管一年中有三分之一的時間氣溫很低，但它們一直是世界上最幸福的國家，原因之一就是他們的人民是為生活而工作。[5]雖然稅收很高，收入的上升空間也沒有很大，但這些國家的公民卻更快樂，因為他們對於自己的閒暇時間有更多的掌控權。

相較之下，美國人的幸福度排名卻經常跌出前 10 至 15 名之外，部分原因要歸咎於美國人過度強調資本主義，而犧牲了閒暇時間。當你無論賺多少錢都覺得不夠，或總想著要打敗你的競爭對手時，你就會變得很難心滿意足。當然啦，我們的目標應該是在休閒時間和金錢之間找到最佳平衡。

我卸下上班族身分一轉眼已經十多年了，我再也不打算回到過去的狀態，因為現今賺錢和投資的新方法應有盡有。

請大家別再把生命中最寶貴的 40 年光陰，虛擲在你不喜歡的工作上，也別像早已無愛的夫妻那樣，被沉沒成本的謬論禁錮在徒具形式的婚姻中不敢離開。你必須為自己找到能給你帶來快樂和目標的工作。

我有個官拜副總裁的同事梅兒，她在 33 歲毅然決然地拋下她那份底薪高達 20 萬美元的工作，決定當個麵包師傅。她上了將近一年的烘焙學校，然後在一家高級餐廳找到一份工作，每天做 8 小時的糕點。

但 6 個月後她就辭職了，她告訴我：「如果我必須整天被人罵，那我情願待在銀行業整天被人罵，而不是在擁擠且炎熱的廚房裡每小時賺 15 美元！」

兩年後她重返銀行業，並一直待在這個行業工作直到今天。雖然她沒能成為世界知名的麵包師傅，但因為她嘗試過所以不留遺憾。做選擇很少是全贏或全輸，如果搞了幾年後事情都沒成功，你大可以回歸原途重操舊業。

唯一要注意的是，別把你熱愛的事情當成主要的收入來源，因為當你發現你不得不做這件事的時候，你恐怕就不覺得那麼有趣了。

走對財務路，長命百歲不用愁

單從財務的角度來看，你的現金流越強，你就能活越久，你的整體生活也越有價值。畢竟，一個能在 50 年內每年產生 10 萬美元的資產，和一個只能在 20 年內產生 10 萬美元的資產，前者的價值顯然高多了。因此，你若走上了正確的財務道路，或是真的實現了財務自由，你就應該盡量活久一點才

「划算」。

以前的人工作到 65 歲退休，享福 10 年左右後，可能就一命嗚呼了。但是拜現代醫學的發達以及更多的彈性賺錢方式之賜，我們實現經濟獨立的時間可能提早，而且會活得更久。

雖然我們很難控制疾病和罕見疾病，但我們可以盡全力照顧好自己的身體和精神健康。事實上，我們擁有的財富越多，我們就應投入更多的時間和金錢於健康食品、運動、健身教練和治療師。如果更健康的生活意味著搬遷到一個空氣更乾淨、氣候更宜人的地區，你可能也應考慮。

回想我在金融業工作時，持續的壓力導致我的體重增加，並出現了慢性下背痛、坐骨神經痛，以及顳顎關節疾病，此病造成我下巴咬得很緊且說話困難，所以我只好自掏腰包花了 700 美元，請牙醫鑽掉我的後臼齒，以減輕對牙齒的壓力。

前述這些毛病在我離職前始終未見起色，但是在我離職後的一年裡，我發現我的慢性疼痛逐漸消失，一年前開始冒出來的白髮也回去冬眠了。由於我經歷了這麼長時間的疼痛，以至於我以為每天帶著某種病痛醒來是正常的，但其實這並不正常，疼痛是你的身體告訴你該改變生活的主要方式。

傾聽你的身體。

如果沒了健康，你就算賺得世上所有金錢又有何意義。你應盡力保護和滋養你的身體。當你贏得樂透，就要盡可能活得長壽，有充裕的時間好好享用你的獎金。

理財武士道

- 優化你的線上和離線個人資料，當個隱形富豪。你的財富受到的關注越少，你就能活得越快樂。
- 不要再開著昂貴的汽車去上班，或去參加任何可能會對你產生負面評價的社交聚會。
- 算出你工作 1 小時的價值是多少，然後算出你自己做頓飯或做其他事情的真正價值，把你親自做的成本與外包的成本做比較，然後做出適當的選擇。務必要從機會成本的角度考慮，如果你不用自己做某些雜務，你可以利用那些省下來的時間做什麼？
- 要留意他人的痛苦，你越用心就會越珍惜你所擁有的，也就越不會把一切事物視為理所當然。
- 其實沒有人想從自己喜歡的工作中退休，所以 70/30 的解決方案是找到一個能持續提供意義和目的的職業。辭掉工作很難，但你應為了自己至少嘗試一次，如果你的新工作不成功，你還是可以回頭重操舊業。

結語
做出致富決策，十年後有錢又有閒

我在職場中最喜歡的一個人名叫康拉德，他五十多歲，在收發室和櫃台工作。每次我經過他身邊，他都會笑著跟我打招呼，我們還會隨口聊聊工作中發生的趣事。

2011 年的某天，我問他如果時光能倒流，他在我這個年紀時會做什麼，當時我 33 歲。

他說：「山姆，真希望當時我能勇敢些。」他很後悔自己如今只能靠著 4 萬美元的微薄工資，在舊金山過著捉襟見肘的苦日子，他又說道：「而且你越老越後悔的不是你幹的那些蠢事，而是沒膽去做的事。」

這番話對於當時正打算永遠脫離上班族行列的我來說，真的猶如醍醐灌頂；於是我在想好我的離職談判策略後，便迫不及待地想把我的計畫告訴康拉德，並聽聽他的意見。

但遺憾的是，康拉德再也沒進辦公室了，那一年我們公司分批多次裁員，他也沒能逃過一劫。我真的不敢相信，裁掉 1 名高階主管足足可以留用 25 個康拉德。我氣到不行，並下定決心改變。

從那時起我便決定：凡事都要勇敢放手一搏，不管後果如何，至少我不會後悔自己不曾放膽嘗試。重點是，沒有人會推你一把，你必須自己做出改變。

當你在不可預知的人生中探索許多潛在的道路時，要努力做出能產生正期望值的決定，透過親自實踐和經驗，你的決策技能會變得更好。如果你能持續做出正機率（positive probability）7 成以上的決定，你的表現就會越來越好。追求或等待 100%的確定性，既不可能也沒必要。

但與此同時我們也要體認到，即便自己做了萬全的準備，事情仍可能無法盡如人意。人生最大的挑戰就是要能從錯誤中學習和成長，而非怨天尤人自暴自棄。

想要成為一名厲害的理財武士，就要認真遵循以下這些核心原則。

理財武士的核心原則

1. **莫因未努力而失敗，因為努力並不需要技巧**。你可以因為對手技高一籌、自己運氣不好或是執行不力而失敗，但你絕不能因為沒努力而失敗。當你回顧你這一生時，最大的遺憾往往來自於你沒去做的事，以及你沒有全心全意去做的事。
2. **永遠抱持著富足的心態而非匱乏的心態**。這世上有著無以數計的金錢可供取用，你卻沒能創造自己的財富真的說不過去。光靠節省能存下來的錢是有限的，但能賺進來的錢卻是無盡的，你要認真工作、投資和創業，創造自己的致富契機！
3. **成功不能依賴他人**。沒有人會拯救你，所以你必須自救。這世界可沒那麼好混，在追求財務獨立的這一路上，我們將不可避免地面臨重重困難。大多數人都自顧不暇，所以別奢望別人伸出援手；坦然接受沒有人會救助我們的事實，我們最終反倒會因為別無選擇而做出最棒的表現。如果遇到好心的人或濟世助人的機構給我們援助，一定要懂得感恩惜福。

4. **明白你只配得到自己努力掙來的東西**。天底下最開心的事莫過於靠自己的本事白手起家，我很同情那些啥事都不用做就擁有一切的人。還有，別硬要跟別人一較高下，你永遠不知道別人究竟有沒有費勁或毫不費力就得到那樣的成績，其實運氣因素的比重超出我們的理解。
5. **付出不求回報**。奉獻你的時間、金錢和善心給需要的人，你永遠不知道別人正在經歷什麼，所以不要擅自揣測和評斷。受益者也可能會知恩圖報。
6. **明白難題通常仍會有解**。永遠不要被難題困住，而應把它視為一項有趣的挑戰。你會驚訝地發現，居然有這麼多解決方案可以讓你達到相同的目標。只要你「還有一枚籌碼而且還坐在牌桌上」（a chip and a chair，語出德州撲克），你就仍有機會逆轉勝。
7. **從機率的角度思考事情**。只要你開始從機率的角度思考事情，你就打開了一個充滿機會的全新世界。你再也不會害怕嘗試新事物，因為你將開始看到所有事物的潛力。只要秉持機率思維，你便會以開放的心態接受不同的觀點，這將進一步提高你的決策技能和整體人生觀。

只要各位認真遵循這些核心原則，你的前景就會越來越好。現在我們就來回顧大家在實現財務自由的道路上應該設定的一些具體目標。

理財武士的具體目標

1. **每個月都要存錢存到痛**，如果不痛不癢，就表示你存得不夠多，這時就該再多存點錢。理想情況下，最好能把稅後收入的 50%以上存起來去投資。
2. **所有提供稅賦優惠的退休帳戶全都要繳好繳滿**，具有稅賦優惠的理財工具怎能不充分利用，納稅可能是你最大的持續責任，所以你的目標是盡可能合理節稅與推遲繳稅的時間。
3. **努力打造你的淨資產，使其達到平均年收入的 20 倍**。當你的淨資產達到你的平均年收入的 10 倍時，你就會開始感受到你快要達成財務自由的目標了。
4. **努力創造一份足以支應基本生活費的被動收入金流**。當你的基本需求獲得滿足，即使你的淨資產還未達到你年收入的 20 倍，你也會更勇敢地去做自己想做的事。為每項投資指定一個目的或用途，可以幫助你保持動力。
5. **永遠不要自己請辭，要被資遣**。當你跟正職工作永別的時機到來時，務必要跟公司談好一筆遣散費。你絕不能主動提辭呈，如果你是主動請辭，就沒資格領取失業救濟金、《工人調整和再培訓通知法》規定的報酬，或是雇主補貼的健保。如果你無論如何都要辭職，盡量協助雇主順利完成過渡過程，對你並沒有什麼壞處。

6. **只要經濟條件允許，盡快過上有意義的生活**。你在入社會後的頭幾年努力打拚，並建立了強大的經濟基礎後，就該做些利益眾人的差事。如果你每天去上班都覺得心裡很空虛，那你必須換個職業。
7. **別人在玩的時候你要打拚**。別浪費整個週末觀看體育比賽，應好好利用這些時間做一些有意義的事情。別再一覺睡到早上 8:00 才起床，應提早 1 小時起床去打拚你的事業。要是你能一直堅持在別人休閒的時候努力工作，堅持久了你的後半輩子就可以過得比別人輕鬆。
8. **幫助那些正在辛苦掙扎或感覺被遺忘的人重拾信心**。世界各地的每個城市和鄉鎮，都有需要幫助的人，雖然沒有人趕來救你，但你還是應該分配一些時間幫助別人，尤其當你是生活無虞行有餘力時。
9. **克制愛炫富的天性**。想站在屋頂上大聲高喊你的薪水有多高、你的身價有多高、你有多成功，這是人類的天性。但我會建議你保持謙遜，因為這麼做代表你能體會到周遭人的痛苦，而且不是每個人都跟你一樣天賦異稟，或是擁有相同的機會。

   炫富只會令人反感，引起不必要的負面情緒。如果你必須彰顯你的成功，請以一種能夠幫助他人成功的方式來做，例如教導大家正確的行動訣竅。
10. **別把運氣和技巧混為一談**，千萬別把好運誤以為是自己技高一籌。在漫長的牛市期間，人們很容易誤以為自己是世界上最厲害的投資者、雇員或企業家；身處熊市期間，卻又馬上認為自己是個傻瓜，把自己的努力批評得一文不值。你越幸運就越應努力工作並回饋社會。人的運氣終究是會轉變的，所以你必須預先做好準備。

11. **練習預測未來**。避免你的腦袋被世俗思想和群體思維僵化，每個月至少花 1 小時來思考人口、技術、勞工、健康、工作和生活的未來趨勢，並與家人和朋友討論你的預測，尋求不同的觀點。

    讓自己置身於潛在機會最多的地方，要是你能正確預測出未來將遭遇的苦難，便可以在苦難來臨前做出積極正向的改變，讓自己趨吉避凶。

12. **讓你的遺愛永留人間**。設立一些在你離開後還能繼續給予的東西，奉獻是一種最純粹的快樂形式，比財務成功更令人開心。當你做了一些事情幫助別人療癒和成長，等到大限來臨時，你將可以毫無遺憾地離開人世。

永遠不要停止學習

如果各位採用我在書中概述的這些理財策略，我有信心 10 年後你的財富成長，將遠遠超過你的想像。更重要的是，你會因為活得更有意義而感覺更富有。本書將成為各位在競爭極度激烈的世界中遊刃有餘的利器。

我們經常因為害怕遭遇經濟上的厄運，而不敢為對的事情發聲，或是不敢追求自己的夢想。過著被恐懼支配的人生真的很丟臉，但只要各位積極努力實現財務獨立，你就能逐步獲得自己想要的自由。

但這趟旅程並不容易，免不了要做出一些犧牲，但怎麼樣都不能選擇放棄。遇到困難的時候，就用這句著名的中國諺語來鼓勵自己：「如果方向是正確的，你遲早會到達目的地。」

但理財武士並非你最終的目的地，而是一種生活方式。

感謝各位閱讀本書，能為各位服務是我莫大的榮幸。

謝辭

首先要感謝我的編輯 Noah Schwartzberg，讓我有機會嘗試寫本好書，你確實是最棒的合作夥伴。我還要感謝助理編輯 Kimberly Meilun 幫忙潤飾文稿，並感謝 Hilary Roberts 和 Megan Gerrity 對本書所做的精湛文案編輯。

Maria Gagliano 謝謝妳為想法提供細節，幫助我順利寫作，你是最棒的合作者，總能幫忙照亮我的盲點。在整個合作過程中，身為三寶媽的妳始終展現出絕佳的敬業精神，令我深感敬佩。

謝謝妳 Sydney，從大學以來就一直陪伴在我身邊。當年要不是你一早 5:00 就醒來，以確保我會準時參加第一次面試，我都不知道我現在會在哪裡！感謝妳 3 度審閱整本書！ 我們的孩子非常幸運有妳這樣的媽媽，妳的耐心和善良無人能及。

感謝各位理財武士的讀者，每次我發布新的貼文，你們都會分享自己的觀點。特別感謝 Silvia V.、Lily N.、Joe U.、Richard L.、Wynn P.、Ben M.、Leah G.、Jack A.、Ben H.、Jilliene H.、Larry G.、Anand R.、Paul O.、Jeremy S.、Carl K. 以及 Shaun L.；在此感謝我的網球和壘球隊友們，感謝你們在最困難的時期給了我一個宣洩壓力的出口。

最後我要感謝家人的支持和愛護，感謝爸媽；感謝我的妹妹 Colleen 完成本書所有的美工；還要感謝我的兩個寶貝 JJ

和 KK，自從你們兩個出生以來，爸爸就一直想讓你們以我為榮，等到有一天你們能拿著這本書來念給爸爸聽，就是爸爸最開心的事了。

延伸閱讀

如果各位讀者覺得這本書值得一讀，請與你的家人、朋友和同事分享，畢竟每個人都應該早日達到財務獨立。

要深入了解本書中涵蓋的關鍵主題及相關主題，請參閱理財武士網站上的這些貼文。*

此外，歡迎各位訂閱理財武士的免費電子報以獲得獨家內容，其中的功能包括股票市場洞見、房地產策略、職業和商業建議、提前退休指導、創業技巧和特別促銷。請前往以下網址註冊：https://financialsamurai.com/newsletter。

第 1 章

如何找到快樂：Find Your Happiness Equation Seeking Happiness: "Solving the Happiness Conundrum in Five Moves or Less," https://www.financialsamurai.com/solving-happiness-things-that-will-make-you-happier -and-wealthier.

消除背痛："The Book That Changed My Life and Made Me Rich Again," https://www.financialsamurai.com/the-book-that-changed-my-life-made-me-rich-again.

鼓起勇氣改變人生："Your Financial Independence Number Is Not Real if Nothing Changes," https://www.financialsamurai.com/financial-independence-number-is-not-real-if-nothing-changes.

什麼是 FIRE："The Fundamentals of FIRE (Financial Independence

* 所有網路連結原稿照登，如有失效，可以嘗試用標題搜尋。

Retire Early),” https://www.financialsamurai.com/the-fundamentals-of-fire-financial-independence-retire-early.

發達但不快樂的國家：“Why the Smartest Countries Are Not the Happiest,” https://www.financialsamurai.com/why-the-smartest-countries-are-not-the-happiest.

何時才會感到富有：“When Will You Finally Feel Rich? It’s Not Always About the Money,” https://www.financialsamurai.com/when-do-you-finally-feel-rich.

強大的致富心態：“Do You Have the Strong Money Mindset to Get Rich?” https://www.financialsamurai.com/do-you-have-the-right-money-mindset-to-get-rich.

第 2 章

各年齡的淨資產目標：“What Should My Net Worth Be at Age 30, 40, 50, 60?” https://www.financialsamurai.com/what-should-my-net-worth-be-at-age-30-40-50-60.

美國稅法第 72(t) 條：“Use Rule 72(t) to Withdraw Money Penalty free From an IRA,” https://www.financialsamurai.com/rule-72t-to-withdraw-money-penalty-free-from-ira-for-early-retirement.

社安退休金：“When to Take Social Security? Make So Much It Doesn’t Really Matter,” https://www.financialsamurai.com/when-to-take-social-security.

提早退休的缺點：“The Negatives of Early Retirement Life Nobody Likes Talking About,” https://www.financialsamurai.com/the-negatives-of-early-retirement-life-nobody-likes-to-talks-about.

風險承受度：“Financial SEER: A Way to Quantify Risk Tolerance and Determine Appropriate Equity Exposure,” https://www.financialsamurai.com/seer-quantify-risk-tolerance-determine-appropriate-equity-exposure.

第 3 章

401(k) 餘額："How Much Should I Have Saved in My 401(k) by Age?" https://www.financialsamurai.com/how-much-should-one-have-in-their-401k-at-different-ages.

線上收入："Reflections on Making Money Online Since 2009," https://www.financialsamurai.com/reflections-on-making-money-online-since-2009.

如何創建部落格："How to Start a Blog: Insights into Building Your Own Website," https://www.financialsamurai.com/how-to-start-a-profitable-blog.

被動收入："How to Build Passive Income for Financial Independence," https://www.financialsamurai.com/how-to-build-passive-income-for-financial-independence.

創投債務："What Is Venture Debt? An Investment with Higher Yields and a Lower Risk Profile," https://www.financialsamurai.com/what-is-venture-debt-higher-yields-with-a-lower-risk-profile.

投資組合比重："Historical Returns of Different Stock and Bond Portfolio Weightings," https://www.financialsamurai.com/historical-returns-of-different-stock-bond-portfolio-weightings.

如何用同類財產交換法延後交稅："1031 Exchange Rules to Defer Your Real Estate Capital Gains Tax," https://www.financialsamurai.com/rules-1031-exchange-defer-real-estate-capital-gains-tax.

第 4 章

美國退休金："Retirement Savings by Age Show Why Americans Are Screwed," https://www.financialsamurai.com/how-much-have-americans-saved-for-retirement.

融資買股："Buying Stocks on Margin Is a Bad Idea: You Could Easily Lose Everything," https://www.financialsamurai.com/buying-stocks-on-margin.

賣房免稅釋疑："Clarifying the $250,000/$500,000 Tax-Free Home Sale Profit Rule," https://www.financialsamurai.com/tax-free-profits-for-home-sale-250000-500000.

提前還清房貸的優點："Why I'm Paying Down My Mortgage Early and Why You Should Too," https://www.financialsamurai.com/why-pay-down-mortgage-early-benefits-costs.

提前還清房貸的缺點："The Biggest Downside to Paying Off Your Mortgage Early," https://www.financialsamurai.com/the-biggest-downside-to-paying-off-your -mortgage.

第 5 章

投資股票 vs 不動產："Real Estate or Stocks: Which Is a Better Investment?" https://www.financialsamurai.com/which-is-a-better-investment-real-estate-or-stocks.

投資債券："The Case for Buying Bonds: Living for Free and Other Benefits," https://www.financialsamurai.com/the-case-for-buying-bonds-living-for-free-and-other-benefits.

淨資產結構："Net Worth Composition by Levels of Wealth: Build a Business Already," https://www.financialsamurai.com/net-worth-composition-by-levels-of-wealth.

淨資產個案研究："The Average Net Worth for the Above Average Person," https://www.financialsamurai.com/the-average-net-worth-for-the-above-average-person.

夫妻淨資產："The Average Net Worth for the Above Average Married Couple," https://www.financialsamurai.com/the-average-net-worth-for-the-above-average-married-couple.

第 6 章

投資順位排序："The Right Contribution Order Between Your Investment Accounts," https://www.financialsamurai.com/right-contribution-order-between-your-investment-accounts.

當沖：“Day Trading Is a Waste of Time and Money, Don’t Do It!” https://www.financialsamurai.com/day-trading- is-a-waste-of-time-and-money.

精準預測被動收入：“Accurate Passive Income Forecasting Is Vital for Long-Term Happiness,” https://www.financialsamurai.com/accurate-passive-income-forecasting.

資本利得稅：“Short-Term and Long-Term Capital Gains Tax Rates by Income,” https://www.financialsamurai.com/short-term-long-term-capital-gains-tax-rates-by-income-for-single-and-married-couples.

結構型債券（連動債）：“Not All Structured Notes Are Bad, but There Are Downsides to Know,” https://www.financialsamurai.com/not-all-structured-notes-are-bad-but-there-are-downsides.

第 7 章

浮動利率 vs 固定利率：“Why an Adjustable-Rate Mortgage Is Better Than a 30-Year Fixed-Rate Mortgage,” https://www.financialsamurai.com/why-an-adjustable-rate-mortgage-is-better-than-a-fixed-rate-mortgage.

首購族年齡中位數：“The Median Homebuyer Age Is Getting Older: We Better Live Longer!” https://www.financialsamurai.com/the-median-homebuyer-age-is-now-so-old.

租屋住的缺點：“The Return on Rent Is Always Negative 100%: How to Live for Free,” https://www.financialsamurai.com/return-on-rent-is-always-negative-100-percent-how-to-live-forfree.

房子辦理再融資的費用：“All the Mortgage Refinance Fees in a No-Cost Refinance,” https://www.financialsamurai.com/all-the-mortgage-refinance-fees-in-a-no-cost-refinance.

第 8 章

為省錢而移居：“The Proper Geoarbitrage Strategy: First Your City, Then Your Country, Then the World,” https://www.financialsamurai.com/the-proper-geoarbitrage-strategy.

何時實現好宅夢："The Best Time to Own the Nicest House You Can Afford," https://www.financialsamurai.com/the-best-time-to-own-the-nicest-house-you-can-afford.

適合退休人士居住的州："Which States Are Best for Retirement?" https://www.financialsamurai.com/which-states-are-best-for-retirement.

購屋預算："Housing Expense Guideline for Financial Independence," https://www.financialsamurai.com/housing-expense-guideline-for-financial-independence.

房屋改建："How Much Should You Spend Remodeling a House for Max Profit?" https://www.financialsamurai.com/how-much-to-spend-remodeling-a-house-for-maximum-profit.

住房價格："Go Up the Housing Price Curve to Find Better Value," https://www.financialsamurai.com/go-up-the-housing-price-curve-to-find-better-value.

自用住宅價值占淨資產的比重："Primary Residence Value as a Percentage of Net Worth Guide," https://www.financialsamurai.com/primary-residence-value-as-a-percentage-of-net-worth-guide.

第 9 章

買房是很好的存錢誘因："Dear Minorities, Use Racism As Motivation for Achieving Financial Independence," https://www.financialsamurai.com/dear-minorities-use-racism-as-motivation-for-achieving-financial-independence.

房地產的數位投資："Real Estate Crowdfunding Learning Center," https://www.financialsamurai.com/real-estate-crowdfunding-learning-center.

全現金買房："No Financing Contingency Offer: A Way to Pay All Cash for a Property Without Having the Cash," https://www.financialsamurai.com/no-contingency-financing-offer-a-way-to- offer-all-cash-for-a-property.

買房前務必檢查屋況："10 Warning Signs Before Buying a House: Be a Thorough Inspector," https://www.financialsamurai.com/warning-signsto-look-out-for-before-buying-a-house.

全現金買房的雜項費用：“Closing Costs When Paying All Cash for a Home,” https://www.financialsamurai.com/closing-costs-when-paying-all-cash-for-a-home.

買房省錢招術：“How to Write a Real Estate Love Letter and Save Big Bucks,” https://www.financialsamurai.com/how-to-write-a-real-estate-love-letter-and-save-big-bucks.

零費用的房貸再融資：“All the Mortgage Fees in a No-Cost Refinance,” https://www.financialsamurai.com/all-the-mortgage-refinance-fees-in-a-no-cost-refinance.

第 10 章

加入新創公司的缺點：“Candid Advice for Those Joining the Startup World: Sleep with One Eye Open,” https://www.financialsamurai.com/candid-advice-for-those-joining-the-startup-world.

如何應付龜毛上司：“How to Deal with a Micromanager Without Killing Yourself First,” https://www.financialsamurai.com/how-to-deal-with-a-micromanager.

住天龍國的好處：“Living in an Expensive City Can Make You Richer, Happier, and More Diplomatic,” https://www.financialsamurai.com/living-in-an-expensive-city-can-make-you-richer-and-happier.

職業無貴賤：“Abolish Welfare Mentality: Janitor Makes $235,812 Plus $36,652 in Benefits,” https://www.financialsamurai.com/abolish-welfare-mentality-six-figure-bart-janitor.

年收百萬不是夢：“How to Make Six Figures a Year at Almost Any Age,” https://www.financialsamurai.com/how-to-make-six-figures-income-at-almost-any-age.

全美收入前 0.1%的頂級富豪：“Who Makes a Million Dollars a Year? Exploring the Top 0.1% Income Earners,” https://www.financialsamurai.com/who-makes-a-million-dollars-a-year-exploring-the-top-0-1-income-earners.

第 11 章

遣散費個案研究：“How to Negotiate a Severance as a High-Performing Employee,” https://www.financialsamurai.com/how-to-negotiate-a-severance-as-an-excellent-employee.

如何談妥遣散費：“How to Engineer Your Layoff eBOOK,” https://www.financialsamurai.com/how-to-make-money-quitting-your-job-2.

全美各州失業福利排行榜：“States with the Highest and Lowest Unemployment Benefits,” https://www.financialsamurai.com/states-with-the-highest-and-lowest-unemployment-benefits.

第 12 章

成功的祕訣：“The Secret to Your Success: 10 Years of Unwavering Commitment,” https://www.financialsamurai.com/the-secret-to-your-success-10-years-of-unwavering-commitment.

如何說服配偶讓你先退休：“How to Convince Your Spouse to Work Longer so You Can Retire Earlier,” https://www.financialsamurai.com/how-to-convince-your-spouse-to-work-longer-so-you-can-retire-earlier.

夫妻皆提早退休：“Achieving the Two Spouse Early Retirement Household,” https://www.financialsamurai.com/achieving-the-two-spouse-early-retirement-household.

千萬別賣掉金雞母：“Why I'll Always Regret Selling My Online Business for Millions of Dollars,” https://www.financialsamurai.com/why-i-regret-selling-my-online-business-for-millions-every-single-day.

辭去正職的代價：“How Much Do I Have to Make as an Entrepreneur to Replace My Day Job Income?” https://www.financialsamurai.com/how-much-do-i-have-to-make-as-an-entrepreneur-or-contractor-to-replace-my-day-job-income.

第 13 章

利用 529 帳戶把錢留子孫：“Using a 529 Plan for Generational Wealth

Transfer Purposes," https://www.financialsamurai.com/using-a-529-plan-for-generational-wealth-transfer-purposes.

學校排名："Why More Public Schools Will Eventually Rank Higher Than Private Schools," https://www.financialsamurai.com/why-public-schools-will-rank-higher-than-private-schools.

529 帳戶該存多少："Determining How Much to Contribute to a 529 Plan: Too Much No Good!" https://www.financialsamurai.com/determining-how-much-to-contribute-to-a-529-plan.

第 14 章

婚姻該門當戶對嗎："Marrying Your Equal Is Better Than Marrying Rich," https://www.financialsamurai.com/marrying-your-equal-is-better-than-marrying-rich.

離婚："Divorce After Kids: Try Bird Nesting for Stability," https://www.financialsamurai.com/divorce-after-kids-is-birdnesting-the-key-for-stability.

僱用月嫂的優缺點："Hiring an Au Pair May Be the Best Childcare Decision a Family Makes," https://www.financialsamurai.com/hiring-an-au-pair.

僱用居家月嫂："What Is a Night Doula and Should You Hire One?" https://www.financialsamurai.com/what-is-a-night-doula.

坐月子費用："The Cost of Fourth Trimester Childcare: Potentially $40,000 and Up," https://www.financialsamurai.com/the-cost-of-fourth-trimester-childcare.

生孩子的最佳年齡："What's the Best Age to Have a Baby? 20s? 30s? 40s+?" https://www.financialsamurai.com/whats-the-best-age-to-have-a-baby-20s-30s-40s.

婚姻與稅金："The Marriage Penalty Tax Has Been Abolished, Hooray!" https://www.financialsamurai.com/marriage-penalty-tax-abolished.

「我想生孩子嗎？」街訪影片：https://www.youtube.com/watch?v=4kfcsOhgzRA or Google "Vox Do I Want Kids?"

晚生孩子的好處：“Dear Older Parents, Having Kids Late Might Be the Best Choice After All,” https://www.financialsamurai.com/older-parents-having-kids-late.

第 15 章

財富和運氣：“Your Wealth Is Mostly Due to Luck: Be Thankful!” https://www.financialsamurai.com/your-wealth-is-mostly-due-to-luck-be-thankful.

遺產規畫：“Three Things I Learned from My Estate Planning Lawyer Everyone Should Do,” https://www.financialsamurai.com/three-things-learned-from-my-estate-planning-lawyer-everybody-should-do.

生前信託：“The Benefits of a Revocable Living Trust,” https://www.financialsamurai.com/revocable-living-trust-benefits.

備妥死亡檔案的重要性：“The Death File and Why You Need One,” https://www.financialsamurai.com/death-file.

遺產稅：“Historical Estate Tax Exemption Amounts and Tax Rates 2022,” https://www.financialsamurai.com/historical-estate-tax-exemption-amounts-and-tax-rates.

租車：“Multiple Options for Terminating a Car Lease Early,” https://www.financialsamurai.com/multiple-options-for-terminating-a-car-lease-early.

有錢 vs 出名：“Be Rich, Not Famous: The Joy of Being a Nobody,” https://www.financialsamurai.com/be-rich-not-famous.

參考文獻

第 1 章

1. John F. Helliwell, Richard Layard, Jeffrey Sachs, and Jan-Emmanuel De Neve, eds., *World Happiness Report 2021*, New York: Sustainable Development Solutions Network, https://happiness-report.s3.amazonaws.com/2021/WHR+21.pdf.

第 2 章

1. William P. Bengen, "Determining Withdrawal Rates Using Historical Data," *Journal of Financial Planning*, October 1994, 171–80.
2. Philip L. Cooley, Carl M. Hubbard, and Daniel T. Walz, "Retirement Savings: Choosing a Withdrawal Rate That Is Sustainable," *AAII Journal* 20, no. 2 (February 1998): 16–21.
3. Paulo Costa, David Pakula, and Andrew S. Clarke, "Fuel for the F.I.R.E.: Updating the 4% Rule for Early Retirees," Vanguard, June 2021, p. 4, https://personal.vanguard.com/pdf/ISGFIRE.pdf.
4. Ned Davis Research, "10 Things You Should Know About Bear Markets," HartfordFunds, December 15, 2021, https://www.hartfordfunds.com/practice-management/client-conversations/bear-markets.html.

第 3 章

1. Eamonn Forde, "Death & Taxes: The Michael Jackson Estate, the IRS and Posthumous Celebrity Valuations," *Forbes*, May 4, 2021, https://www.forbes.com/sites /eamonnforde/2021/05/04/death--

taxes-the-michael-jackson-estate-the-irs-and-posthumous-celebrity-valuations/?sh=4dc90c08a8da.

2. U.S. Securities and Exchange Commission, “Spotlight on Jumpstart Our Business Startups (JOBS) Act,” no date, https://www.sec.gov/spotlight/jobs-act.shtml.

第 4 章

1. Janelle Cammenga, “Facts and Figures 2021: How Does Your State Compare?” Tax Foundation, March 10, 2021, https://taxfoundation.org/2021-state-tax-data.
2. First Trust Advisors, “History of U.S. Bear and Bull Markets,” no date, https://www.ftportfolios.com/Common/ContentFileLoader.aspx?ContentGUID=4ecfa978-d0bb-4924-92c8-628ff9bfe12d.
3. J.P. Morgan Asset Management, “Guide to the Markets,” September 30, 2021, p. 64, https://am.jpmorgan.com/content/dam/jpm-am-aem/global/en/insights/market-insights/guide-to-the-markets/mi-guide-to-the-markets-us.pdf.
4. Davide Scigliuzzo and Gillian Tan, “Airbnb Lenders Reap $1 Billion Windfall on Pandemic Lifeline,” *Bloomberg*, December 11, 2020, https://www.bloomberg.com/news/articles/2020-12-11/airbnb-lenders-reap-1-billion-windfall-on-pandemic-lifeline.
5. “Part 220 - Credit by Brokers and Dealers (Regulation T),” Code of Federal Regulations, accessed April 12, 2022, https://www.ecfr.gov/current/title-12/chapter-II/subchapter-A/part-220.
6. Federal Reserve Board, “Changes in U.S. Family Finances from 2016 to 2019: Evidence from the Survey of Consumer Finances,” Federal Reserve Bulletin 106, no. 5 (September 2020), https://www.federalreserve.gov/publications/files/scf20.pdf.

第 5 章

1. Jeffrey M. Jones and Lydia Saad, “What Percentage of Americans Owns

Stock?" Gallup, August 13, 2021, https://news.gallup.com/poll/266807/percentage-americans-owns-stock.aspx.

2. Alfred Gottschalck, Marina Vornovytskyy, and Adam Smith, "Household Wealth in the U.S.: 2000 to 2011," U.S. Census Bureau, p. 4, https://www.census.gov/content/dam/Census/library/working-papers/2014/demo/wealth-highlights-2011-revised-7-3-14.pdf.

3. Vanguard, "Vanguard Portfolio Allocation Models," no date, https://investor.vanguard.com/investing/how-to-invest/model-portfolio-allocation.

4. Fei Mei Chan and Craig J. Lazzara, "Returns, Values, and Outcomes: A Counterfactual History," September 2021, S&P Global, Inc., https://www.spglobal.com/spdji/en/documents/research/research-returns-values-and-outcomes-a-counterfactual-history.pdf.

5. Farida Ahmad, Elizabeth Arias, and Betzaida Tejada-Vera, "Provisional Life Expectancy Estimates for January through June, 2020," National Vital Statistics System Vital Statistics Rapid Release, Report No. 010, February 2021, https://www.cdc.gov/nchs/data/vsrr/VSRR10-508.pdf.

第 6 章

1. IRS, "Retirement Plans," accessed March 17, 2022, https://www.irs.gov/retirement-plans.

第 7 章

1. Neil Bhutta et al., "Changes in U.S. Family Finances from 2016 to 2019: Evidence from the Survey of Consumer Finances," *Federal Reserve Bulletin* 106, no. 5 (September 2020), https://www.federalreserve.gov/publications/files/scf20.pdf.

2. Jessica Lautz, "Age of Buyers Is Skyrocketing...but Not for Who You Might Think," *Economists' Outlook* (blog), National Association of Realtors, January 13, 2020, https://www.nar.realtor/blogs/economists-outlook/age-of-buyers-is-skyrocketing-but-not-for-who-you-might-

think.

3. Chris Salviati et al., “Apartment List National Rent Report,” Apartment List, November 1, 2021, https://www.apartmentlist.com/research/national-rent-data.

4. ATTOM Staff, “U.S. Home Seller Profits Dip Slightly in First Quarter of 2021 but Remain Higher Than Year Ago,” ATTOM Data Solutions, April 29, 2021, https://www.attomdata.com/news/market-trends/home-sales-prices/attom-data-solutions-q1-2021-u-s-home-sales-report.

5. Lily Katz, “Share of Homes Bought with All Cash Hits 30% for First Time Since 2014,” Redfin, July 15, 2021, https://www.redfin.com/news/all-cash-home-purchases-2021.

第 8 章

1. ATTOm Staff, “U.S. Home Seller Profits Dip Slightly in First Quarter of 2021 but Remain Higher Than Year Ago,” ATTOM Data Solutions, April 29, 2021, https://www.attomdata.com/news/market-trends/home-salesprices/attom-data-solutions-q1-2021-u-s-home-sales-report.

第 9 章

1. U.S. Census Bureau and U.S. Department of Housing and Urban Development, “Median Sales Price of Houses Sold for the United States,” Federal Reserve Bank of St. Louis, accessed March 2, 2022, https://fred.stlouisfed.org/series/MSPUS.

2. Federal Reserve Board, “Changes in U.S. Family Finances from 2016 to 2019: Evidence from the Survey of Consumer Finances,” Federal Reserve Bulletin 106, no. 5 (September 2020), https://www.federalreserve.gov/publications/files/scf20.pdf.

3. Megan DeMatteo, “The Average American’s Portfolio in 2021,” *Daily Capital*, January 4, 2022, https://www.blog.personalcapital.com/blog/investing-markets/average-american-financial-portfolio.

4. World Health Organization, “World Report on Disability 2011,”

December 14, 2011, https://www.who.int/teams/noncommunicable-diseases/sensory-functions-disability-and-rehabilitation/world-report-on-disability.

5. Facebook, "Annual Diversity Report," July 2021, https://about.fb.com/wp-content/uploads/2021/07/Facebook-Annual-Diversity-Report-July-2021.pdf.
6. Joel Kotkin et al., "The Emergence of the Global Heartland," Heartland Forward, May 2021, https://heartlandforward.org/wp-content/uploads/2021/05/GlobalHeartlandFinal_Web-2-Updated-bio.pdf.
7. Kotkin et al., "Emergence of the Global Heartland."
8. Jennifer Bradley, "The Changing Face of the Heartland," Brookings Institution, March 17, 2015, http://csweb.brookings.edu/content/research/essays/2015/changingfaceoftheheartland.html#.

第 10 章

1. Ralph R. Smith, "Agencies with the Most Federal Employee Salaries above $100,000 and $200,000," FedSmith.com, October 14, 2021, www.fedsmith.com/2021/10/14/federal-employee-salaries-above-100k.
2. Silvia Ascarelli, "The Average Defense Department Contractor Is Paid Nearly $200,000," *MarketWatch*, December 6, 2016, https://www.marketwatch.com/story/the-average-defense-department-contractor-is-paid-nearly-200000-2016-12-06.
3. "How Much Does an Elementary School Principal Make?" Glassdoor, no date, https://www.glassdoor.com/Salaries/elementary-school-principal-salary-SRCH_KO0,27.htm.
4. Bill Dwyre, "Steve Alford's Salary Is 14.8 Times Higher Than John Wooden's Pay," *Los Angeles Times*, July 12, 2013, https://www.latimes.com/sports/la-xpm-2013-jul-12-la-sp-sn-ucla-steve-alford-money-20130712-story.html.
5. Associated Press, "Saban: 'I'm Not Going to Be the Alabama Coach,'" ESPN.com, December 21, 2006, https://www.espn.com/nfl/news/

story?id=2705288.

6. Michael Casagrande, "The History of Nick Saban's Rising Salary, How It's Been Viewed," AL.com, January 13, 2019, https://www.al.com/alabamafootball/2017/05/the_10-year_history_of_nick_sa.html.
7. Michael Casagrande, "Putting Nick Saban's New $84.8 Million Contract into Context," AL.com, August 3, 2021, https://www.al.com/alabamafootball/2021/08/putting-nick-sabans-new-848-million-contract-into-context.html.

第 11 章

1. Esteban Ortiz-Ospina, "Are Parents Spending Less Time with Their Kids?" Our World in Data, December 14, 2020, https://ourworldindata.org /parents-time-with-kids; Giulia M. Dotti Sani and Judith Treas, "Educational Gradients in Parents' Child-Care Time Across Countries, 1965–2012," *Journal of Marriage and Family* 78 no. 4 (August 2016): 1083–96, https://doi.org/10.1111/jomf.12305.
2. "Can I Get COBRA if I Quit?," COBRAInsurance.com, no date, https://www.cobrainsurance.com/kb-questions/cobra-insurance-402.

第 13 章

1. Melanie Hanson, "College Enrollment & Student Demographic Statistics," Education Data Initiative, November 22, 2021, https://educationdata.org/college-enrollment-statistics.
2. Christian Kreznar, "America's Top Colleges 2021: For the First Time a Public School Is Number One," *Forbes*, September 8, 2021, https://www.forbes.com/sites/christiankreznar/2021/09/08/americas-top-colleges-2021-for-the-first-time-apublic-school-is-numberone/?sh=284aa22f41ad.
3. "Tuition and Adjusted Tuition," Chinese American International School, accessed November 28, 2021, https://www.cais.org/admissions/tuition-and-adjusted-tuition; "Tuition and Additional Costs," San Francisco

University High School, accessed November 28, 2021, https://www.sfuhs.org/admissions/tuition-and-additional-costs; "Admission & Aid," Princeton University, accessed November 28, 2021, https://www.princeton.edu/admission-aid.

4. "Ranking ROI of 4,500 US Colleges and Universities," Center on Education and the Workforce, Georgetown University, accessed December 8, 2021, https://cew.georgetown.edu/cew-reports/CollegeROI.
5. "2022 Best Business Schools," U.S. News & World Report, accessed November 28, 2021, https://www.usnews.com/best-graduate-schools/top-business-schools/mba-rankings?_mode=table.

第 14 章

1. Shelby B. Scott et al., "Reasons for Divorce and Recollections of Premarital Intervention: Implications for Improving Relationship Education," *Couple & Family Psychology* 2, no. 2 (2013): 131–45, https://doi.org/10.1037/a0032025.
2. "Marriage Calculator," Tax Policy Center, accessed November 28, 2021, https://tpc-marriage-calculator.urban.org.
3. "Social Security Benefits," U.S. Social Security Administration, accessed November 28, 2021, https://www.ssa.gov/oact/quickcalc/spouse.html.
4. Esther Lee, "This Was the Average Cost of a Wedding in 2020," *The Knot*, February 11, 2021, https://www.theknot.com/content/average-wedding-cost.
5. "Income and Poverty in the United States: 2020," U.S. Census Bureau, September 14, 2021, https://www.census.gov/library/publications/2021/demo/p60-273.html.
6. Kim Forrest, "This Is How Much an Engagement Ring REALLY Costs," WeddingWire, March 3, 2021, https://www.weddingwire.com/wedding-ideas/engagement-ring-cost.

7. "Miscarriage," March of Dimes, no date, https://www.marchofdimes.org/complications/miscarriage.aspx#.
8. "Do I Want Kids?" *Glad You Asked*, season 2, episode 6, July 28, 2021, https://www.vox.com/22577373/do-i-want-kids-parenthood-baby-childfree.
9. Mark Lino, "The Cost of Raising a Child," U.S. Department of Agriculture, February 18, 2020, https://www.usda.gov/media/blog/2017/01/13/cost-raising-child.
10. Daniel Kahneman and Angus Deaton, "High Income Improves Evaluation of Life but Not Emotional Well-being," Proceedings of the National Academy of Sciences 107, no. 38 (September 2010): 16489–93, https://doi.org/10.1073/pnas.1011492107.
11. "Poverty in San Francisco," City and County of San Francisco, no date, https://sfgov.org/scorecards/safety-net/poverty-san-francisco.
12. Nathan Yau, "Divorce Rates and Income," FlowingData, no date, https://flowingdata.com/2021/05/04/divorce-rates-and-income.
13. "Divorce Rate by State 2021," World Population Review, no date, https://worldpopulationreview.com/state-rankings/divorce-rate-by-state.

第 15 章

1. Emily A. Shrider et al., "Income and Poverty in the United States: 2020," U.S. Census Bureau, September 14, 2021, https://www.census.gov/library/publications/2021/demo/p60-273.html.
2. Amanda Noss, "Household Income for States: 2008 and 2009," U.S. Census Bureau, *American Community Survey Briefs*, September 2010, https://www2.census.gov/library/publications/2010/acs/acsbr09-02.pdf.
3. "Average New-Vehicle Prices Hit All-Time High, According to Kelley Blue Book," Kelley Blue Book, July 19, 2021, https://mediaroom.kbb.com/2021-07-19-Average-New-Vehicle-Prices-Hit-All-Time-High,-According-to-Kelley-Blue-Book.
4. Colin Beresford and Caleb Miller, "Average Age of Vehicles on the

Road Rises above 12 Years," *Car and Driver*, June 21, 2021, https://www.caranddriver.com/news/a33457915/average-age-vehicles-on-road-12-years.

5. John F. Helliwell et al., "World Happiness Report 2021," Sustainable Development Solutions Network, 2021, https://worldhappiness.report/ed/2021.

翻轉學系列 106

懂用錢，愈活愈富有

全球 9,000 萬人見證有效，理財武士教你做出致富決策，
FIRE 不上班超過十年，被動收入年領 30 萬美元

Buy This, Not That: How to Spend Your Way to Wealth and Freedom

作者　山姆．杜根（Sam Dogen）
譯者　閻蕙群
封面設計　張天薪
內文排版　黃雅芬
校對　陳怡潔
出版二部總編輯　林俊安

出版者　采實文化事業股份有限公司
業務發行　張世明．林踏欣．林坤蓉．王貞玉
國際版權　鄒欣穎．施維真．王盈潔
印務採購　曾玉霞．謝素琴
會計行政　李韶婉．許俽瑀．張婕莛
法律顧問　第一國際法律事務所　余淑杏律師
電子信箱　acme@acmebook.com.tw
采實官網　www.acmebook.com.tw
采實臉書　www.facebook.com/acmebook01

ISBN　978-626-349-162-5
定價　500 元
初版一刷　2023 年 3 月
劃撥帳號　50148859
劃撥戶名　采實文化事業股份有限公司
104 台北市中山區南京東路二段 95 號 9 樓
電話：(02)2511-9798　傳真：(02)2571-3298

國家圖書館出版品預行編目資料

懂用錢，愈活愈富有：全球 9,000 萬人見證有效，理財武士教你做出致富決策，FIRE 不上班超過十年，被動收入年領 30 萬美元 / 山姆．杜根（Sam Dogen）著；閻蕙群譯 .– 台北市：采實文化，2023.3
472 面；14.8×21 公分 .--（翻轉學系列；106）
譯自：Buy This, Not That: How to Spend Your Way to Wealth and Freedom
ISBN 978-626-349-162-5（平裝）
1.CST: 個人理財 2.CST: 投資
563　112000188

翻轉學

翻轉學